贵州文化产业蓝皮书
——2013年贵州文化产业发展报告

李建国 主 编

金安江
吴大华 副主编

知识产权出版社
全国百佳图书出版单位

图书在版编目（CIP）数据

贵州文化产业蓝皮书：2013年贵州文化产业发展报告/李建国主编．—北京：知识产权出版社，2013.12

ISBN 978－7－5130－2539－3

Ⅰ.①贵… Ⅱ.①李… Ⅲ.①文化产业—产业发展—研究报告—贵州省—2013 Ⅳ.①G127.73

中国版本图书馆CIP数据核字（2013）第314324号

内容提要

本书以贵州创建文化旅游发展创新区为背景，以加快文化产业与相关产业融合发展为主题，由总论篇、区域发展篇、专题研究篇、行业与案例篇、大事记五个部分组成。书中就文化能否实现跨越发展，能否对不发达地区经济发展起助推作用等问题，从社会历史进步发展观、马克思社会跨越式发展理论、唯物史观的意识形态相对独立性原理、区域经济学中的后发优势理论、文化生产力理论及文化力和文化超越性五个方面寻找理论依据。同时，在文化体制机制方面，从创新文化管理体制和管理模式、完善思想道德文化建设、创新公共文化事业发展机制、健全文化产业发展机制、建立文化开放传播的体制机制、建立合理有效的文化创新机制、完善文化发展要素的八大保障机制等七个方面提出了建议。

责任编辑：石红华　　　　**责任出版：**谷　洋

贵州文化产业蓝皮书——2013年贵州文化产业发展报告

李建国　主　编

金安江　吴大华　副主编

出版发行：知识产权出版社有限责任公司	**网　　址：**http://www.ipph.cn
社　　址：北京市海淀区马甸南村1号	**邮　　编：**100088
责编电话：010－82000860转8130	**责编邮箱：**shihonghua@sina.com
发行电话：010－82000860转8101/8102	**发行传真：**010－82000893/82005070/82000270
印　　刷：北京科信印刷有限公司	**经　　销：**各大网上书店、新华书店及相关专业书店
开　　本：787mm×1092mm　1/16	**印　　张：**17.75
版　　次：2014年5月第1版	**印　　次：**2014年5月第1次印刷
字　　数：313千字	**定　　价：**50.00元

ISBN 978-7-5130-2539-3

《贵州文化产业发展报告》编辑部

执行主编 宋　明

执行副主编 黄　勇　王　前　白雪冰　卯　涛

编　　辑 魏　霞　王炳南　黄　晓　赖　力

王　彬　陈绍宥　吴　杰　蔡　伟

朱　薇　翟　宇

主要编著者简介

宋　明：贵州省社会科学院党委常委、副院长，三级研究员。贵州省省管专家，贵州省宣传文化系统首批“四个一批”人才。主要研究方向：发展经济学、区域经济学、文化产业。主要著作：《少数民族贫困地区综合扶贫开发》（第一作者）、《提高农产品竞争力研究》（第二作者）、《经营城市的策略——对中国城市经营学的探讨》（第一作者）、《在中国——东盟自由贸易区条件下的贵州与东盟经济合作》（第一作者）、《制度统筹贫困地区城乡发展研究》（第一作者），编撰出版2007年度、2009年度、2010年度《贵州文化产业发展报告》。主要发表论文：先后在《光明日报》、《中国农村经济》、《生态经济》、《开发研究》、《贵州社会科学》、《贵州日报》等报刊上发表学术论文、调研报告200多篇。主要完成课题：国家社科基金课题《在社会主义市场经济条件下落后地区政府职能定位研究》、《制度统筹国家级贫困县的发展战略研究》；贵州省省长资金课题《在中国——东盟自由贸易区条件下的贵州与东盟经济合作研究》、《我省中小企业价值评估体系研究》、《我省农业发展的历史性跨越研究》；贵州省社科规划办重大招标课题《贵州建立优化投资环境的长效机制研究》；贵州省政府重大招标课题《贵州转变经济发展方式研究》；贵州省“四个一批”人才专项资助项目——《贵州农民发展研究》，贵州省“十一五”、“十二五”规划办前期重点课题《贵州经济区划与发展战略》、《贵州发展生态经济研究》、《贵州“十二五”重大生产力布局研究》、地方政府委托项目《贵阳融入成渝经济的战略研究》、《黔南州文化产业发展规划》、《云岩区国民经济和社会发展第十二个五年规划纲要》、《都匀市国民经济和社会发展第十二个五年规划纲要》、《三都水族自治县国民经济和社会发展第十二个五年规划纲要》、《荔波县国民经济和社会发展第十二个五年规划纲要》、《凤冈县经济开发区产业发展规划》、《独山县现代农业示范园区规划》、《2012年贵州工业运行分析报告》等100多项。主要成果获奖：《贵州加快乡镇企业发展的对策研究》获贵州省第四次社科优秀成果四等奖；《贵州经济区划与发展战略》获贵州省第七届社科优秀成果二等奖；《经营城市的策略——对中国城市经营学的探讨》获贵州省第七届社科优秀成果三等奖，《贵州“十二五”重大生产力布局研究》2011 年荣获省社科优先成果二等奖、《制度统筹国家级贫困县的发展战略研究》2011 年荣获省社科优先成果三等奖；等等计十余项。主要社会兼职：贵州省未来研究会副会长、贵州省经济学会副会长、中共贵州省委政策研究室经济咨询专家、瓮安县委、县政府经济发展顾问，龙里县委、县政府经济发展顾问。

黄　勇：贵州省社会科学院研究员，区域经济研究所所长。贵州省省管专家，省宣传文化系统“四个一批”人才。主要研究方向为区域经济与产业经济、投资经济、发展经济学。先后就读于武汉大学、中国社会科学院研究生院，经济学硕士。分别于 2001、2006、2009 年被评为助理研究员、副研究员、研究员（破格）。历任贵州省社会科学院西部开发研究所副所长、区域经济研究所所长。1997 年 2 月至 1998 年 2 月挂职担任贵州省独山县水岩乡政府乡长助理；2007 年 9 月至 2008 年 9 月在国家发展和改革委员会宏观经济研究院作“西部之光”访问学者；2010 年 4 月至 2012 年 3 月挂职担任贵州省万山特区党委常委、副区长、工业园区管委会副主任。至 2013 年，先后主持国家社科基金项目 1 项、省级项目近 10 项、其他类项目 10 余项，参与各级各类课题 80 多项，独立、合作出版专著 7 部。

摘　要

《贵州文化产业发展报告（2013）》以贵州创建文化旅游发展创新区为背景，以加快文化产业与相关产业融合发展为主题，由总论篇、区域发展篇、专题研究篇、行业与案例篇、大事记五个部分组成。2012 年以来，贵州抢抓国发［2012］2 号文件从国家层面将“文化旅游发展创新区”作为贵州五大战略定位之一的重大机遇，加快文化产业发展，贵州文化产业发展呈现出“发展提速，主业扩大，业态融合，逐步集聚”的特点，文化产业对全省经济发展的贡献进一步增强。各市州高度重视文化产业发展，依托本地资源、要素、区位等条件，进一步明晰了加快文化产业发展的思路，不断加快文化产业发展。但仍存在产业规模较小、产业融合与业态创新步伐较慢、投入不够、体制机制仍需进一步理顺、园区基地建设还处于起步发展阶段等问题。

文化能否实现跨越发展，能否对不发达地区经济发展起助推作用？本书从社会历史进步发展观、马克思社会跨越式发展理论、唯物史观的意识形态相对独立性原理、区域经济学中的后发优势理论、文化生产力理论及文化力和文化超越性五个方面寻找理论依据。同时，在文化体制机制方面，从创新文化管理体制和管理模式、完善思想道德文化建设、创新公共文化事业发展机制、健全文化产业发展机制、建立文化开放传播的体制机制、建立合理有效的文化创新机制、完善文化发展要素的八大保障机制等七个方面提出了建议。在产业发展的载体方面，加快文化产业园区建设是推进文化产业发展的有效途径，本书分析了文化产业园区三种发展模式的利弊，对贵州文化产业园区和文化产业基地发展情况进行了分析，探寻了适合贵州文化产业园区和文化产业基地发展的道路和方法。

作为一个文化旅游资源大省，如何将资源优势转化为经济优势，快速做强做大文化旅游产业，是一个亟待解决的难题。本书立足于贵州省文化旅游产业集群化发展的基础，深入分析旅游产业集群化发展存在的问题，提出了贵州文化旅游产业集群化发展战略构想和发展的对策建议。旅游商品产业是文化产业的重要组成部分，大力助推旅游商品产业发展对壮大贵州文化产业具有积极作用。为推动贵州文化产业走向世界，本书分析了贵州文化产业“走出去”的路径与对策。

总之，加快推进文化旅游发展创新区建设，需要高度重视文化产业发展，加大投入和落实政策扶持力度，加快业态创新和产业融合发展，加快推进文化产业园区和项目建设进度，继续完善文化产业发展的体制机制。

目 录

总 论 篇

加快文化产业与相关产业融合发展——贵州文化产业
发展报告（2013） ……… 宋 明 黄 勇 白雪冰 王 前 王炳南（3）

区域发展篇

建设省会城市文化高地 ………………… 贵阳市委宣传部 贵阳市统计局（43）
以产业园区为抓手推动文化强市建设 …………………… 遵义市委宣传部（51）
谱写“凉都”文化产业发展新篇章 ………………… 六盘水市委宣传部（62）
推动黔中文化产业繁荣发展 ………… 安顺市文改文产领导小组办公室（68）
依托资源优势实现文化产业新跨越 ………………… 毕节市委宣传部（76）
打造环梵净山“金三角”文化旅游
创新区 ……………………………… 铜仁市文改文产领导小组办公室（89）
繁荣发展民族地区特色文化产业 ………………… 黔东南州委宣传部（94）
探索文化与旅游融合发展新路径 ………………… 黔南州委宣传部（102）
完善加快民族地区文化产业发展的保障体系 ……… 黔西南州委宣传部（114）

专题研究篇

贵州文化和文化产业繁荣发展的体制
机制研究 ……………………………… 黄 勇 李 妍 王炳南（127）
文化产业园区发展模式及其启示 …………………………… 白雪冰（152）
贵州文化产业园区和基地发展情况分析 ………………… 吴 杰（158）

贵州文化旅游产业集群化发展研究 …………………… 王 彬 宋 明（166）
贵州文化产业“走出去”对策研究 ………………………………… 王 前（177）
贵州旅游商品产业发展思考 ……………………………………… 蔡 伟（190）
发展壮大贵州县域文化产业思考 ………………………………… 蔡 伟（195）

行业与案例篇

贵州出版集团公司发展报告 ……………………………………… 周际岗（203）
贵州广电产业发展报告 ……………………………… 贵州省广播电影电视局（209）
贵阳数字内容产业园发展报告 …………………………………… 魏 霞（215）
文化跨越发展的理论依据与案例分析 ………………… 黄 晓 卢祥运（228）
从瑞士看贵州旅游发展 …………………………………… 朱 薇 吴 杰（243）
小城镇文化产业与旅游融合发展思考 ………………… 陈绍宥 蒋莉莉（254）

大 事 记

2012年贵州文化产业大事记 ………………………………… 王 曼 整理（269）

总　论　篇

加快文化产业与相关产业融合发展

——贵州文化产业发展报告（2013）

宋　明　黄　勇　白雪冰　王　前　王炳南*

摘　要

2012年以来，贵州抢抓国发［2012］2号文件从国家层面将“文化旅游发展创新区”作为贵州五大战略定位之一的重大机遇，加快文化产业发展，贵州文化产业发展呈现出“发展提速，主业扩大，业态融合，逐步集聚”的特点，文化产业对全省经济发展的贡献进一步增强。但仍存在产业规模较小、结构调整步伐较慢、投入不够、体制机制仍需进一步理顺、产业园区还处于起步阶段等问题。加快推进文化旅游发展创新区建设，需要高度重视文化产业发展，加大投入和落实政策扶持力度，加快业态创新和产业融合发展，加快推进文化产业园区和项目建设进度，继续完善文化产业发展的体制机制。

关键词

文化产业　文化旅游发展创新区　融合发展

2012年，国务院出台了《国务院关于进一步促进贵州经济社会又好又快发展的若干意见》（国发［2012］2号），对贵州经济社会文化发展产生了重大深远的影响，国发2号文件首次从国家层面明确贵州建设“文化旅游发展创新区”的战略定位，把“大力发展文化旅游产业”作为壮大特色优势产业的

---

* 宋明，贵州省社会科学院副院长，贵州省社会科学院贵州文化产业发展研究中心主任，研究员，研究方向为区域经济、产业经济、发展经济学；黄勇，贵州省社会科学院区域经济研究所所长，贵州文化产业发展研究中心副主任，研究员，研究方向为区域经济、产业经济；白雪冰，贵州省社会科学院贵州文化产业发展研究中心，助理研究员，研究方向为区域经济、文化产业；王前，贵州省社会科学院区域经济研究所，贵州文化产业发展研究中心，助理研究员，研究方向为区域经济、产业经济、文化产业；王炳南，贵州省社会科学院区域经济研究所，副研究员，研究方向为产业经济。

一项重点任务和支柱产业来发展，为加快推进“文化旅游发展创新区”和旅游强省建设提供了难得机遇。贵州省围绕“加速发展、加快转型、推动跨越”主基调，努力克服宏观经济形势下行压力的影响，充分发挥优势，深入推进文化体制改革，优化文化产业发展环境，通过以培育大型骨干文化企业为抓手，以实施重大文化产业项目带动为战略，全省文化产业项目、品牌、重点企业和特色园区的培育和建设工作扎实推进，传统文化产业结构逐步优化，新兴业态逐渐形成，产业规模不断扩大，社会力量投资文化产业热情高涨，文化产品丰富多样，文化产业发展进入了一个新阶段，贵州文化产业发展呈现出“发展提速，主业扩大，业态融合，加快集聚”的特点，文化产业对全省经济发展的贡献进一步增强。

一、贵州文化产业发展现状及特点

2012 年以来，全省文化产业以文化旅游为引擎、以传统文化产业为支撑、以演艺动漫为潜力的新兴文化产业保持较快发展，成为全省经济发展中最具活力、最具发展潜力的产业之一。

（一）产业总量不断扩大

贵州把发展文化产业作为经济结构优化升级的战略重点的重要举措，2012 年以来，文化产业发展呈现强劲势头。据本蓝皮书课题组测算，2013 年文化产业增加值达到 230 亿元，比 2012 年的全省文化产业增加值 180 亿元增长 27% 左右，文化产业增加值占 GDP 的比重将可能达到 3% 左右，分别比 2012 年、2011 年文化产业增加值占 GDP 的比重提高 0.4% 和 0.54% 左右。与 2004 年的 24.79 亿相比，2013 年文化产业增加值规模将翻 3 番以上，年均增速达到 25% 以上，其中 2009 年至 2013 年年均增速可达到 30% 左右，远高于全国和全省的 GDP 增速，文化产业呈现增长潜能加速释放势头，正不断向国民经济支柱性产业目标挺进。

从文化产业机构来看，据最新的全省文化产业统计数据，至 2011 年底，贵州文化产业单位共有 6706 个，比上年增加 659 个；个体工商户 23027 户，比上年增加 4337 户；共有从业人员 16.56 万人，比上年增加 2.88 万人，全省文化产业机构分布在新闻服务、出版发行和版权服务、广播影视服务、文艺服务、网络文化服务、文化休闲娱乐服务、其他文化服务、文化用品、设备及相关产品的生产与销售等各类文化产业中，各类文化产业都有劳动者从事文化产业工作。与第一次开展全省文化产业统计的2004年相比，全省共有文化产业法人单位增加了3119家，增长了86.95%；从业人员增加了9.5万人，增长了134.56%，2011年文化产业从业人员占到了全省城镇从业人员的3.0%。

表1 贵州文化产业规模变化情况

年份（年）	文化产业增加值（亿元）	占全省GDP比重（%）
2004	24.79	1.48
2010	112.21	2.44
2011	140	2.46
2012（测算数）	190	2.6
2013（测算数）	230	3.0

1. 产业体系初步形成，各个行业稳步发展

按照国家统计局出台的《文化及相关产业分类（2004）》[1] 所规定的文化产业概念及分类，在贵州文化产业三大层次中，核心文化层举足轻重，外围文化层发展迅速，相关文化产业层初具规模。2011年，全省以新闻、出版、广电和文化艺术等传统文化服务行业为主的"核心层"实现收入99.45亿元，占全省文化产业总收入的39.39%；以网络文化、休闲娱乐、旅游文化、广告及会展等为主的"外围层"实现收入79.12亿元，占全省文化产业总收入的31.33%；以从事文化用品、设备及相关文化产品生产、销售的"相关层"实现收入73.92亿元，占全省文化产业总收入的29.28%。核心层、外围层、相关层实现的收入之比从2004年的35.77%∶13.34%∶50.89%，变化为2011年的39.39%∶31.33%∶29.28%，核心层、外围层占文化产业增加值的比重分别提高了3.62%、17.99%，相关层占文化产业增加值的比重下降了21.61%，文化产业结构比重出现较为明显变化，直接从事文化活动的核心层已跃升为文化产业的主体产业，对文化产业的支撑作用进一步显现，主导作用日益突出。

2. 优势产业逐渐崛起，新兴产业发展迅速

在贵州文化产业的结构比中，具有支柱优势地位的是文化旅游、广播电视电影服务业、文化休闲娱乐服务和其他文化服务业、新闻服务出版发行和版权服务业、文化艺术服务业，这几个行业实现的增加值分别占全省文化产业增加值的28.95%、25.43%、18.17%、14.33%和6.35%，合计占全省文化产业

[1] 2012年，国家相关部委对文化产业的类别结构进行了新的调整，新的统计标准对文化产业的"两个部分、十个大类、50个中类、120个小类"的文化产业类别结构。

增加值的 93.23%。文化用品、设备及相关文化产品的制造业，文化用品、设备及相关文化产品的销售业，网络文化服务等行业正在加快发展，分别占全省文化产业增加值的 2.85%、2.22%、1.70%。

3. 文化产业投资持续升温

大力实施重大项目带动战略，成为全省上下推动文化产业发展的共识。据统计，2012 年全省文化系统投资规模上千万以上、已开工或规划在建的文化产业重点项目主要有：贵州文化广场、贵州文化出版产业园、毕节大方古彝文化产业园、多彩贵州城、贵州日报报业集团印务传媒研发基地、大明边城文化旅游景区等。贵州省文化系统在用好国有投资资本的同时，积极鼓励多元投资，引导社会资本进入文化产业，形成多渠道、多元化的文化产业投入机制。省文化厅与国家开发银行贵州省分行、贵州省新闻出版局与工商银行贵州省分行、贵州广电传媒集团和工行贵州省分行分别签约，推动金融与文化产业的有效对接，为文化产业发展创造良好融资环境。还成立了贵州旅游文化融资担保有限责任公司，主要向贵州旅游产业、文化产业、旅游产品领域提供融资担保业务，助推文化旅游业发展。"多彩贵州"文化品牌加强产业化运作，至 2012 年上半年，"多彩贵州"商标已授权涉及演艺、文化旅游网站、酒、茶、酒店、研发、工艺品等十余个行业、18 家企业使用，拉动投资 40 亿元以上，初步形成"多彩贵州"品牌商标授权体系，特色产业集群发展初见成效。同时，文化产业高附加值的特性吸引了投资者的目光，大量民营资本和人力资源涌进文化领域。如浙江民营企业在铜仁成立大明边城旅游开发股份有限公司，开发大明边城文化旅游景区，至 2012 年底已投资 11.9 亿元，总建筑面积 3000 亩，初步形成了汇集演艺表演、艺术创作、非物质文化遗产传承保护、旅游商品开发、影视拍摄等竞相发展的文化产业集群。

（二）重点领域稳步发展，市场主体逐步发展壮大

随着全省 294 家国有经营性文化单位转企改制工作基本完成，各文化产业主要行业的发展步伐加快。大力培育文化市场主体，积极推进贵州出版集团公司、贵州省广播电视信息网络股份有限公司等文化企业上市融资工作有序推进。

1. 新闻出版发行业发展

（1）主业稳步发展。2012 年全年出版图书 7304 万册（见表 2）；出版杂志 1485 万份（见表 3），比 2010 年增长 14.2%；全年报纸总印数为 4.5 亿份（见表 4、表 5），比 2010 年增长 21.7%，其中，全省全年总印数最多的为《贵阳晚报》，为 9947.71 万份，接近 1 亿份；其次为《贵州都市报》，全年总

印数为6630.59万份；第三位为《贵州日报》，全年总印数为5427.96万份。至2012年底，出版领域共有图书出版社5家、期刊出版单位88个、报纸出版单位44个、音像出版社1个。2011年印刷领域共有印刷企业715个，其中，出版物印刷企业79个，包装装潢印刷企业121个，其他印刷品印刷企业411个，专项排版、制版、装订企业104个；发行领域共有发行企业210个，其中，出版物总发行企业2个，新华书店86个，出版物批发企业122个。2011年贵州新闻出版业实现增加值19.75亿元，比2010年同期增加2.94亿元，增长17.49%；全行业年末从业人员3.29万人；资产总额99.18亿元，比2010年同期增加23.06亿元，增长30.29%；全年纳税总额5.24亿元，比2010年同期增加1.54亿元，增长41.62%[1]。至2011年底，贵州出版集团总资产达到40亿元，与2005年集团成立时相比，净资产、利润、销售额均翻了1倍，正在为股改上市进行筹备工作。

表2 贵州省图书出版发展情况

类　别	2007年	2008年	2009年	2010年	2011年	2012年
出版图书（种）	861	1549	943	830	856	966
#新出版	502	602	500	647	545	575
总印数（万册）	8626	10457	9263	8069	8492	7304
总印张数（万印张）	47107	39635	57032	55778	57278	48304

资料来源：贵州省统计局、国家统计局贵州调查总队编《2013年贵州统计年鉴》，中国统计出版社2013年版。

表3 贵州省杂志出版情况

类　别	2007年	2008年	2009年	2010年	2011年	2012年
出版杂志（种）	87	88	89	88	88	88
每期平均印数（万册）	91	98	93	85	78	86
总印数（万册）	1376	1420	1358	1300	1413	1485
总印张数（万印张）	7784	8145	9243	7117	7257	7062

资料来源：贵州省统计局、国家统计局贵州调查总队编《2013年贵州统计年鉴》，中国统计出版社2013年版。

[1] 黄定承：《助推新闻出版产业做大做强 提升我省文化产业整体实力——解读〈新闻出版总署关于促进贵州新闻出版业又好又快发展的若干意见〉》，http：//www.gzpp.gov.cn/public/2012－10/24/content_ 14381.htm，贵州省新闻出版局2012年10月24日。

表 4　贵州省报纸出版情况

类　　别	2007 年	2008 年	2009 年	2010 年	2011 年	2012 年
出版报纸（种）	45	44	44	44	44	44
每期平均印数（万份）	135	138	149	162	175	174
总印数（万份）	34676	35110	36286	37004	44931	45032
总印张数（万印张）	129069	139002	142079	145831	200712	248813

资料来源：贵州省统计局、国家统计局贵州调查总队编《2013 年贵州统计年鉴》，中国统计出版社 2013 年版。

表 5　2012 年贵州省报纸分类出版情况

类　　别	出版报纸（种）	每期平均印数（万份）	总印数（万份）	总印张数（万印张）
总计	44	174	45032	248813
#贵州日报	1	14.83	5427.96	14415.25
贵州都市报	1	18.47	6630.59	44548.68
贵阳晚报	1	27.79	9947.71	77636.60
文摘	1	4.20	428.40	856.80
每周广播电视报	1	1.68	87.36	393.12

资料来源：贵州省统计局、国家统计局贵州调查总队编《2013 年贵州统计年鉴》，中国统计出版社 2013 年版。

（2）创新业态，跨领域发展步伐加快。贵州日报报业集团正在推进的印务传媒研发基地，包括印务发行、数字产品开发和新媒介研发培训制作三大部分，是集多种现代媒体研发制作及全媒体记者培训功能的研发制作基地，将打造成全媒体平台，成为贵州文化产业发展的重要载体之一。贵州日报报业集团与福建日报报业集团共同打造的贵州都市报公众服务中心，利用《贵州都市报》的品牌资源，由单向传播变为双向互动，拓展新闻信息的采集渠道，建设直接为公众提供服务的综合型信息平台。贵州日报报业集团·黔森影视文化工作室以原创聚合全国资源，组织创作生产的电视剧《奢香夫人》获第 26 届金鹰奖优秀电视剧奖、“最佳电视剧美术奖”，入围观众喜爱电视剧女演员奖，并获中宣部第 12 届“五个一工程”优秀电视剧奖，这是黔森影视文化工作室打造的继《雄关漫道》、《绝地逢生》后，同时获得中宣部“五个一工程”奖和金鹰奖的第三部电视剧，制作的《旷继勋蓬遂起义》、《幸存日》、《云下的日子》、《风雨梵净山》等反映贵州题材的剧目跻身央视、电影院线和多省卫视等全国影视平台，树立了报业跨媒体发展，涉足影视业并获经济效益和社会效益双丰收的典范。该工作室打造的贵州文化题材新剧《王阳明》、电影《莫道君行早》也即将播映。

2. 广播电影电视业多元发展

（1）产业规模不断扩大。2012 年末有线电视用户 396.61 万户（见表 6），其中数字电视用户 357.69 万户，比上年增长 2.3%；广播节目综合人口覆盖率、电视节目综合人口覆盖率分别为 88.5% 和 93.0%，分别比上年提高 0.5% 和 0.2%。2011 年贵州省广播电视产业总收入达 35 亿元，比 2010 年净增 5.5 亿元，同比增长 18.97%；电影票房收入达 1.2 亿元，比 2010 年增加 0.4 亿元，增幅为 50%；广播影视民生工程超额完成任务，全省有线数字电视用户目前已超过 300 万户。2011 年 6 月挂牌成立的贵州广电传媒集团公司，2011 年实现经营总收入 28.5 亿元，2012 年经营收入突破 35 亿元，公司正在有序推进培育广电网络信息股份有限公司、家有购物集团公司上市工作。

表 6　贵州省广播电视发展情况

指　标	2007 年	2008 年	2009 年	2010 年	2011 年	2012 年
广播电视台（座）	77	77	78	79	79	84
广播节目综合人口覆盖率（%）	84.1	86.1	86.6	87.5	88.0	88.5
#农村	81.9	84.2	84.4	85.6	86.1	86.6
广播节目自办套数（套）	23	23	24	27	31	39
#公共广播	23	23	24	27	31	39
广播节目制作时间（万小时）	6.73	6.69	7.37	6.23	10.58	12.94
公共广播节目播出时间（万小时）	11.37	13.58	14.34	15.78	18.92	20.87
电视节目综合人口覆盖率（%）	91.1	91.3	91.3	92.5	92.8	93.0
#农村	90.0	90.0	90.0	91.4	91.7	91.9
有线广播电视用户数（万户）	335.35	338.23	340.61	335.23	396.57	396.61
#农村	166.20	113.92	93.07	91.26	210.53	218.20
数字电视用户数（万户）	69.01	130.05	208.19	234.51	349.67	357.69
有线广播电视入户率（%）	29.3	31.1	31.4	29.9	34.3	32.9
#农村	20.1	14.4	10.5	9.9	22.0	22.2
电视节目自办套数（套）	99	99	100	101	101	101
#公共电视	99	99	100	101	101	101

续表

指　　标	2007 年	2008 年	2009 年	2010 年	2011 年	2012 年
电视节目制作时间（万小时）	3.71	3.98	3.74	4.35	3.10	4.61
公共电视节目播出时间（万小时）	29.94	24.78	23.49	24.69	22.71	24.00
电视剧播出数（万部）	0.30	0.27	0.26	0.30	0.26	0.26
#进口电视剧播出数（部）	355	153	84	140	127	115
电视剧播出数（万集）	6.22	5.59	6.28	7.24	6.45	6.29
#进口电视剧播出数（万集）	0.97	0.50	0.32	0.38	0.26	0.23

注：① 资料来源：贵州省统计局、国家统计局贵州调查总队编《2013 年贵州统计年鉴》，中国统计出版社 2013 年版。

② 广播电视台 2011 年及以前未含县级，2012 年含县级。

（2）做优主业，实现经济效益和社会效益双丰收。近年来，全省广播和电视节目类型播出正向多元化发展。2012 年，全省电视台全年节目播出时间为 240032 小时（见表 7），从各类节目播出时间比例来看，新闻资讯类节目占 27.0%，专题服务类节目占 10.8%，综合益智类节目占 7.7%；从各级电视台节目播出时间比例来看，省级电视台专题服务类节目最高，而县级电视台则主要播出新闻资讯类节目，占县级电视台全年节目播出时间的比例高达 66.1%。全省广播电台全年节目播出时间为 208683 小时，新闻资讯类节目、专题服务类节目、综合益智类节目播出时间比例分别占 18.1%、24.3%、27.2%；省级广播电台专题服务类节目、综合益智类节目播出时间占比较高，分别为 28.7%和 28.4%；县级广播电台主要播出新闻资讯类节目，播出时间比例为 42.4%。

贵州省委宣传部、贵州日报报业集团等联合摄制的电视剧《奢香夫人》，2012 年获中宣部“五个一工程”奖、第 26 届中国电视金鹰奖电视剧优秀奖、和电视剧创作单项最佳美术奖；贵州广播电视台制作的文艺节目《“民歌韵红歌情，我唱山歌给党听”——庆祝建党 90 周年大型音乐活动》、《非常完美》获金鹰奖电视文艺节目类优秀奖。贵州广播电视台第一部自制电视剧《铁血使命》2011 年在全国多频道播出，其中 10 个地面频道创造收视冠军。反映长顺县敦操乡“背篼干部”先进事迹的主旋律题材作品——贵州首部纪实微电影《背出来的鱼水深情》在贵阳市星空影城首映，并在新浪、腾讯、金黔在线、省政府新闻办官方微博“微博贵州”等省内外网站同时推出，反响较好。

《领袖》、《张露萍》、《深河桥》、《大三线》等贵州题材影视剧正在继续策划制作之中。以国家级自然保护区威宁草海为题材的数字电影《草海恋歌》开机拍摄，将展示威宁三大主体少数民族彝族、回族、苗族的民族文化和别具特色的原生态文化。2012 年 5 月，贵州卫视向社会及业界出资 5000 万元招募标杆节目和优质制作团队，先后同国内外多个一线传媒和节目制作公司就提交的舞蹈竞技类、恋爱相亲类、明星脱口秀类节目进行了沟通和洽谈，与部分企业进行实质性合作并共同打造的新节目于 2013 年陆续登陆贵州卫视。

表 7　贵州省广播和电视节目播出时间情况

指　　标	全年节目播出时间（小时）				各类节目占全年公共节目播出时间的比例（%）		
	公共节目播出时间	#新闻资讯类节目	#专题服务类节目	#综合益智类节目	新闻资讯类节目	专题服务类节目	综合益智类节目
电视台	240032	64758	25836	18376	27.0	10.8	7.7
省　级	59860	7587	10574	3135	12.7	17.7	5.2
地　级	121510	18391	11769	9985	15.1	9.7	8.2
县　级	58662	38780	3483	3256	66.1	5.9	5.6
广播电台	208683	37862	50770	56684	18.1	24.3	27.2
省　级	60225	4429	17307	17105	7.4	28.7	28.4
地　级	116943	20075	27749	34911	17.2	23.7	29.9
县　级	31515	13358	4614	4668	42.4	14.6	14.8

资料来源：贵州省统计局、国家统计局贵州调查总队编《2013 年贵州统计年鉴》，中国统计出版社 2013 年版。

（3）延伸产业链，多元发展。贵州广播电影电视业在发展主业的同时，积极推进多元化发展。省广播电影电视局与省旅游局共同签署了《加快文化旅游发展创新区旅游文化项目建设合作备忘录》，将从文化旅游综合体打造、品牌化旅游产品开发、旅游资源整合推介、新旅游项目建设、旅游品牌塑造与明星代言、以拉动旅游市场为目的的驻场式演艺项目开发、标志性旅游文化活动培育等方面进行全方位的合作，探索建立产业融合的新模式。

3. 文化艺术及文化休闲娱乐业市场活力增强

（1）文化艺术水平进一步提升。2012 年末全省有文化事业机构 2213 个（见表8），比上年增长6.7%，其中博物馆、纪念馆66 个（含没有纳入免费开放的机构），公共图书馆 93 个，艺术表演场所 10 个，档案馆 107 个，文化馆和群众艺术馆 97 个，乡镇文化站 1490 个，2012 年在 9 个市州建设了 18 个社区书屋。2012 年，全省有文艺表演团体 39 个（见表 9），演出场所经营单位 2 个，艺术表演场所 10 个（见表 10），演出经纪机构 41 个，娱乐场所 2554 个，文化部门艺术剧团 40 个（见表 11）。文化艺术业的发展注重贵州民族文化内涵的大型舞剧《天蝉地傩》和田野民间歌舞集《原色》分别获得由国家民委、文化部、广电总局、北京市人民政府主办的第四届全国少数民族文艺会演剧目金奖和表演金奖，两部舞剧展示了贵州传统的民族民间文化和原生态文化。《我在雷山等你来》苗族原生态系列歌舞，作为国家大剧院重点打造剧目“中国舞蹈十二天”开篇之作在国家大剧院演出，集中展示了苗族节日、服饰和习俗风情文化和雷山县 13 项国家级非物质文化遗产名录。原创大型舞台剧《传奇遵义》参加了文化部主办的“大地情深·国家公共文化服务体系示范区进京展演活动”。2012 年，贵州省在贵阳市奥体中心举办了第八届中国金唱片奖颁奖晚会，产生了一定影响；继续举办了“中天城投杯”2012 年多彩贵州舞蹈大赛，原生态舞、民族民间舞、现当代舞、国际标准舞以及街舞等 5 个舞种和新人赛——电视节目《舞艺超群》，使大赛影响力进一步提升。

表 8　贵州省文化事业机构和人员情况

指　　标	2007 年	2008 年	2009 年	2010 年	2011 年	2012 年	2012 年比 2011 年增长（%）
机构总计（个）	1838	1869	1966	2041	2075	2213	6.7
#艺术事业	61	59	76	65	56	90	60.7
文物事业	111	113	153	145	130	151	16.2
图书馆事业	92	92	93	93	94	93	-1.1
群众文化事业	1443	1470	1514	1524	1579	1661	5.2
文艺科研	4	4	5	4	4	2	-50.0
其他文化事业	129	137	125	210	212	216	1.9
人员总计（人）	10013	10714	12520	12949	14945	16380	9.6
#艺术事业	2147	2184	2965	2421	2259	2531	12.0
文物事业	979	1133	1466	1665	1691	2166	28.1
图书馆事业	895	913	946	937	950	976	2.7
群众文化事业	4106	4400	4808	4790	5223	5320	1.9
文艺科研	27	27	36	31	33	21	-36.4
其他文化事业	1577	1955	2299	3105	4789	5366	12.0

注：① 资料来源：贵州省统计局、国家统计局贵州调查总队编《2013 年贵州统计年鉴》，中国统计出版社 2013 年版。

② 2008 年及以后数据含电影机构和人员。

③ 2008 年及以后其他文化事业数据含其他艺术和执法机构。

④ 机构和人员数不含文化市场新分的机构和人员数。

表 9　2012 年贵州省文化娱乐业发展情况

类　　别	机构数（个）	从业人员（人）	营业收入（万元）	主营业务利润（万元）
总计	4959	32671	263435	97385
文艺表演团体	39	970	5189	772
演出场所经营单位	2	48	34	-4
演出经纪机构	41	787	10832	-1430
娱乐场所	2554	17980	122968	46626
经营性互联网文化单位	3	1160	17696	8195
互联网上网服务营业场所（网吧）	2231	9991	96468	39568
艺术品经营机构	56	626	2979	912
文化市场连锁经营机构	33	1109	7269	2745

资料来源：贵州省统计局、国家统计局贵州调查总队编《2013 年贵州统计年鉴》，中国统计出版社 2013 年版。

表 10　2012 年贵州省艺术表演场所发展情况

类　　别	机构数（个）	从业人员（人）	坐席数（个）	演（映）出场次（场）	其中：艺术演出	观众人次（万人次）
总计	10	159	8326	620	410	29.5
#省级	4	63				
地级	2	39	1826	370	370	26.7
县级	4	57	6500	250	40	2.8
#文化系统	8	111	2026	390	380	26.9

资料来源：贵州省统计局、国家统计局贵州调查总队编《贵州统计年鉴（2013）》，中国统计出版社 2013 年版。

表 11　2012 年贵州省文化部门艺术剧团发展情况

指　　标	剧团数（个）	从业人员（人）	国内演出（场）	其中：在农村演　出	国内观众人数（万人次）
总计	40	1399	3210	1220	426
按隶属关系分					
#国有剧团	34	1171	2590	1070	204
按剧种分					
话剧、儿童剧、滑稽剧团	1	54	240		12

续表

指　　标	剧团数（个）	从业人员（人）	国内演出（场）	其中：在农村演出	国内观众人数（万人次）
乐团、歌舞团、轻音乐团	23	714	1830	780	280
戏曲剧团	3	243	370	140	44
曲艺、杂技、木偶、皮影团	2	141	170	50	18
文工团	10	217	600	250	72
综合性艺术表演团体	1	30			

资料来源：贵州省统计局、国家统计局贵州调查总队编《贵州统计年鉴（2013年）》，中国统计出版社2013年版。

（2）继续打造《多彩贵州风》品牌。《多彩贵州风》7年总共已演出2000多场，四个版本，共接待观众200余万人次，巡演了全国20多个中心城市，以及20多个国家和地区。2012年7月，《多彩贵州风》被文化部、商务部等评为“2012国家文化出口重点项目”，其运营推广企业——多彩贵州文化艺术有限公司被文化部、商务部等评为国家文化产业示范基地和国家文化出口重点企业。2012年《多彩贵州风》总收入已超过5000万元。

（3）积极拓展文化演艺市场。贵阳演艺集团改制后，市场主体地位不断提高，演出场次和演出收入增长50%，资产增长20%，员工收入增长40%，取得了一系列成效：推出的贵州第一部大型原创动漫童话舞台剧《魔笛》，除了在全国巡演外，其衍生产品动漫书已定稿即将付印，动画片正在筹拍中；作为唯一受邀的国外城市表演团体，在2012年新加坡“月圆河畔庆中秋”主题演出活动中，受到新加坡高层和各界人士的高度赞扬；原创大型神话木偶剧《水寨龙珠》在第21届国际木偶节上获“优秀剧目奖”，并在广西、广东等省多个城市商演；引入谭咏麟贵阳演唱会、杨丽萍舞剧《孔雀》、孟京辉话剧《两只狗的生活意见》等；另外，打造的贵州文化特色十足的原创新剧《黔风筑韵》即将面世，与东方歌舞团一起打造的大型音乐剧《炫舞之旅》也在筹备中。贵州日报报业集团联手大方县委、县政府和贵州索玛文化产业投资有限公司，共同打造讲述明朝初年贵州彝族女政治家奢香传奇一生的大型音画史诗《九驿长歌》，首演获得好评。

4. 文化创意和设计服务业稳步提升

（1）动漫产业逐渐成形。首先，通过继续举办亚青赛提升贵州动漫的知名度、美誉度和影响力。举办了由国家文化部文化产业司、国家工业和信息化部软件服务业司、省文化厅、省经济和信息化委员会、团省委、贵阳市政府、省出版集团主办的2012亚洲青年动漫大赛暨中国（贵阳）“贵茶杯”卡通艺术艺术活动，本届亚青赛以“动漫创意，数字发展”为主题，共征集到来自世界76个国家和地区共6万多件参赛作品，经大赛专家评审组评审，评选出动画类至尊大奖、最佳导演奖、最佳视觉效果奖、最佳技术应用奖、最佳学生作品奖、漫画及插画最佳学生作品奖、最佳创意奖、最佳形象设计奖、最佳单个漫画奖、最佳插画奖，其中贵州数字出版公司的《新视觉新动漫》获得最佳技术创新奖。此外，还增加基于动漫数字内容产业发展的动漫比赛，举办首届国际化动漫衍生产品交易会。其次，搭建动漫合作和传播平台。中国移动贵州公司和贵阳市工业信息化委员会联合主办了主题为“动漫＋移动新媒体，共创数字内容产业新未来”的“贵州首届手机动漫产业信息化高峰研讨会”暨“中国移动手机动漫贵州公共服务平台建设启动仪式”，为贵州动漫企业、内容发布商、运营商、智能终端之间的无缝对接搭建平台，提升贵州本土动漫产业市场运作效率和经济收益。中国移动通信集团厦门手机动漫基地与贵阳市工业和信息化委员会签署了战略合作协议，双方将面向手机动漫数字文化领域进行长期战略合作，促进动漫文化产品通过互联网、移动网等多网络通道在手机、平板电脑、PC等多终端传播。再次，打造特色动漫作品。由团省委、亚青赛组委会、贵阳市工信委、军事科学院联合制作的百集长征动画片《二万五千里》脚本创作已进入撰写阶段，将首次以动漫形式表现中国工农红军克服一切艰难险阻的主题。贵阳国家高新区数字内容产业园、贵州青年文化创意产业园等项目相继推出。投资3亿元、占地面积420余亩的中国西部·贵阳动漫生态园开工建设，以3D动漫长城的规划设计理念，结合多彩贵州文化长廊、3D动漫创意展示中心、新媒体礼堂体验中心等10余个主题项目，建成集都市园林景观、市民休闲、健身娱乐为一体的动漫生态产业园区，争取2020年实现园区经济规模达30亿元以上产值。

（2）创意设计企业发展迅速。贵阳朗玛信息技术股份有限公司2012年2月成功在深交所创业板上市，成为登陆资本市场的贵州省文化企业第一股，已在全国28个省市自治区设有分支机构。作为语音增值领域的高成长公司，被贵州省知识产权局确定为2012年贵州省知识产权优势培育企业，2012年“朗玛信息”股票实现高开高走备受证券市场关注。另外，贵阳熠动漫文化传播有限公司、贵州子墨动漫文化发展有限公司成为通过2011年度文化部、财政部、国家税务总局认定的动漫企业。贵安电子信息产业园开工建设，贵州江苏慧谷产业园、中国移动数据中心、中国电信云计算中心项目、浪潮云计算中心项目、北斗卫星应用、呼叫中心基地项目、大唐云计算中心项目、贵州电商谷等重点招商引资项目正在积极跟进。2012 年 1 ~ 11 月，软件和信息技术服务业实现软件业务收入 55.9 亿元，同比增长 20.2%，产业规模继续扩大。贵州文化基因正在融入科技，通过促进文化与科技、旅游、创意等产业相融合，正一步步提升文化产业的层次，将大大带动旅游文化、导航定位、数据分析等相关产业链的发展，激活产业链，增加其附加值。

（3）增值电信业务市场潜力较大。贵州电信通过策划 3G 应用主题活动，针对不同客户群持续开展“3G 进企业”、“3G 下乡”、组建“校园 3G 达人圈”等活动，提高天翼 3G 的使用。2012 年 9 月，天翼 3G 用户当月户均流量首次突破 100M，较年初相比提升 71%。贵州联通 3G 业务已在贵州开通 5300 余个基站，覆盖全省所有市州县城区、大乡重镇，以及所有高速公路、景区景点，拥有 2000 多款终端智能手机的支持，并可漫游全球近 250 个国家和地区，目前，贵州联通 3G 用户已超过百万人。

5. 文化旅游加快融合发展步伐

（1）文化旅游业繁荣发展。贵州通过提高旅游的文化内涵，促进文化与旅游融合，文化旅游业发展步伐加快。结合旅游商品产业的发展，扎实高效推进文化旅游商品项目建设，对黔东南雷山千户苗寨、贵阳香纸沟景区、安顺黄果树景区、毕节织金洞景区、铜仁大明边城旅游一条街、六盘水农民画等重点旅游线路的相关生产性服务业、民族工艺品等进行了支持，重点实施了松桃苗绣 7000 套家纺系列产品扩建等 30 多个旅游商品产业化项目。一部分旅游景区正在加快建设，努力提高景区的文化内涵。2012 年全省旅游总人数达到 21401.18 万人次（见表 12），比上年增长 25.8%，其中国内旅游人数 21330.68 万人次，增长 25.8%；旅游总收入 1860.16 亿元，比上年增长 30.1%，其中国内旅游收入 1849.49 亿元，增长 30.2%。在 2011 年，贵州文化旅游收入达到 141.5 亿元，占当年旅游总收入的 9.9%。荣获首批“中国文化旅游新地标”称号、“中国历史文化名镇”等殊荣的西江千户苗寨 2012 年接待游客接近 300 万人次，旅游综合收入突破 3 亿元，成为民族文化与旅游融合发展的成功模式。

表 12 贵州省旅游业发展情况

指 标	2007 年	2008 年	2009 年	2010 年	2011 年	2012 年
旅行社总数（个）	177	218	201	260	270	302
出境游组团旅行社	17	18	18	11	11	13
国内及入境旅游旅行社	160	200	183	249	259	289
旅行社职工人数（人）	2215	3071	2979	3132	3240	3624
出境游组团旅行社	910	365	370	225	226	260
国内及入境旅游旅行社	1305	2706	2609	2907	3014	3364
旅游总人数（万人次）	6262.89	8190.23	10439.95	12913.02	17019.36	21401.18
入境旅游人数	43.00	39.54	39.95	50.01	58.51	70.50
外国人	15.48	18.22	16.28	18.61	23.62	30.42
港澳同胞	13.05	10.79	10.84	13.64	16.91	20.85
台湾同胞	14.47	10.52	12.83	17.76	17.98	19.23
大陆旅游人数	6219.89	8150.69	10400.00	12863.01	16960.85	21330.68
旅游总收入（亿元）	512.28	653.13	805.23	1061.23	1429.48	1860.16
国际旅游外汇收入（万美元）	12917.55	11697.37	11044.40	12957.88	13507.18	16893.60
国内旅游收入（亿元）	504.04	643.82	797.69	1052.64	1420.70	1849.49
三大旅行社接待入境旅游人数（万人次）	3.30	3.87	5.25	1.76	1.51	1.27
中国国际旅行社	0.41	1.67	1.31	0.23	0.39	0.77
贵州海外旅游总公司	2.48	2.06	3.83	1.47	0.69	0.14
中国青年旅行社	0.41	0.14	0.11	0.06	0.43	0.36

资料来源：贵州省统计局、国家统计局贵州调查总队编《2013 年贵州统计年鉴》，中国统计出版社 2013 年版。

（2）文化旅游活动带动市场。在融合旅游、文化、商贸、会展为一体的文化旅游活动方面，举办了一系列有影响的文化旅游活动，如：启动了以“健康生活 · 欢乐旅游”和“多彩贵州 · 醉美之旅”为主题的第二个“中国旅游日”贵州省系列主题活动，进一步展示了贵州浓郁的民族风情和深厚的历史文化；举办了主题为“银海腾金龙、欢乐健康游”的 2012 年贵州 · 安顺（龙宫）油菜花旅游节，每年油菜花所带动的游客量超过 500 万人次，成为节庆推动发展的典范；主题为“多彩贵州瀑乡安顺”的 2012 中国 · 贵州黄果树瀑布节，已成为层次最高、规模最大、影响最广的旅游节庆活动之一；作为世界主要三大国际摄影组织之一的亚洲影艺联盟第 23 届交流大会暨首届中国 ·

贵州台江摄影旅游艺术节，吸引新加坡、日本、韩国、印度、中国台湾、中国香港等国家和地区的摄影家参会，展示了本地民族文化，推动文化休闲产业发展；以“挖掘弘扬民族文化、塑造银饰刺绣品牌”为主题的第五届中国·凯里原生态民族文化旅游节暨 2012 中国·凯里银饰刺绣博览会，旨在打造全国第一个银饰刺绣行业专业展会和全国第一个银饰刺绣产品专业交易平台，在博览会上，贵州苗绣、侗绣以及其他具有代表性的作品与中国四大名绣“苏绣、蜀绣、湘绣、粤绣”同时参展；第七届“金海雪山”旅游文化节期间同时举行了 2012 国际旅游小姐总决赛黔南贵定分赛区比赛、少数民族文艺风俗表演、热气球观景、书画诗词作品展等活动；主题为“温泉·养生·产业”的 2012 中国·贵阳温泉季活动，对“爽爽的贵阳”和温泉品牌进行了广泛宣传。

6. 文化旅游商品设计制作取得新成效

（1）旅游商品业增长较快。2012 年以来，旅游商品行业按照国发［2012］2 号文件提出的建设成为世界知名、全国一流的旅游目的地的要求，继续保持扩量提质的良好态势，切实促进农民增收、企业增效，成为全省增长最快、最有活力的产业之一。全年旅游商品综合产值 360 亿元（测算），同比增长 25% 左右。一是各种刺绣、银器、雕刻、陶瓷、蜡染、编织、漆器、珠宝等传统工艺品，以及采用现代新型材料生产的各种工艺品等，初步统计有 70 多个种类。二是可用于生产旅游商品的矿产品资源包括金、银、铝、锑、钛等金属材料，紫袍玉带石、水晶石、大理石、朱砂、各类玉石、石英等矿产资源，还有各类矿物晶体天然形成的奇石、古生物化石等利用价值不断提高。三是形成规模并开发为旅游商品的资源主要有各类粮油、水果、蔬菜、土特产、中药材、畜牧产品、水产品及林产品等。四是烟、酒、茶、饮料、饮食、糖、调味品等种类繁多的产品资源可开发利用于旅游商品。五是传统工艺在民族民间传统艺人之间世代相传，全省大多数大中专院校均开设了旅游专业，部分民族地区中小学也开设了传统工艺课程。

（2）积极组织开展旅游商品大赛。组织 30 多家旅游商品企业、40 余类旅游商品参加了第四届中国国际旅游商品博览会暨 2012 中国旅游商品大赛，其中，贵阳苗疆故事民族服饰博物馆设计制作的“顶级苗绣图案蚕丝围巾系列”获得了金奖；黔东南国春银饰有限责任公司和织金县小妥倮蜡染工艺有限公司设计制作的“银镶马尾绣银饰”、“蜡染刺绣系列”获得了银奖；黔东南国春银饰有限责任公司和贵州多彩雪飞文化旅游商品有限公司设计制作的“纯手工银饰系列”、“蜡染围巾”获得了铜奖，位居全国各参展团第一。省内成功举办2012多彩贵州旅游商品“两赛一会”，9个市州组委会举办的各地分赛，共推举出286个能工巧匠选手，575件设计作品参加总决赛，经过激烈角逐，评选出“贵州名创”获奖作品55件，“贵州名匠”获奖选手100名。在连续7年举办的两赛一会的带动下，形成了遵义红军街、都匀石板街、花溪青岩古镇、黎平翘街、安顺文庙群、西江苗寨、雷山等旅游商品集中销售地，涌现出银饰村、蜡染村、刺绣村、木竹石雕村等旅游商品专业村镇。旅游商品企业从2007年不足百户增加到2011年1600多户；旅游商品带动的就业人数，从2007年不足10万人增加到2011年的150万人。“两赛一会”已经成为集创业富民、产业推进、文化传承、活跃经济、促进非公经济发展为一体的综合性产业推进平台，成为宣传多彩贵州的最亮丽名片。

（三）园区和基地建设稳步推进，产业组织化集聚程度提高

以“十大文化产业园区”和“十大文化产业基地”为代表的等重大工程和项目建设有序推进，一批文化产业基地等开工建设，其他项目前期工作正加快推进，贵州文化产业发展环境和条件得到有效改善。

1. 重点园区和基地建设有序推进

至2012年末，全省拥有多彩贵州文化艺术有限公司、安顺开发区兴伟文化发展有限责任公司、平坝县天龙旅游投资开发有限公司、雷山县西江千户苗寨旅游发展有限公司等国家级文化产业示范基地4家，贵阳国际会议展览中心有限公司、贵州省广播电视信息网络股份有限公司等第一批省级文化产业示范基地24家。其中2012年，新增国家级文化产业示范基地1家，西江千户苗寨旅游发展有限公司获第五批国家文化产业示范基地称号。

2. 一批园区和基地开工建设

贵州文化广场、贵州文化出版产业园、毕节大方古彝文化产业园、多彩贵州城、贵州日报报业集团印务传媒研发基地、铜仁玉屏箫笛研发生产基地等开工建设。这些文化产业重点项目主要有：占地面积为142亩、计划投资4.94亿元的贵州省“十二五”重点项目——多彩贵州品牌研发基地开工建设，基地将为贵州特色文化研究、产品研发、设计、项目策划、文化产业人才培养以及展示和宣传贵州文化搭建平台，力争在两年内完成基地一期工程并投入使用。贵州出版集团公司的“数字出版印刷产业基地”是贵州文化出版产业园的重点项目，项目共用地285亩，主要建设内容覆盖数字出版、数字印刷、绿色印刷、包装、动漫创意、数字化图书配送中心和文化产业培训，基地总投资人民币8亿元，预计开工后两年内建成。作为贵州省省级重大文化设施建设工程之一的当代贵州杂志社办刊业务基地建设启动，标志着当代贵州杂志社、当代贵州期刊传媒集团进入了一个发展新阶段。贵阳市充分利用百花湖和金华煤矿采空区等资源，全面启动十二滩体育公园、金华体育文化公园及百花文化产业园、生态山地体育公园、高科技游乐主题新城和文化创意产业园等文化产业项目建设，预计总投资将达到 580 亿元以上。总投资 50 亿元的驾欧旅游产业综合服务区项目以樟江水景为主环境，展现荔波传统民族文化和生态文化，引进国际先进度假方式，打造包括富有民族特色的星级酒店、商务会议中心、娱乐运动中心、度假休闲别墅、民族文化商业街等在内的旅游度假体验地。总投资 1.5 亿元、规划占地 160 亩、容纳商铺 200 多家的赤水丙安红色文化演艺基地集红色文化实景演艺、旅游特色商业步行街、四星级酒店为一体，有助于提升赤水红色文化品位和文化内涵，促进赤水红色文化旅游业发展。总投资 70 亿元的毕节市大方古彝文化产业园内的慕俄格古城已经全面动工，将有力促进实施民族文化产品开发。铜仁民族风情园、兴义市民族风情园等一些地区运用“跨界融合”的思路，瞄准文化创意地产项目，打造会展、娱乐、餐饮、零售、游艺体验等于一身的文化新地。凯里苗妹银饰公司在工业园区建起了生产基地和厂房，使全省银饰加工批量化程度大大提高。贵州民族民间产品的生产正朝着“小商品大产业”、“小企业大集群”的方向发展。

（四）区域文化产业成为经济发展新引擎

各市州高度重视文化产业发展，依托本地资源、要素、区位等条件，进一步明晰了加快文化产业发展的思路，不断加快文化产业发展。

1. 贵阳市

2012 年，贵阳市文化产业继续保持强劲的增长势头，2012 年文化产业增加值达 60 亿元（测算）。全市文化产业承载功能日臻完善，贵阳数字内容产业园初步形成白云、高新“一区两园”发展格局，贵阳国际会议展览中心展会承载功能逐步显现，贵阳国际会议展览中心、贵阳数字内容产业园、贵阳朗玛信息技术股份有限公司和贵阳日报传媒集团经营有限公司获第一批省文化产业示范基地称号。全年创作完成小品、木偶剧、相声、说唱、音乐快板、弹唱、四川清音、舞蹈、魔术、歌舞、杂技等文艺作品 50 余个。全市文化产业招商引资成果喜人，贵阳数字内容产业园先后引进 5 家新企业入驻，在深圳文博会招商引资暨签约推介签约金额达 63.78 亿元，占全省签约金额 190 亿的 33.6%。文化改革发展取得新进展，市、区两级公益性文化事业单位改革工作任务已全面完成，组建贵州贵报传媒有限公司改革方案已获省非时政类报刊改革联席会议领导小组同意。对外文化交流力度增强，先后完成了贵阳市与沃斯堡代表团学生合唱团友好交流文艺演出活动、贵阳交响乐团新加坡交流演出等。

2. 遵义市

2012 年遵义市文化产业增加值达 32 亿元（测算），遵义日报传媒集团有限责任公司、遵义红色旅游集团有限责任公司、遵义文化旅游演艺有限责任公司、遵义歌舞剧团有限公司、遵义杂技歌舞艺术有限责任公司、遵义文化艺术发展股份有限公司等文化企业发展态势良好。遵义红色旅游集团公司组建了投资管理公司，新增了会展、酒店、酒业经营业务；遵义文化旅游演艺有限责任公司打造了《红军魂》、《娄山关月》、《祖国在我心中》等多个优秀红色剧目；遵义市歌舞剧团有限公司启动了遵义市文化艺术发展中心大楼建设，大力发展演艺、影视、出版物交易、文化创意等文化产业，打造了原创大型舞台剧《传奇遵义》。加大招商引资，文化产业链拓展延伸，在第八届中国（深圳）国际文化产业博览会上共推介项目 39 个，引进辉诚（香港）发展有限公司、江苏泰豪集团、清华紫光公司、中天城投等众多知名企业投资文化产业。保持发展创新，遵义市广播电视信息网络有限公司实施数字电视技术普及和推广，催生了新的文化传播业态，经济效益大幅度提升；遵义奇利动画影业有限责任公司已发展成为贵州省规模较大的动漫影视公司。大力推进习水土城红色文化产业园区、娄山关高端红色文化产业园区、“四渡赤水”红色文化大型实景演艺基地、遵义苟坝红色文化旅游区等文化旅游园区与基地建设，推动文化和旅游融合发展，红色文化旅游产业发展壮大，进一步增强了旅游的文化品位和吸引力。中国（遵义）长征文化博览园、中国（遵义）酒文化产业园、遵义会展基地、遵义仡佬文化产业园建设等文化产业重大项目有序推进。

3. 六盘水市

六盘水市 2011 年实现文化产业增加值 5.86 亿元，占 GDP 比重为 0.96%，比 2010 年提高了 0.07%，文化艺术服务业大幅增长，文化用品生产及广播电视电影服务增长平稳，文化产业形态多样。文化基础设施建设力度加大，“一院七馆四中心”（“一院”即凉都大剧院，“七馆”即图书馆、博物馆、文化馆、档案馆、方志馆、展览馆、科技馆；“四中心”为青少年活动中心、体育中心、市民中心、会展中心）建设项目全线上马，以历史文化、民族文化、生态文化、三线文化为载体打造的“凉都”文化品牌影响力逐步扩大。项目带动形势趋好，在第八届深圳文博会签署投资意向资金 2.6 亿元。开展了一年一度的凉都消夏文化节及“多彩贵州”系列赛事等，积淀、创新、发展了文化，丰富了广大群众的精神文化生活。

4. 安顺市

安顺市 2012 年文化产业提出了“一核、七园、十大文化旅游产业组团”的战略布局以及“一业一策”的市场培育理念和策略，明确了重点发展的支柱型、战略型、新兴类等三大文化产业，黔中报业发展集团、黄果树艺术团文化有限公司、安顺市广电公司、普定银河广告公司、紫云广告文化有限公司等一批国有骨干文化企业和安顺焕彩蜡染集团有限公司、普定马官文化艺术有限公司、大明屯堡文化艺术有限公司、正坤雕刻文化有限公司等一批民营文化企业发展势头良好。2012 年完成市、县两级 23 个公益性文化单位内部“三项制度”改革，公益性文化单位改革焕发生机，组织开展丰富多彩的群众性文化活动，促进了文化产品和文化资源的共享。继续加大招商引资力度，“悦道”生态观光度假文化示范园区、黄果树苗岭屯堡文化城、普定民族风情一条街、镇宁百线文化电影广场等项目成功签约，“多彩万象旅游城”、普定民族风情一条街、镇宁百线文化电影广场、中国体育休闲（黄果树）汽车露营基地、“白水龙国际风情园”开工建设。

5. 毕节市

毕节市 2011 年文化产业增加值达 5.86 亿元，约占 GDP 的 0.79%，同比增加 0.29%，增速达 58%。2012 年，新闻出版和版权服务、广播影视服务、文化演艺服务、文化旅游服务等行业不断发展壮大，各项核心指标实现了新突破。对文化事业、文化产业的投入进一步加大，文化产业发展专项资金稳步增长。正式印发了《2011—2020 毕节市文化创意产业发展规划及专题研究》，“红色三馆”（中华苏维埃人民共和国川滇黔省革命委员会旧址、红六军团政治部旧址、抗日救国军司令部旧址）维护修缮和陈列布展等升级改造工程的全部完工并投入使用，“一院三馆”（毕节大剧院、图书馆、博物馆、科技馆）、乡镇综合文化站、大方慕俄格古城等重大项目顺利实施，筹措资金实施“五古”（古城、古镇、古寨、古建筑、古驿道）建设。把文化产业项目作为重点招商引资项目，在第八届中国（深圳）国际文化产业博览交易会上签约金额达 20.25 亿元。古彝文化产业园等文化产业园区建设步伐加快，毕节市民族文化产业园、赫章夜郎文化产业园、百里杜鹃花卉文化产业园已启动规划编制。图书馆、博物馆、科技馆、大剧院等公共文化服务设施建设基本完工，三板桥奥体中心体育场改造结束，公共文化服务体系基本建成。

6. 铜仁市

2012 年，铜仁文化产业系统紧紧围绕“一业振兴、三化同步”主战略，创新文化产业发展思路，加大文化产业投入，文化产业发展环境得到进一步改善，文化产业总量增大，文化产业与旅游的融合发展不断推进，民族文化产业发展朝气蓬勃。环梵净山“金三角”文化旅游创新区启动，提出要把梵净山打造成为生态环境优美，集佛教文化、民族文化、红色文化、养生文化为一体的国内一流、世界知名旅游区的目标，这一战略构想的实施，必将形成铜仁文化产业的“井喷”现象。“玉屏箫基地”、“大明边城”、“佛教文化苑”、“苗王城”、“生态植物园”、“中南门古街”、“万山工业遗址”等文化产业园区建设初具规模。原铜仁人民广播电台、铜仁电视台剥离经营部分按照现代企业制度要求，建立健全法人治理结构，转制文化企业进入市场发展势头良好。文化服务业迅猛蓬勃发展，“梵天净土·桃源铜仁”文化品牌的影响力取得突破。

7. 黔东南州

2012 年，黔东南州在大力发展工业园区和生态农业园区的同时，加大力度，依托民族文化资源优势，更加注重文化和旅游的相互融合，积极发展文化旅游产业园区，文化产业园区建设稳步推进，中国（凯里）民族文化园和贵州（凯里）民族民间工艺品交易基地、天柱三星岩文化产业园区、丹寨县民族文化体育特色产业园、黎平侗族大歌实景展演、台江施洞民族文化产业园、雷山西江旅游文化产业园区建设加快推进。文化产业增加值占 GDP 比重提高，2011 黔东南文化产业实现增加值 88784. 12 万元，比上年增长 15. 95%，占全州生产总值的比重为 2. 32%，2012 年文化产业实现增加值将超过 12 亿元。

8. 黔南州

2012 年，黔南州各县市结合经济结构调整和“三化同步”建设，把民族文化、生态文化、历史文化、民族演艺、民族手工艺生产、博览会展业、康体休闲业与旅游产业有机结合起来，都匀“国际摄影博览会”、剑江旅游欢乐周、都匀毛尖茶博览会、福泉“金谷福梨”旅游节、贵定“金海雪山”旅游文化节、盘江“冰脆酥李节”、龙里“刺藜花节”、龙里苗医药博会、龙狮文化艺术节、惠水“好花红”艺术节、长顺“杜鹃花”旅游文化节、罗甸“高原千岛湖”旅游文化节、平塘龙舟节、独山花灯艺术节、三都“神秘水族·魅力三都”旅游文化节、荔波“万亩梅花报春月”新春旅游节等各种文化旅游节庆活动先后成功举办了多届，各种民族节庆活动丰富多彩，风情浓郁，把文化产业与旅游产业的发展有效地结合了起来，丰富了旅游产业的内容，促进了文化产业和旅游业的较快发展，并借助旅游产业在与旅游产业融合中得到发展。

9. 黔西南州

黔西南州聚焦优势资源，坚持走以地域性民族文化为内涵、以文化旅游为主线、以重点项目的实施带动相关产业协调发展的文化产业发展道路，大力培育合格的文化市场主体，大力推进文化与旅游的结合，形成了一批独立经营、自负盈亏、具有独立法人资格的市场主体，2012 年全州文化产业增加值超过 5 亿元（测算），占整个 GDP 的比重约为 1.8%。黔西南州民族文化产业园、晴隆 24 道拐抗战文化遗产园、贞丰双乳峰母亲文化园建设、万峰林文化旅游产业园、黔西南州民族文化中心、兴义南龙布依古寨民族旅游综合开发项目等加快推进，拓宽了文化产业的发展领域，带动了相关产业的共同发展。

（五）发展环境进一步改善，政策效果逐步

2012 年，全省 299 家经营性文化单位完成转企改制任务，核销事业编制 9017 个。2012 年 2 月，贵州及所属 9 市、州在中宣部、文化部、国家广电总局、新闻出版总署通报表彰的“全国文化体制改革先进地区”中皆榜上有名，2012 年 9 月，在全国文化体制改革工作表彰大会上，贵州有 13 家单位和个人分别获“全国文化体制改革工作先进”称号。贵州文化产业的政策环境进一步优化，文化交流活动丰富，更加注重文化基础研究和培训，推动多彩贵州文化品牌产业化运作。

1. 政策环境进一步优化

一系列支持贵州文化产业发展的政策措施的出台，使贵州文化产业发展更有政策支撑。一是国发 2 号文件促进了相关部门对贵州文化产业发展的政策支持。国发［2012］2 号文件提出，要把贵州建成文化旅游发展创新区。为贯彻落实国发 2 号文件精神，国家各相关部委制定了一系列支持贵州文化发展的政策文件，如文化部、国家文物局制定下发了《文化部国家文物局关于支持贵州多民族文化大发展大繁荣的意见》，新闻出版总署出台了《新闻出版总署关于促进贵州新闻出版业又好又快发展的若干意见》，这些政策文件、规划文本的制定和出台，将对促进贵州文化产业发展起到积极的推动作用。二是省级层面的政策。2012 年 7 月，贵州省委宣传部联合 16 家省直部门出台《贵州省文化产业示范基地申报评选管理试行办法》，将对列入省文化产业示范基地名单的文化企业进行扶持。《贵州省生态文化旅游产业发展规划》通过最终评审，获得了联合国世界旅游组织的肯定，为贵州建设文化旅游发展创新区提供了具有操作性项目和政策支撑。成立了省旅游商品协会，致力于服务行业、服务企业、服务能工巧匠，进一步加强了行业指导。三是贵州将文化产业发展指标纳入全面建设小康社会进行统计，提出文化产业增加值权重占小康社会指标体系的5%，这标志着贵州省文化产业迎来了难得的黄金发展期。

2. 机制创新持续释放发展新动力

作为全国首批非时政类报刊出版单位转制的省份之一，2012 年完成了 37 家非时政类报刊出版单位改制任务，《新报》、《贵州都市报》、《黔中早报》、《乌蒙新报》等在推进非时政类报刊出版单位体制改革方面进行了有益探索。2012 年 10 月，时任中共中央政治局常委的李长春同志在贵州调研文化改革工作，充分肯定了贵州大力推进文化体制改革和文化产业发展的成绩，为贵州文化产业发展坚定了信心和力量。

3. 举办各种文化活动

2012 年，贵州成功举办第二届中国（贵州）国际酒博会、生态文明贵阳会议、第五届中国—东盟教育活动周，组织参加了中国—亚欧博览会和第九届中国—东盟博览会，围绕会展活动进行了一系列文化活动，如贵阳交响乐团演出了第二届中国（贵州）国际酒类博览会交响音乐会“清乐如诗留醉山水”等，丰富会展活动文化内涵。贵州省委宣传部、贵州省旅游局主办了全国省报记者“国家公园省·多彩贵州行”大型采访活动，来自全国 29 家省级党报以及深圳、大连、宁波、青岛 4 个对口帮扶城市党报和《新闻战线》和《中国旅游报》的记者走进贵州，进行深入采风，为贵州文化旅游发展进行宣传以及提出有益建议。省委宣传部、省旅游局、省民委、贵州日报报业集团与《中国国家地理》杂志联合举办了“寻找中国最美风景县”走进国家公园省（贵州）评选活动，评选产生“贵州 10 佳最美风景县”。举办第五届多彩贵州·中国原生态国际摄影大展，从 11 万多幅来稿中产生“自然”、“民族”、“文化”等三大版块的原生态摄影奖项和年度特别奖 11 个奖项。“多彩贵州踏春行”大型主题采访活动，展示贵州文化改革和文化产业发展情况。举办了“贵州与世界——民族工艺的对话”国际论坛，邀请来自俄罗斯、印度、伊朗、埃及、以色列等国家和地区的十多位国际专家和工艺大师出席，着力提升多彩贵州民族民间文化品牌影响力。

4. 文化产品“走出去”步伐逐渐加大

《多彩贵州风》继续赴美国、日本、澳洲演出，获得好评。贵州京剧院有限责任公司应邀赴英国伦敦参加主题为“中国京剧奇葩伦敦奥运盛典”的文化交流活动，在哈肯尼皇家剧院举行了三场演出。以展销合一的模式参加了由海峡两岸旅游交流协会、台湾观光协会共同主办的 2012 年第七届海峡两岸台北旅展。黔艺宝公司将上千位苗族绣娘、银匠组织起来，产品销售到欧洲和日本。2012 年，商务部公布的《2011—2012 年度国家文化出口重点企业和重点项目名单》中，贵州省的遵义市杂技歌舞艺术有限责任公司、多彩贵州文化艺术有限公司等 2 家企业榜上有名，这次文化企业及项目入选，是自 2007 年以来，贵州省文化项目的首次入选，也是贵州省文化企业的第二次入选。

5. 文化招商助推产业发展

2012 年，贵州省在第八届中国（深圳）国际文化产业博览交易会上签约 51 个项目，融资金额达 190 亿元，为贵州代表团参加历届深圳文博会中签约金额最多的一次，占本届文博会全国计划签约项目 1400 亿元的 13.6%。签约的 51 个项目中涉及全省 9 个市州 40 多个县、区、市，其中有 9 个重点项目，分别为中天未来中心 7 公里滨河商业文化街，娄山关红色文化休闲度假中心开发，六盘水市钟山区凉都森林公园文化旅游产业园区开发，安顺“悦道”生态观光度假文化产业示范园区，水西博驿度假中心，九龙洞入口区文化休闲度假中心，苗乡侗寨文化园，长顺县金竹夜郎文化旅游创意城，年产 50 万件（套）玉石加工、展示、销售基地。另外，启动和签约了一批文化产业园区建设，如贵州旅游发展有限责任公司、贵阳银源会展中心有限公司、贵州至景旅游开发有限公司签署协议，共同开发占地约 5000 平方米，总建筑面积约 8 万平方米的“贵旅大厦旅游精品产业综合体”项目，项目将打造集酒店、高档写字楼、商业于一体的产业综合体，将成为各旅游企业、各旅行社的总部中心和旅游商品研发集中地与贵州各大旅游景区的推荐窗口。

6. 文化研发培训日益受到重视

贵州文化系统更加重视高校等专业研究机构的智库作用，产学研合作进一步加强。一是成立了一批文化研究中心和文化机构，如“贵州红色文化发展研究中心”、布依族古文字典籍研究中心、贵阳孔学堂、贵阳市艺术研究院、贵州省南飞夜郎文化研究院等专门从事文化和文化产业发展研究的机构，进一步提升文化基础研究水平。二是举办文化论坛和研讨会，增加贵州和国内以及国外文化学术交流。举办了 2012“中国 · 贵州 · 凯里苗族文化论坛”、“中国—东盟民族文化产业发展研讨会”、第五届贵州民族民间文化青年论坛“民俗传统与文化创新”研讨会、“古苗疆走廊”与贵州文化建设论坛、“旅游论导”专题培训会等文化产业发展学术活动。三是启动一系列贵州世居少数民族的专题研究，对保护、传承和利用贵州少数民族文化具有重要意义。四是加强企业与高校和研究机构的合作，贵州日报报业集团与中山大学传播与设计学院达成了合作意向，多彩贵州城建设经营有限公司与贵州商业高等专科学校和贵州民族大学签订了校企合作框架协议，进一步拓展了产业界与科研机构的互动渠道。

二、存在问题

（一）产业规模仍然较小

受限于贵州作为西部地区，经济社会发展比较落后的实际省情，文化产业发展还未脱离“小、散、弱”的总体特征。2012 年全省文化产业增加值占 GDP 的比重为 2.6% 左右，而 2012 年全国文化产业增加值已达到 16000 亿元，占全国生产总值的 3.1% 左右，贵州文化产业增加值占比低于全国比例。据本蓝皮书课题组测算，2013 年全省文化产业增加值占 GDP 的比重也仅为 3% 左右，占 GDP 比重仍较低。在西部地区，贵州文化产业增加值规模还远比陕西、四川、重庆等省（市）小。2010 年以来，尽管文化产业得到快速发展，但其他产业发展速度也较快，尤其是贵州提出工业强省战略以来，工业发展提速，且由于文化产业本身的属性，其制造业增长远远低于工业增长，而且文化制造业正是贵州文化产业发展中的一个短板，导致文化产业增加值占 GDP 比重增长缓慢。按照省委省政府提出的“在‘十二五’期末，把文化产业培育成为国民经济支柱产业”的要求和目标，2015 年全省文化产业增加值在 GDP 中的比重占 5%，其规模要达到 500 亿元以上，差距还很大。

（二）产业融合与业态创新步伐仍较缓慢

从促进文化产业发展的引擎——旅游业来看，文化旅游业发展质量还比较低，文化产业与旅游业形成良性互动尚有一段过程，对有的跨区域分布的文化旅游资源各自开发，不仅浪费资源，收益微小，而且也浪费了区域联合、部门联合形成规模文化旅游的大好机会，文化企业进入旅游区的途径缺乏，旅游区接纳文化企业的程度不高，没有很好地找到文化与旅游之间相结合的契合点，多数旅游仍为初级形态的观光旅游，文化旅游产业链条只停留在“游”的层面，购物、娱乐、休闲、餐饮、住宿、交通等方面还较落后。文化产业主要集中在文化信息传输服务和文化休闲娱乐服务，能产生高附加值的文化创意类企业和设计服务类企业很少，具有较高科技含量、创新力、竞争力和市场潜力的文化产品也很少。全省各地的新闻出版业、产业同构化严重，造成企业规模偏小，布局分散，区域市场分割，资源无法合理流动和有效开发利用，难以形成规模经济效益和节约化经营效益，阻碍了新闻出版大市场的形成和新闻出版专业分工。新业态处于萌芽状态，数字出版总体力量薄弱，品牌效应不强，有贵州地域特色的精品产品少；新闻出版业出版的地域特色的精品产品少，影响小。

（三）产业投入不够

就贵州文化产业整体发展而言，对文化产业的投入仍显不够。虽然成立了文化产业发展专项资金，并将专项资金额度由 2000 万元提高到 5000 万元，但对于贵州文化产业发展的喷薄需求而言，实在是杯水车薪；虽然政府有关部门与银行签约开展战略合作，寻求金融支持贵州文化产业发展，但仍存在不配套问题；一些文化产业投资公司的成立，受限于规模，并没有根本改变贵州文化产业投融资困难的实际。而目前从国家到地方已有上百支文化产业基金，基金总体规模上千亿元，其中包括广东文化产业投资基金整体规模 50 亿元，湖南文化产业基金规模 30 亿元，江苏紫金文化产业发展基金规模 20 亿元，上海文化产业股权投资基金目标规模 100 亿元等，贵州也应加大对文化产业的投入，以引导和带动更多社会资本投向文化产业。另外，要积极放宽政策条件，鼓励和吸纳社会资金投资文化产业，促进文化产业的转型升级，支持文化企业上市融资。

（四）体制机制仍需进一步理顺

到 2011 年底，贵州已基本完成文化体制改革各项主体任务，但在接下来的改制过程中和改制后，仍然存在体制机制上的桎梏，如改制后政策无法落实，或政策内容太空泛，缺乏细化和可操作性的内容；一些文化事业单位转企后，仍然按照事业单位的管理模式和管理思维来运行，还没有建立起现代企业制度和法人治理结构，还没有成为严格意义上的现代企业，发展力和竞争力不强；三网融合中的部门协调问题等。

（五）园区与基地建设还处于起步阶段

作为产业发展的载体，贵州文化产业园区建设处于初期，尚有一个培育和孵化的过程。首先，对文化产业园区的认识存在误区。忽视对文化内涵和文化注入产业发展的科学、规范的规划，缺乏好的文化产业项目支撑。一些文化产业园区建成后，往往成为空房子，配套设施和服务不完善，企业入驻少，资源缺少整合，产业链没有形成，文化产业园区的产业集聚功能没有得到发挥。其次，一些文化产业园区缺少文化内涵。文化产业园区的核心应是以文化贯穿园区发展和文化产业链的延伸。备受推崇的“文化＋地产＋旅游”的模式虽然带动城市发展和土地增值，但此种发展模式最关键的一环还是文化，没有文化，没有创意，则产业园区等同于普通的房地产开发，园区定位变调，园区的后续发展也堪忧。再次，一些文化产业园区存在同质化发展，园区缺乏自己的特色和独特优势。文化产业园区在类型、定位、优惠政策上都存在趋同的状况，尤其是一些民族文化产业园区的打造，还存在盲目跟风和粗暴模仿的现象。第四，一些文化产业园区在管理和服务上不规范。

三、发展展望

（一）发展环境

1. 宏观经济社会发展环境

党的“十八大”的召开开启了我国文化产业发展的新周期，发展环境将进一步改善，文化产业发展仍将保持快速发展。2013—2014 年是贵州实现“十二五”文化产业发展目标的关键年，贵州文化产业发展仍然具备难得的机遇和有利条件，全省处于经济社会加速发展的关键时期，全省加快发展的积极性空前高涨，具备了进一步加快发展的坚实基础和有利条件。国家鼓励新一轮电子制造业等战略性新兴产业的大力发展，同时全省加快信息产业发展的政策措施的出台、资金扶持力度的进一步加大、贵安新区电子信息产业园等重点项目的引进落地、园区建设的加快均将有利于促进产业加快发展。

2. 文化产业发展的政策环境

随着一系列有利于文化产业发展的政策的出台，2013—2014 年贵州文化产业发展的政策环境有一定程度的提升。2012 年 1 月国务院颁布的《关于进一步促进贵州经济社会又好又快发展的若干意见》即国发［2012］2 号文件，其中涉及文化和旅游产业的内容对贵州发展文化产业是一个极大的鼓舞，坚定了信心，也对下一步争取支持贵州文化产业发展的政策的出台打下基础。文化部、国家文物局下发的《文化部国家文物局关于支持贵州多民族文化大发展大繁荣的意见》就是其中之一。其次，融资环境改善。文化厅与国家开发银行贵州省分行签署《开发性金融支持贵州省文化事业和文化产业发展合作协议》；贵州省新闻出版（版权）局与中国工商银行贵州省分行签约，争取到 30 亿元的意向性融资支持；贵州广电传媒集团和工行贵州省分行签订战略合作协议，争取到不少于 50 亿元的意向性融资支持，拓宽贵州文化产业融资渠道。再次，2012 年 9 月终审通过了《贵州省生态文化旅游产业发展规划》，下一步规划中涉及的文化旅游项目也将启动，以项目带动贵州文化产业发展趋势进一步增强。另外，其他涉及文化产业发展的政策和措施也将促进贵州文化产业发展，如制定贯彻落实《关于加强科技创新促进经济社会更好更快发展的决定》的实施意见，确定了包括加强科技创新及成果转化平台建设、加快企业技术创新体系建设、充分发挥高校在科技创新中的生力军作用、加强科研院所建设与改革、营造良好投入创新环境、加强领导和督促检查在内的六方面的重点工作。

3. 文化产业将进一步加快融合发展步伐

文化产业内各个行业主管部门主导的发展，将越来越为跨行业的融合发展所取代，甚至为文化经济普遍融合发展所取代；促进文化与相关产业融合发展的关键时期，全省旅游商品和工艺品产业必然走向兴盛。

4. 文化市场需求进一步增强

工业化、城镇化过程中文化产业的配套发展问题，工业化、城镇化快速发展，人民群众生活水平的进一步提高，日益增长的大众化、多样化消费需求为文化产业发展提供了新的机遇。

（二）发展展望

总地来看，2013—2014 年贵州省文化产业发展的比较优势将得以继续发挥，文化产业仍然有望持续保持较快发展。虽然贵州文化产业发展环境正在改善，但是也应看到，国内外经济形势依然复杂，充满变数，贵州也面临文化产业总量小、实力弱等多方面的挑战。因此，必须科学判断和准确把握发展趋势，抓住机遇，充分利用各种有利条件，采取有效举措，积极应对各种压力和挑战，扎实推进文化产业发展。

按照年均增长速度 30% 计算，2013 年贵州文化产业总收入可达到 650 亿元左右、文化产业增加值达到 230 亿元左右，占全省 GDP 比重达到 3% 左右。根据 2012 年 7 月国家统计局颁布的《文化及相关产业分类（2012）》，从新划分的文化产业行业分类来看，重点行业的发展趋势是：（1）新闻出版发行服务。2011 年贵州出版发行和版权服务业收入为 61.52 亿元，比上年增长 10.27%，按照这个速度，2013 年贵州出版发行和版权服务业收入为 75 亿元左右。（2）广播电视电影服务。电视正进入一个全新的网络时代，电视台和互联网全方面相互联动和融合。2011 年贵州省广播电视产业总收入达 35 亿元，比 2010 年净增 5.5 亿元，同比增长 18.97%；电影票房收入达 1.2 亿元，比 2010 年增加 0.4 亿元，增幅为 50%；照此速度，2013 年贵州广播电视产业总收入将为 50 亿元左右。（3）文化旅游产业。根据贵州省统计局、贵州文改文产办提供的数据，按照 2011 年贵州旅游业中文化部分包含文化服务、体育娱乐及各类工艺品、蜡染制品购物等三类，在 2011 年旅游收入 1429.48 亿元中所占比重分别为 1.3%、2.5%、6.1% 来计算，2011 年贵州文化旅游收入为 141.5 亿元，比上年增长 11.8%。2012 年贵州旅游总收入有望突破 1800 亿元，2012 年文化旅游收入为 180 亿元左右，那么，2013 年文化旅游收入将达到 230 亿元左右，仍然占据文化产业的重要地位。（4）其他行业，如文化艺术服务、文化信息传输服务、文化创意和设计服务、文化休闲娱乐服务、工艺美术品的生产、文化产品生产的辅助生产、文化用品的生产、文化专用设备的生产，也将得到较快发展。从全省文化产业发展的主要几个市（州）来看，2013 年贵阳市文化产业增加值将超过 50 亿，占 GDP 比重接近 4%；遵义市文化产业增加值达 40 亿以上，占 GDP 比重 2.5% 左右；六盘水市文化产业增加值将达 10 亿元左右，占 GDP 比重 1.2% 左右；安顺市、毕节市、铜仁市、黔东南州、黔南州、黔西南州的文化产业也将得到较快发展。

四、对策建议

加快文化旅游创新区建设，促进全省文化产业加快发展，需要进一步强化对文化产业发展的重视，加大投入力度，促进文化产业业态创新，加快推进园区和项目建设，继续完善体制机制。

（一）强化对文化产业发展的重视

随着文化产业受重视程度提高，文化产业的概念这几年已深入人心，但对文化产业的深度研究和发展规律的科学解读非常欠缺，有的地方文化产业发展甚至存在无序、冒进、急功近利的现象。首先，从文化产业属性来说，文化产业区别于文化事业，但两者的界限并非清楚分明，很大程度上文化产业的发展要倚重于文化事业发展的水平，比如文化素养的提高、公共文化服务设施的完善、文化消费能力的提高等。所以，发展文化产业绝不能忽视文化事业的基础作用，不能脱离文化事业谈文化产业发展，文化事业发展不好，文化产业也不会良性发展，最终造成资源浪费，效益低下。其次，要把握好文化产业正确的发展方向和步伐，切忌急功近利的心态。文化不是一日铸就，文化产业有其发展的规律和周期，希望以文化产业短期求利不是明智之举。另外，虽然文化产业范围甚广，但也不是沾点文化就变成文化产业。再次，创新文化产业人才培养方式，尤其要重视提高实践能力，加大企业、高校和研究机构之间的合作。

（二）加大投入，加强文化产业扶持政策的落实

一要加大对文化产业的资金投入，改善文化事业发展。首先，文化产业统计主要依靠部门统计，覆盖面广，工作量大，但没有专项资金支持，经费不足，建议设立文化产业统计专项资金以支持文化产业统计工作的开展。其次，现有文化演艺剧场容量不能满足越来越高的文化市场需求，文化演艺缺乏自己的表演场所，租用场地费用高昂，对刚改制后的文化演艺企业来说压力较大，而且，政府对公益性的演出补贴也不够，甚至远低于演出必需的费用，既然是改制后的文化演艺企业，其承担的公益性演出也应按照市场规律支付一定的演出酬劳，建议由政府主导建设文化演艺剧场，提高对公益性演出的补贴。再次，目前，贵州各市（州）基本都设立了文化产业发展专项资金，金额各有不同，但总体规模都不高，建议将文化产业发展专项资金的设立延伸至县。

二是加强政策落实。首先，要重视文化资源深度挖掘和提炼，研究和策划，建议设立相关研究策划机构，出台相关奖励办法。贵州在经济、社会、文化等方面和交通等基础设施建设已有一定基础，对贵州特色文化资源的宣传和推介也下了很大功夫，但对于文化资源的整理、深度挖掘和研究仍显薄弱，这也影响到将文化资源融入产品和服务，发展文化产业的效益和效果。其次，建议有关支持文化产业发展的政策进一步细化或出台具体的实施办法，如《关于进一步促进贵州经济社会又好又快发展的若干意见》、《文化部国家文物局关于支持贵州多民族文化大发展大繁荣的意见》等，建议对改制后的文化企业发展的优惠政策进行贯彻落实。

三是营造良好的文化投资环境。加强部门协调，促进水、电、气、通信、道路等基础设施的统筹规划建设。加大税收、贷款等优惠政策落实力度，吸引文化产业投资项目，推动文化产业发展。

（三）创新业态，促进文化产业融合发展

一是推进大文化领域融合发展。报业、期刊、广电、出版、网络等行业在发展主业的基础上，推进建立新型的全媒体、全产业链企业集团，推动内容生

产者和渠道提供者融合。抓住信息化技术、数字出版技术的发展机遇，利用互联网、云计算技术为数字出版领域提供数字内容管理、在线阅读、在线教育、数字图书馆、电子商务等产品与服务，积极利用高新技术改造传统新闻出版业，用数字技术改造传统出版流程，以科技手段突破内容和渠道的分割。推进广播电影电视业与省外先进的制作团队合作，制作出口碑好、收视高的剧集和节目，并向电影制作领域拓展。大力发展网络、手机、阅读器等新的数字出版业态，制作影视产品，以打造品牌，扩大影响力。积极探索演艺+旅游、演艺+会展、演艺+民间礼俗等文化演艺市场化路径。创意设计产业要与民族民间工艺品和旅游商品发展相结合，创意设计产业要求新求独，更要符合大众审美，不仅要体现贵州民族民间特色，更要懂得在符合大众审美的基础上创新求变，如安顺焕彩蜡染，以国画、民间绘画为元素制作蜡染商品，提升蜡染的文化价值，也提高了蜡染商品的市场价值。

二是推进文化产业与旅游业的融合发展。积极促进生态文化与旅游、生态地产、都市农业、特色食品、旅游小商品加工业、会展、文化创意产业、黔菜产业等融合发展。以打造国际化、精品化、高端化的生态文化旅游目的地为抓手，提升旅游文化含量，打造文化旅游特色品牌，培育“贵州侗族大歌”、“多彩贵州风”、“神秘夜郎”、等文化旅游品牌和一批博物馆、艺术馆，融入文化元素推动旅游转型升级，重点开发民族文化旅游演艺项目，举办民族体育赛事活动，建立风情演出、大众娱乐、小剧场等多层次演出产品体系。开发建设一批民族村寨型、特色观光农业型、古镇型或环城市乡村游憩度假等乡村旅游示范项目，加快构建以文化探秘、休闲度假、康体健身、生态旅游、体验旅游和农业观光、休闲农业等为一体的特色乡村旅游产品，建设原生态旅游、避暑旅游、文化体验与心灵旅游、体育健身及山地户外旅游、自驾车与自行车旅游、红色旅游、养生与老龄度假、工业旅游、地质旅游新高地。加强旅游景区配套基础设施建设，包括旅游服务、餐饮、住宿、旅游集散、购物、娱乐、职业培训等。重点建设一批旅游客运集散中心、旅游商品购物中心、旅游咨询服务中心，完善景区交通、旅游标识牌、垃圾处理等，推进主要旅游交通道路沿线绿化及景观建设。加大旅游招商力度，建立旅游景区金融服务体系，引进一批有实力的战略投资者和管理集团。每年重点培育5~10家龙头旅行社，培育一批骨干旅行社和其他旅游服务商，发展、引进多层次多样化的购物、娱乐休闲中心打造以旅行商务区（TBD）为主要载体的现代化旅游服务中心。发展地方化与多样化的餐饮业，积极推进“黔菜”产业化，打造5~10家具有地方民族特色的黔菜餐饮品牌。积极开发特色产品，推进服饰配件、鞋帽箱包、文具用品等旅游商品大众化、生活化，开发富于创意、便于携带、生活实用、美观大方的产品，以扩大市场。规划建设特色购物场所和网络，集中规划、建立旅游购物场所，规范管理，引导和推动市场经营。

三是促进文化产业与科技融合发展。发挥科技的支撑作用，大力发展文化创意、软件开发、工艺美术、时尚设计、广告装潢、数字出版、动漫游戏等新兴产业，发展新兴文化业态和多种文化相关产业，拓展文化发展新领域。积极利用高新技术改造传统文化产业，加强对文化领域新技术的研究。

（四）加快推进文化产业园区和项目建设进度

一是推进文化产业园区建设。首先，要想方设法提高企业的入住率，依托园区打造骨干企业。企业是文化产业园区发展的基础，企业入驻多，资源才有可能整合，继而形成产业链，文化产业园区才能盈利。有关政府部门应出台有利于文化企业和文化园区发展的长期政策，避免产生候鸟企业，要把园区发展和文化企业发展统筹来考虑。

二是规范文化产业园区管理。文化部已下发了《关于加强文化产业园区基地管理、促进文化产业健康发展的通知》，出台了《国家级文化产业示范园区管理办法（试行）》，贵州也在2012年9月公布了《贵州省产业园区管理暂行办法（草案）》，这些都为文化产业园区的规范管理有了可依据的政策性文件，有利于对文化产业园区的认定、指导、监管，并实施动态管理，建立退出机制。下一步，市州政府应设立相应的组织协调领导机构，部门职责分工，推动文化产业园区发展有序、理性发展。

三是推动大项目建设。如产业园区、大企业成长、精品图书和报刊、数字出版项目，用项目落实规划，用项目吸纳资金，用成功的项目带动发展。

（五）继续完善文化产业发展的体制机制

1. 创新文化管理体制和管理模式

文化管理体制是文化体制改革的关键环节，也是文化繁荣发展的组织者和引领者。一是加强文化发展的领导体制建设。为适应强力推动文化强省建设、促进文化跨越发展的需要，建议将现有的“贵州省文化体制改革和文化产业发展工作领导小组”更名为“贵州省文化发展工作领导小组”，成立由党政主要领导任组长的文化工作领导小组。贵州省文化发展工作领导小组下设领导小组办公室，除省委宣传部常务副部长任主任外，增设副主任1~2名，充实内设机构，选拔配备素质高能力强的人才干部队伍，来推动全省文化发展相关工作。各市（州、地）、县（市、区）也要进一步建立完善文化发展工作领导体制，试行市（州、地）、县（市、区）党委常委、宣传部长同时担任分管文化的政府副职，统筹管理文化产业所涉及的文化、广播、影视、出版、演艺、体育、旅游等相关部门工作。

二是继续深化文化行政管理体制改革。要按照建设法治政府和服务型政府的要求，扎实推进政企分开、政资分开、政事分开、政府与市场中介组织分开。建立权威高效的统一文化管理机构，结束政出多门，条块分割的现状。改革和完善文化决策机制，建立“专家委员会”，加强政府决策的科学化。

三是健全国有文化资产管理机制。成立由省委宣传部代省委省政府管理的省国有文化资产管理办公室，制定一系列法律法规和规章制度，使各级责任主体切实担负起经营（ 或管理）国有文化资产的责任。要制定国有文化事业资产、经营性资产的分类管理和监管办法，防范经营风险和资产流失，对国有文化资产进行一次全面的清产核资。

三是建立科学完善的文化发展评价机制。建立科学完善的文化发展评价机制、职责明确的执行责任体系、文化大市场的分类标准和统计指标体系，以及便于操作的评价考核体系。

2. 完善思想文化道德建设的体制机制

要进一步完善思想道德建设的体制机制，建立起有利于积极向上主流思想文化道德弘扬的长效机制。

一是完善社会主义核心价值体系的建设机制。社会主义核心价值体系的建设路径应从最高层次、普遍层次、大众层次等三个方面来进行建设。在最高指导思想层次，着力在推动马克思主义大众化上有新发展；在普遍社会价值准则层次，着力在树立社会主义核心价值体系上有新发展；在最广泛民众精神纽带层次，着力在建设“贵州精神”有新发展，使之成为贵州人共同的精神维系。

二是完善理论创新机制。以经济、政治、文化、科技发展的新实践为源头，推进较高层次的研究和原创工作，努力形成富有鲜明时代特色和民族特色的贵州理念；特别是紧紧围绕“四化同步”进程的新实践，对贵州改革建设的重大问题形成新的理论认识成果，不断推动欠发达地区科学发展观理论的新发展。

三是提升黔文化软实力。要通盘研究规划贵州文化软实力发展战略，确定中长期战略目标、战略重点、战略步骤、战略措施，推动文化软实力建设，服务经济社会发展。精心打造黔文化品牌，形成有影响力、感染力的黔文化品牌，推动黔文化走向全国、走向世界。完善人文软环境，大力塑造贵州精神，建设人文贵州。

3. 创新公共文化事业发展机制

要制定好三套实现路径的体制机制：加快公共文化服务体系、加快文化创作繁荣发展、扩大文化消费。

一是加快完善公共文化服务体系。创新公共文化服务方式和运行机制，加快公共文化服务体系实现网络化和城乡全覆盖，实现城乡文化一体化发展格局。公益性文化单位要以转换机制、增强活力、改善服务为着力点，引入竞争机制，不断增强活力。要拓宽渠道，鼓励民营经济进入公益文化领域开展相关活动。要加强农村文化建设，加强城市社区文化建设，加强非物质文化遗产保护，把文化设施建设与其他基础设施建设一起纳入城乡建设总体规划和用地规划。

二是健全文化创作繁荣发展的机制。在文化创作方面，实施打造贵州特色的舞台艺术精品工程，加强对文学、戏剧、影视剧、广播剧、美术、书法等艺术领域引导的力度，构建科学的文化创作生产体制机制，使贵州成为引领时代文化精品的国内主要生产基地之一。

三是建立促进文化消费的体制机制。在文化消费方面，重点加强电影演出体系的建设，把好的文化作品推到人民群众的身边，让老百姓经常有机会品尝到精美的文化盛宴。加快文化旅游开发，特别是红色旅游开发，吸引更多的人感受全省文化的丰富魅力。

4. 健全文化产业发展机制

一是建立和完善文化企业的现代企业制度。研究出台国有文化企业管理政策，进一步推进建立权利义务责任相统一、管人管事管资产相结合的国有文化企业管理体制和运行机制，确保国有资产保值增值，加快文化企业经营管理体制建设。

二是扶持做强做优文化企业。进一步优化文化产业布局和结构，加强重点文化产业带建设，加快文化产业园区和基地建设，支持和鼓励一批有实力的国有文化企业实行跨地区、跨行业兼并重组，促进区域文化产业协调发展。

三是积极鼓励和支持非公有资本进入政策许可的文化产业领域。在国家政策允许的范围内，要积极探索多渠道利用社会资金、多元化投融资的路子。大力引进一批咨询、策划、创意、市场交易等方面的中介机构进入文化领域，全方位、多角度地为文化发展提供服务和支持。

5. 建立文化开放传播的体制机制

要着力打造代表贵州传统文化的系列经典项目，打造代表一流水准的系列精品力作，打造代表当代贵州形象、贵州模式和系列知名品牌，不断增强贵州文化的国内国际影响。

一是完善支持文化产品“走出去”的政策措施。建立以政府为主导、以企业为主体、以市场化运作为主要方式的工作机制，完善部门间联动机制，采取定期或不定期召开文化产业联席会议等形式，加强与企业的沟通联系，帮助解决文化企业和文化产品“走出去”过程中产生的具体困难。

二是大力培育外向型文化企业和产品。大力培育以市场为导向的外向型文化企业，兴办多种形式的国际文化实体，鼓励文化企业加大产品研发力度，以民族文化为根基，以市场需求为导向，努力形成一系列既有文化内涵又有实用价值的文化产品。

三是文化交流与传播机制。加强贵州文化的宣传力度，拓展贵州文化宣传的形式和内容，学习借鉴优秀文化企业产品研发经验、了解掌握国际市场的需求变化。拓展多渠道的文化交流活动，全方位传播贵州文化，增强贵州文化在国内外的吸引力感召力。

6. 建立合理有效的文化创新机制

文化发展的创新机制是文化体制改革的重要方面，也为推动文化大发展大繁荣提供不竭的动力支持。

一是建立文化创新体系和激发文化创造活力。建立健全以企业为主体、市场为导向、产学研相结合的文化创新体系，支持各类文化企业与科研机构、高等院校联姻，结成创新型组织，发挥文化创意成果对传统文化产业的拉动和提升作用。

二是保持民族性与体现时代性相结合的内容与形式创新。要不断促进思想文化理论创新，形成具有现代化指向和浓郁的民族特色的新型思想理论和文化价值体系。要积极推动内容创新、形式创新，推动黔文化的生存、传播和发展。

三是促进文化与旅游、科技融合发展。发挥科技的支撑作用，大力发展文化创意、软件开发、工艺美术、时尚设计、广告装潢、数字出版、动漫游戏等新兴产业，发展新兴文化业态和多种文化相关产业，拓展文化发展新领域。

7. 完善文化发展的要素保障机制

完善政策保障机制是文化体制改革的重要组成部分，也是文化大发展大繁荣的重要保障。

一是完善人才政策。加强各层次文化人才队伍建设。以高层次人才队伍建设为引领、以中端人才队伍建设为骨干、以基层人才队伍建设为基础，建设文化人才的培养、引进和使用体系。确立影视剧创作、文化旅游、民族歌舞演艺、民间工艺品开发等文化人才队伍建设的重点领域。完善文化人才激励机制。

二是完善财政政策。对于公益性文化事业，政府必须确保每年对文化建设投入增幅不低于同级财政经常性收入增长幅度，确保中央、省级财政转移支付资金用于文化建设的比重逐年增加。对于经营性文化产业，则要在投入与管理中做进一步细致的划分：重点扶持公益性新闻媒体、重要科研机构和高水准艺术院团；支持一批有战略意义、有市场发展前景的文化资源项目产业化；加大转企改制后竞争力仍较差的企业的扶持；对于已经产业化的文化生产领域，以税收为杠杆进行宏观调控，促进其发展。

三是完善工商注册政策。降低文化企业市场准入门槛，允许和鼓励文化单位、机构和企业以及各类社会资金通过独资、合资、合作、联营、参股、特许经营等多种方式，进入国家未禁止的文化产业领域，放宽文化企业出资方式限制。

四是完善税收政策。加大公共文化事业发展的税收支持力度，建议财政、文化部门联合发文，每年核拨专项经费，对贵州省公益性文化服务设施免费开放实行财政补贴。加强文化产业发展的税收支持。

五是完善金融政策。完善金融支持文化产业的配套机制。建立健全文化产业投融资体系，组建贵州文化产业投资集团有限公司，对重点文化产业项目建设和大型骨干文化企业上市等给予重点支持。建立文化产业投融资体制机制，研究制订著作权、版权、专利权、商标权、文化品牌等无形资产的评估和质押办法。

六是完善土地政策。对重点扶持的文化产业，实施优惠供地和优先供地政策。将文化设施建设用地纳入土地利用总体规划和年度计划，对重点文化产业集聚区（基地、园区和实验区）、重大文化项目以及优势文化企业在土地供应方面予以优先支持。

七是完善法律法规体系。要加快文化建设立法，通过详细规划、合理布局，制定相应的法律法规，构建起有利于文化大发展大繁荣的法律法规体系，要加大知识产品的保护力度，积极支持公共文化服务事业和经营性文化产业快速健康地发展。

八是完善文化市场体系。建立统一开放、竞争有序、规范发展的文化市场体系，首先要积极发挥行政调控手段，营造良好市场环境。其次，利用政策杠杆，逐步缩小城乡差距。第三，建立和形成文化要素市场体系。第四，要整顿市场秩序，加大执法力度，坚持扫黄打非，切实保护知识产权。

主要参考文献

［1］中共贵州省委宣传部，贵州省统计局．2011 年贵州文化产业统计报告［R］．2012.

［2］贵州省统计局，国家统计局贵州调查总队．贵州统计年鉴（2013 年）［J］．北京：中国统计出版社，2013.

［3］贵州省文改文产办．贵州文化跨越发展体制机制保障研究报告［R］．2011，9.

［4］贵州省统计局，国家统计局贵州调查总队．2012 年贵州省国民经济和社会发展统计公报［R］．2013.

［5］中共中央关于深化文化体制改革 推动社会主义文化大发展大繁荣若干重大问题的决定［R］．2011，10.

［6］中共贵州省委关于贯彻党的十七届六中全会精神推动多民族文化大发展大繁荣的意见［R］．2011，10.

［7］李建国．2012 年贵州文化产业发展报告［M］．贵阳：贵州人民出版社出版，2012.

［8］黄定承．助推新闻出版产业做大做强 提升我省文化产业整体实力——解读〈新闻出版总署关于促进贵州新闻出版业又好又快发展的若干意见〉［DB/OL］．贵州省新闻出版局网，2012，10.

［9］贵州省社会科学院贵州文化产业发展研究中心．贵州文化产业发展研究中心赴贵州省各市（州）文化产业发展调研资料汇编［R］．2012.

［10］贵州省社会科学院贵州文化产业发展研究中心．贵州文化产业发展研究中心赴贵州省宣传文化系统各单位调研资料汇编［R］．2012.

［11］贵州省宣传文化系统各单位．贵州省宣传文化系统各单位报告［R］．2013.

［12］贵州省“十二五”文化事业和文化产业发展专项规划［R］．2011.

区域发展篇

建设省会城市文化高地

贵阳市委宣传部　贵阳市统计局

摘　要

贵阳市第九次党代会明确提出“构建自强的贵阳文化生态，推进贵阳市文化大发展大繁荣”。2013年贵阳市文化产业发展依托优势产品，加快重点工程项目建设，进一步明晰贵阳市文化产业发展目标，建立完善推进“大文化”发展的体制机制，努力实现文化产业增加值占全市生产总值比重达4%的目标。

关键词

现状　问题　趋势　对策建议

2011年10月，中共十七届六中全会作出了关于深化文化体制改革推动社会主义文化大发展大繁荣若干问题的决定，同年11月中共贵州省委十届十二次全会，以“经济发展相对滞后的地方完全可以实现文化跨越”的志气，因地制宜提出了推动多民族文化大发展大繁荣的奋斗目标。贵阳市及时贯彻落实中央十七届六中全会和省委十届十二次全会精神，中共贵阳市委在第九次党代会上明确提出“构建自强的贵阳文化生态，推进贵阳市文化大发展大繁荣”。

一、文化产业发展现状及主要特点

2011年，贵阳市文化产业继续保持强劲增长势头，全年文化产业实现增加值52.16亿元，比2010年增长26.2%（不变价），增速比上年同期提高1.6%，占全市生产总值的比重为3.77%，比2010年提高0.59%。2012年文化产业增加值达60亿元（测算）。

（一）文化产业增加值占 GDP 比重明显提高

2011年，贵阳市拥有各类文化产业单位2793个，比上年净增加284个，同比增长11.3%。拥有从业人员5.11万人，同比增长8.0%，占同期全社会从业人员总数的7.1%，比重比上年提高0.3%。全年文化产业实现增加值52.16亿元，比2010年增长26.2%，增速比上年同期加快1.6%。占全市生产总值的比重达3.77%，比上年同期提高0.59%，是近7年来比重提高最多的一年（见图1）。文化产业对全市GDP的贡献率达6.3%，比上年提升1.1%。

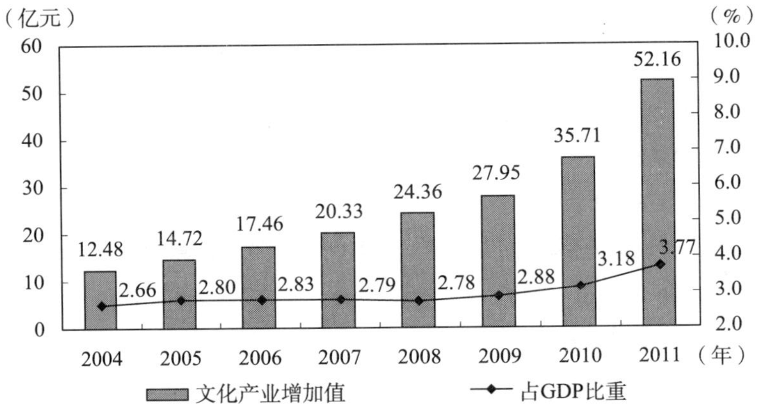

图1 贵阳市文化产业发展增加值情况

（二）文化产业结构进一步优化

2011年，在文化产业法人单位增加值中，新闻出版、广播电影电视服务以及文化艺术服务等文化产业核心层产业实现增加值27.64亿元，网络文化服务、文化休闲娱乐服务和其他文化服务等文化产业外围层产业实现增加值8.55亿元，文化用品、设备及相关文化产品的生产和销售等相关文化产业层产业实现增加值15.98亿元，核心层、外围层、相关层增加值占全部法人单位文化产业增加值的比重分别为53.0%、16.4%、30.6%。与2010年比较，核心层和相关层占全部法人单位文化产业增加值的比重比上年同期分别上升2.0%和4.0%，外围层的比重则下降6.0%（见图2）。从文化产业九大类来看，2011年与2010年相比，核心层与相关层增加值的增长速度（现价）分别达到51.8%、68.4%，分别高于外围层45.3%和61.9%。核心层加速发展，确保了贵阳市文化产业持续繁荣（见表1）。

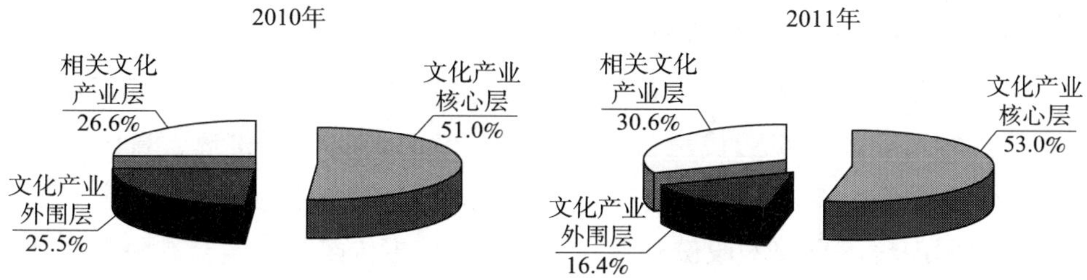

图2 2011年与2010年贵阳市文化产业内部结构占比变化情况

（三）广播电视电影服务增加值连续两年翻番

分八大类别看，文化产业实现增加值居前三强的行业分别是新闻出版、广播电视电影服务、文化用品设备及相关文化产品的销售，三个行业共实现增加值35.42亿元，占全部文化产业增加值的67.7%。尤其是广播电视电影服务，2009年实现增加值2.37亿元，2010年实现增加值5.42亿元，2011年实现增加值11.39亿元，实现增加值连续两年翻番。从增长速度来看，广播电视电影服务、文化用品设备及相关文化产品的销售和其他文化服务出现明显增长，分别比同期增长110.1%、290.4%和126.4%。文化休闲娱乐服务、文化艺术服务发展出现负增长，分别比上年同期下降21.4%和68.2%（见表1）。

表1 2011年贵阳市文化产业主要指标

指标名称	单位数	从业人员（人）	增加值		
			绝对额（万元）	同比增长（%）	占GDP比重（%）
合计	2793	51132	521595	46.0	3.77
文化产业核心层	857	24682	276362	51.8	2.00
新闻出版	637	18356	156476	43.5	1.13
广播、电视、电影服务	52	3583	113904	110.1	0.82
文化艺术服务	168	2743	5982	-68.2	0.04
文化产业外围层	1312	16104	85454	6.5	0.62
网络文化服务	73	2896	12958	22.1	0.09
文化休闲娱乐服务	485	3648	27262	126.4	0.29
相关文化产业层	624	10346	159778	68.4	1.16
文化用品、设备及相关文化产品的生产	159	2089	75995	3.5	0.55

（四）文化产业发展亮点频现

一是文化产业承载功能日臻完善，优秀文艺作品和主题活动不断涌现。贵阳数字内容产业园初步形成白云、高新“一区两园”发展格局，贵阳国际会议展览中心展会承载功能逐步显现，贵阳国际会议展览中心、贵阳数字内容产业园、贵阳朗玛信息技术股份有限公司和贵阳日报传媒集团经营有限公司获第一批省文化产业示范基地称号；2011 年全年创作完成小品、木偶剧、相声、说唱、音乐快板、弹唱、四川清音、舞蹈、魔术、歌舞、杂技等文艺作品 50 余个。其中大型木偶剧《水寨龙珠》获得国际木偶节优秀剧目奖；群众喜闻乐见的文化主题活动开展得多姿多彩。如“贵阳有戏”演出季、“活力开阳消凉一夏”、“云岩区消夏纳凉晚会文艺演出”、白云区“周末大舞台”、花溪区“花溪之夏艺术节”等。

二是文化产业招商引资成果喜人。贵阳数字内容产业园先后引进贵州苍点动漫创意有限公司、风云汇（北京）软件技术有限公司贵阳分公司、贵州金洋信息产品销售有限公司、白云区工业设计创意生产力促进中心、贵阳知行文化产业投资有限公司 5 家新企业入驻；积极组织文化产业企业参加深圳文博会。在招商引资暨签约推介签约仪式上，贵阳日报传媒集团文化产业园、中天未来中心文化商业街、中国阳明文化园、未来方舟 IMAX 影院、西部（贵阳）动漫生态园、红色动画片《二万五千里》等 6 个项目参与签约，签约金额达 63.78 亿元，占全省签约金额 190 亿的 33.6%。

三是文化改革发展取得新进展。贵阳市、区两级公益性文化事业单位改革工作任务已全面完成，并按照国家事业单位人事、收入分配、社保制度改革要求持续深化；组建贵州贵报传媒有限公司方案已获省非时政类报刊改革联席会议领导小组同意，相关手续按程序已报国家新闻出版总署批复；修文阳明文化园正在实施征地和拆迁工作，规划方案和产业发展研究报告正在完善；贵阳市贵阳日报传媒集团文化产业园、贵州非物质文化传承展示基地和青岩古镇 5A 级风景区建设项目成功列入全省重大工程和重点项目名单，总投资 8.23 亿元。

四是对外文化交流力度增强。为进一步打造贵阳文化品牌，提升贵阳文化知名度，全年对外文化交流力度进一步加大。先后完成了贵阳市与沃斯堡学生合唱团友好交流文艺演出活动、贵阳交响乐团新加坡交流演出、傅庚辰音乐会《理想之歌》、贵州京剧院奥运会期间伦敦文化交流、贵州京剧院台湾交流演出、贵阳合唱团维也纳文化交流和贵阳演艺集团新加坡交流演出等。

二、存在的主要问题

贵阳具有丰富的历史文化资源和深厚的文化底蕴，但受经济社会发展总体水平等因素的制约，文化产业与发达地区相比还存在不小差距。文化产业结构不合理，规模小、实力弱、层次低，文化消费需求不足，人才匮乏等问题仍然突出，文化资源优势还未转化为产业优势和竞争优势。

（一）文化产业结构不尽合理

从 2011 年全市文化产业增加值构成看，核心层、外围层、相关层三者的增加值之比为 53.0∶16.4∶30.6。从结构上看，相关文化产业层比重过大，外围层比重偏小。传统意义上的文化产业占有相当大的比重，主要以新闻出版、广播电视电影服务和文化用品设备及相关文化产品的生产销售为主，而现代传媒、网络文化、创意动漫、休闲娱乐、文化旅游、演艺娱乐、广告会展等高附加值的新兴产业则较为薄弱，呈现为总量少、层次低的产业特征。

（二）文化产业单位规模小、实力弱

当前，贵阳市文化产业主体主要是中小企业和文化个体户，现有企业还未形成一批在国内外有影响的大型文化企业集团。一方面，企业投资多以自筹资金为主，主要分布在文化旅游、娱乐、文化产品销售等领域。个别民营企业虽然参与文化领域的项目投资，但没有真正形成以文化产业为主业的经营业态。另一方面，文化产业单位普遍缺乏活力，创新能力不足。各地对现有文化资源还没有充分有效的利用，挖掘深度欠缺，造成优质文化资源闲置和浪费。

（三）文化消费需求比重下降

没有生产，无法形成消费，但缺少消费的有力支持，生产也难以为继。随着全市城乡居民收入水平的显著提高，居民的生活消费方式发生着显著改变，市民物质消费需求所占支出的比重按经济发展规律理应逐年下降。但从 2011 年贵阳市城市和农村居民生活实际支出来看，居民对物质需求并没有下降，精神文化产品及服务消费也增长缓慢。2011 年，全市城镇、农村居民的恩格尔系数（食品支出占全部生活消费支出的比重）分别为 38.66、40.79，分别比上年上升 0.75%、1.99%；全市城镇居民人均文化娱乐用品及服务支出 1202.81 元，比 2010 年仅增长 66.30 元；农村居民人均文教娱乐用品及服务支出 304.27 元，比 2010 年下降 60.70 元。导致以上现象主要原因：一是食品

价格指数持续高位运行，导致食品消费支出费用明显增加。2011 年城市居民消费价格指数 105.5，而食品消费价格指数 113.2，居八大行业之首；二是文化产品价格上涨抑制了文化消费增长。如电影门票、图书价格、正版音像制品价格等文化产品价格也有不同程度上涨，相对于普通民众收入而言较高，抑制了部分人群的文化有效消费需求。

（四）文化产业专业人才匮乏

近年来，贵阳市出台了相关人才引进政策，不断加大文化产业人才的引进力度，人才数量明显增加。但是，随着新兴文化产业的逐步兴起和扩张，贵阳市文化产业的高、精、专人才仍然相对缺乏，人才总量、结构、素质还不能够适应文化产业快速发展的要求，尤其是在高端产业里缺乏掌握高科技、善于经营管理的拔尖人才，这已经成为阻碍文化产业提升科技含量、扩大产业规模的瓶颈。没有高端科技人才的支撑，企业难以形成叫得响的知名文化企业集团和文化创意产品，竞争力进一步削弱，企业远期发展受阻。

三、发展趋势

根据 2011 年以来贵阳市文化产业发展特点，2013 年贵阳市文化产业发展仍将保持快速发展态势。2010 年，文化产业实现增加值 35.71 亿元，占全市生产总值 1121.82 亿元的比重为 3.18%，文化产业对全市经济增长的贡献率达 4.8%；2011 年，文化产业增加值比上年增长 25.7%，文化产业增加值占全市生产总值的比重为 3.5% 左右；2012 年，文化产业增加值比上年增长 26%（测算），文化产业增加值占全市生产总值的比重 3.8%（测算），达 50 亿元左右。2013 年文化产业增加值比上年增长 27%（测算），达 65 亿元左右，文化产业增加值占全市生产总值的比重将达 4%。

城乡居民文化消费支出将呈现快速增长态势。2012 年贵阳市居民家庭人均消费性支出为 15718.30 元，比上年增长 9.92%，扣除价格上涨因素，实际增长 7.13%，其中教育文化娱乐服务支出比上年增长 9.05%，增速与人均消费支出基本持平，文化消费需求同步提高。农村居民文化消费也保持快速增长，2012 年农民人均生活消费支出 6161 元，比上年增长 12.1%，扣除价格因素，实际增长 9.0%，其中用于文教娱乐用品及服务的消费支出增长增速 56.9%。

综合以上分析，预计 2013—2014 年贵阳市居民文化消费依然呈现快速增长的良好态势。

四、对策建议

为加快《贵阳市文化产业“十二五”规划纲要》发展目标和任务的落实，结合《国家“十二五”时期文化改革发展规划纲要》、国务院《关于进一步促进贵州经济社会又好又快发展的若干意见》（国发［2012］2 号）、《中共贵州省委关于贯彻党的十七届六中全会精神推动多民族文化大发展大繁荣的意见》和市九次党代会精神，推进全市文化产业更好更快发展，提出以下对策建议。

（一）优化文化产业结构，大力发展新兴文化产业

对现有文化资源进行认真细致的分类与评估，加大资源整合力度。对传统优势文化产业，要加快数字化、信息化改造，依靠科技进步来创造新的文化资源，实现产业转型升级，推动网络文化服务、旅游文化服务、数字动漫、文化艺术商务代理服务以及广告和会展文化服务等新兴文化产业的发展，用经济手段来优化调整文化产业结构，推进文化产业的现代化，提高现代文化生产力水平。

（二）打造精品项目，做大做强文化企业

一是树立精品意识，精心打造富有特色的文化产品。一个精品品牌凝聚和体现着一个地区的功能、理念、整体价值取向，它在给地区带来社会效益的同时，也推动着经济发展。对贵阳而言，要全力打造避暑季、温泉季、国际会展和动漫文化精品品牌。一方面加强这些富有地域特色的文化精品品牌的对外宣传，扩大其知名度，吸引省内外投资者、建设者积极参与，提升其文化附加值，增强贵阳文化竞争力；另一方面重点推进文化旅游融合发展、文化与科技融合发展，科学规划布局，建设一批富有特色和影响力的文化产业基地，使其成为贵州文化产业的增长极。二是实施重大文化产业项目带动战略，建设一批具有先导性、基础性、战略性和重大示范作用以及产业拉动作用的文化产业项目。定期研究解决产业发展中存在问题，并积极做好与国土、税务、银行等部门的协调工作，确保各项优惠政策落到实处。

（三）加强文化消费观念引导，刺激消费需求

积极合理地引导居民的文化消费，充分利用媒体向社会宣传和介绍现代社会的“文化消费”概念，让城乡消费者逐步树立起文化消费的观念和意识。要继续打造有影响力的文化产业品牌，以品牌产品和品牌经营提升文化消费市

场的品质，只有依赖于品牌化的生产和经营，才能得到消费者的认可和关注，才能得以繁荣发展。要创造多元化的消费环境，开发和生产不同档次、不同规格的文化产品和服务，满足不同群体不同层次居民的文化需求。

（四）加大文化产业人才培养和引进力度

各级政府和文化管理部门要突出重点业态，通过优化环境，以项目引人才，以开发资源引人才。要遵循人才成长规律，创新和完善育人、用人和引人机制，善待现有人才，靠政策、待遇、感情、环境留人，培养和造就一支高素质的文化产业人才队伍，为全市文化产业高端、跨越发展提供强有力的人才支撑和智力保障。

以产业园区为抓手推动文化强市建设

遵义市委宣传部

摘　要

遵义市以建设文化强市为目标，重点发展长征文化产业、酒文化产业、会展节庆产业等支柱产业，积极培育生态与休闲度假文化产业、民族民间文化产业等辅助产业，做大做强文化企业。文化产业链条逐步拓展延伸，新兴文化业态逐步成型，文化和旅游进一步融合发展，“中国（遵义）长征文化博览园”、“中国（遵义）酒文化产业园”、“遵义会展基地”、“遵义仡佬文化产业园”等文化产业重大项目有序推进。但也面临人才匮乏、资金不足、政策不够完善、品牌影响力不够等问题。为进一步提升遵义市文化产业竞争实力，要在人才培养、财政投入、要素保障、品牌建设、园区建设方面加大力度。

关键词

文化产业园区　红色文化　酒文化　文化强市

文化是经济社会发展的精神动力和重要支撑。近年来，遵义市以建设文化强市为目标，充分发挥自身资源优势，在大力繁荣公益性文化事业的同时，以项目为载体，以文化旅游为主线，建立和完善推进文化产业发展的保障机制，把推进文化产业园区建设作为促进文化产业大发展大繁荣，打造文化旅游创新区的有效途径和重要路径，以新的思想、新的举措，加快文化产业园区建设，认真实施省文化产业重大项目，带动文化产业发展，着力提升文化软实力，努力建设具有遵义特色的现代文化产业体系。

一、文化产业发展势头良好

2011 年，遵义市文化产业增加值已近 25 亿元，增幅达 29.67%，2012 年文化产业增加值达 32 亿元（测算），城乡居民对文化消费的需求不断增强，初步形成门类齐全、初具规模的文化产业体系。

（一）做大做强文化企业，文化市场更加活跃

遵义市通过经营性文化单位转制为企业，以建立现代企业制度为核心目标，通过完善法人治理结构，形成了遵义日报传媒集团有限责任公司、遵义红色旅游集团有限责任公司、遵义歌舞剧团有限公司、遵义杂技歌舞艺术有限责任公司、遵义文化艺术发展股份有限公司等文化企业，在新的运行机制下充满生机活力，发展态势良好。

遵义会议纪念馆在实行免费开放之后，依托红色文化资源，积极组建红色文化企业，推动红色文化产业发展。遵义红色旅游集团公司为寻求多元化发展，组建投资管理公司，进行重大旅游项目的投资开发建设和招商引资；新增了会展、酒店、酒业经营业务，经济效益进一步提升，去年实现总收入 3000 万元。为进一步发展红色旅游产业，根据遵义市委、市政府要求，将遵义宾馆、遵义公园、法院街等国有资产近 10 个亿划入该公司，从国家开发银行贷款 2 亿元用于经营开发，增强了公司的市场竞争力。

遵义市川剧团改制后成立遵义文化旅游演艺有限责任公司，打造了《红军魂》、《娄山关月》、《祖国在我心中》等多个优秀红色剧目，其中《红军魂》创造了单个红色剧目演出场次的纪录。2012 年，公司又编排了现代舞《永不退色的记忆》，在 2012 "多彩贵州" 舞蹈大赛荣获金黔奖。遵义市文工团新组建了遵义市歌舞剧团有限公司，成功引进江苏大都建设工程有限公司投资 4000 万元，启动了遵义市文化艺术发展中心大楼建设，大力发展演艺、影视、出版物交易、文化创意等文化产业。去年以来，连续举办了两届 "遵义激情广场 · 红歌之星选拔赛"，吸引了辽宁、湖南、重庆多省市及贵州各地区的优秀歌手前来参赛；打造的原创大型舞台剧《传奇遵义》，参加了文化部主办的 "大地情深 · 国家公共文化服务体系示范区进京展演活动"，获得首都各界一致好评。

（二）招商引资力度加大，文化产业链拓展延伸

遵义市是中国首批历史文化名城，文化资源品种丰富、品质卓异。各类社会资本在遵义丰富的文化资源吸引下，纷纷投资文化产业，有的以旅游为切入点，建设文化旅游景区；有的以传承文化为宗旨，建设文化体验园；有的以丰富群众精神文化生活和满足群众文化需求为目的，进行文化的开发与挖掘。在

第八届中国（深圳）国际文化产业博览会上，遵义市共推介项目 39 个，其中海龙囤遗址保护与开发被列为全省 5 个重点推介项目，娄山关红色文化休闲度假中心、习水“仙池·纳里”国际旅游度假区、桐梓尧龙山高端旅游休闲度假区、赤水大同民族文化旅游产业园、赤水红色文化旅游产业园区等 5 个约 15 亿元开发建设项目成功签约。桐梓县引进辉诚（香港）发展有限公司，投资 10 亿元，进行小西湖文化旅游开发；湄潭县为提升茶产业竞争力，引资 2800 万元投资中国茶城·中华茶俗馆建设；同时还吸引了江苏泰豪集团、清华紫光公司、中天城投等众多知名企业在遵义市投资文化产业。各类资本的进入，为全市文化产业发展奠定了良好基础。

（三）保持发展创新，新兴文化业态逐步成型

遵义市紧紧抓住信息化快速发展的历史机遇，加快文化与科技的融合，努力掌握文化发展和文化传播的主动权。遵义市广播电视信息网络有限公司抢抓机遇，大胆推动电视信息传输方式的改革创新，实施数字电视技术普及和推广，催生了新的文化传播业态，使经济效益大幅度提升。公司累计完成数字电视平移用户 40 多万户，完成 521 公里的光缆铺设，形成了辖区 15 个县城的环网光纤网络。2011 年，完成经营创收 1.64 亿元，随着公司双向网络改造工程的进一步推进，公司的数据增值业务进一步快速增长，现已突破 500 万元。遵义奇利动画影业有限责任公司自 2008 年 8 月成立以来，不断创新，现已发展成为贵州省规模较大的动漫影视公司，月产动画作品 50 分钟以上，其中数部动画获得国内国际大奖。公司作品蜡染动画《苗王传》，获得 2008 亚洲青年动漫大赛最佳视觉奖、日本东京 TBS 国际赛事中国赛区一等奖；《牵》入围 2009 亚洲青年动漫大赛优秀动画作品；《记得》（漫画）获中国新闻出版总署“建国 60 周年青年动漫大赛”铜奖；《脸子魂》（动画）入围 2010 亚洲青年动漫大赛优秀动画作品。

（四）文化和旅游融合发展，红色文化旅游产业不断壮大

坚持以红色文化资源保护为先导，深度挖掘红色文化内涵，着力加强红色文化旅游品牌建设，促进红色文化产业和旅游产业的互动发展。

1. 规划习水土城红色文化产业园区

该项目位于习水县土城镇，是川黔渝文化旅游金三角的核心腹地，是 30 条全国红色旅游精品线上的重要连接点，是全国红色旅游精品线上最重要的目的地之一。在各级各部门的关心支持和帮助下，在原有毛泽东、周恩来、朱德住居旧址等 14 处国家级文保单位的基础上，先后建成青杠坡红军烈士纪念碑、四渡赤水纪念馆、中国女红军纪念馆、红军医院纪念馆、红九军团陈列馆，目前年接待游客人数已超过 60 万，全国爱国主义教育基地、青少年教育基地和全国妇女教育基地作用不断发挥。该项目还规划将土城渡口、淋滩、太平渡、二郎滩渡口等战役遗址从两河口至土城沿赤水河建中国工农红军长征文化体验带，在土城青杠坡村和民化乡丰坝村建青杠坡战斗纪念园，从土城黄金湾至青杠坡建设四渡赤水体验园，在东皇镇天鹅湖建雪山草地体验园，把红军长征中的重大事件和重要节点全部展示出来，生动再现红军长征的艰险，生动展示红色文化。预计该项目开发周期为 9 年，概算总投资 38 亿元，投产后近期收益将达 1 亿元，远期收益将达 9. 5 亿元。

2. 开发娄山关高端红色文化产业园区

遵义市引进重庆力帆集团投资 3 亿元开发的娄山关高端红色文化产业园区位于娄山关红军战斗遗址，该项目将修缮集红军纪念碑林、过江雕塑群、摩崖石刻、娄山关红军战斗遗址为一体红色文化休闲度假中心，实地展示“行遍天下路，难过娄山关”的千难万险，通过忆苦思甜，缅怀革命先烈，传承革命意志，弘扬爱国主义精神。预计该项目开发周期为 5 年，正在推进征地拆迁等项目前期工作。

3. 打造“四渡赤水”红色文化大型实景演艺基地

赤水市引进民营资本在丙安镇红一军团战斗遗址，以红军四渡赤水时发生的事件为原形，利用天然舞台，淳朴演艺，打造实景演出节目，再现红军四渡赤水真实场景，形成以红色文化为主体、赤水丹霞等多元文化相结合的具有革命纪念性和寓教于游的经典景区。该项目开发周期为 3. 5 年，总投资为 1. 5 亿元。

4. 建设遵义苟坝红色文化旅游区

建设地点在遵义县枫香镇苟坝村，将修改和改造文物点 31 处，面积 29600 平方米，居民区改造 264000 平方米，项目总投资估算为 3. 29 亿元。该项目以促进红色与绿色、古迹与民俗旅游互动发展，把苟坝建设成为川黔渝金三角上红色体验旅游目的地、生态度假旅游目的地。

二、文化产业重大项目有序推进

贵州省委十届十二次全会提出，以科技创新为引擎，以多民族文化内容创意为核心，以文化与旅游结合为重点，以实施文化产业重大项目为载体，“十二五”时期，加快建设省“十大文化产业园”、“十大文化产业基地”和规划建设一批市县文化产业园区、基地。遵义拥有独特的红色旅游资源优势、深厚的酒文化资源优势、多彩的民族民间文化资源优势、优美的自然风光优势。根据《遵义市文化产业发展规划（2010—2020）》，遵义市将重点发展长征文化产业、酒文化产业、会展节庆产业等支柱产业，积极培育生态与休闲度假文化产业、民族民间文化产业等辅助产业。

按照省委要求和部署，遵义结合资源优势和发展实际，确定依托以长征文化为代表的红色文化、以国酒茅台为代表的酒文化、以仡佬族为代表的民族民间文化、以“转折之城、会议之都”为代表的会展节庆文化，大力实施“项目支撑、关联带动，文化与旅游互动发展”的发展战略，着力打造“中国（遵义）长征文化博览园”、“中国（遵义）酒文化产业园”、“遵义会展基地”、“遵义仡佬文化产业园”等文化产业重大项目，使之成为推动遵义市文化发展繁荣的重要载体，促进全市文化产业向规模化、特色化方向发展，为全市经济社会跨越发展提供重要支撑。

（一）中国（遵义）长征文化博览园建设

1. 园区基本情况

中国（遵义）长征文化博览园是省“十大产业园区”之一，位于遵义市中心红花岗区，占地3500余亩，预计投资总额150亿元。项目以助推现代化城市建设和推动现代化文化旅游业发展为核心思想，以全国接轨、产业整合、区域影响为愿景设计，依照“政府支持、政企协作、市场运作”的模式，以全新的手法来实现遵义特色旅游文化的创造与提升，利用长征文化与现代文化旅游巧妙对接，把园区建设为集体验观光、文化休闲、浪漫休闲、生态休闲于一体的旅游度假目的地。

项目把遵义的红色文化旅游资源转化为遵义市新的经济增长点，以长征文化为基础，以“遵义会议”为主线，以“体验遵义、红运一生”为主题，建设内容包括长征文化园、长征文化影视城、长征实景体验中心、长征文化村、长征文化会展中心、长征商务会馆中心、浙大西迁文化城、长征文化创意城、长征文化购物城九个板块。规划设计将对园区的“吃、住、行、游、购、娱”等整体旅游资源进行综合评估，有效调配，进一步扩大长征文化旅游活动范围，最终使项目形成独具一格的“长征文化 + 红色文化 + 黔北文化 + 民俗文化 + 当代休闲文化与创意文化”的文化旅游特色，增加项目的旅游竞争力和品牌价值，塑造遵义红色体验旅游与“长征文化博览园”的价值和影响。

项目以区域旅游协作思想的特色求发展，始终秉承政府主导、市场化运作为基础的运营原则，以成熟的市场化运作经验，团队共同协作、管理、经营项目的开发，力求达到社会效益与经济效益的双赢。开发周期为5~8年（规划三期开发）。一期开园工程的筹建：以“长征文化园”为主题，以旅游开发为理念，主体为长征文化园项目、园区基础设施建设、部分消费场所及配套设施建设，并计划2~3年开园经营，至此园区初具规模与区域影响。二期扩园工程的筹建：以“长征文化第一城”为主题，以商业开发为理念，主体为长征文化影视城、长征实景体验中心、长征文化村、长征文化会展中心、长征商务会馆中心等五大新区项目建设。连接一期共同形成长征文化博览园规模经营，至此长征文化博览园建成一座长征文化之新城。三期产业配套工程的筹建：以“文化创意产业”为主题，以产业经济为理念，主体为浙大西迁文化城、长征文化创意城、长征文化购物城等三大新城项目建设。对长征文化创意产业研发、生产、产业整合等进行系统开发，形成完整的产业链和完善的经济规模系统。最终园区将建成为中国唯一一个以长征文化为主打产业的产业带。

2. 园区建设进展

制作了《中国（遵义）长征文化博览园项目建议书》，制定了《中国（遵义）长征文化博览园总体规划编制工作方案》，正组织有关专家积极策划和编制《遵义市中国长征文化博览园总体规划》。同时，为进行有效招商，有针对性地制作了《中国（遵义）长征文化博览园项目商业投资意向书》。项目建设已完成城区直达博览园项目地的道路拓宽和沥青表处工程，项目地实现“三通一平”，园区内道路管网等配套设施正在建设中。

（二）中国（遵义）酒文化产业园建设

1. 园区基本情况

中国（遵义）酒文化产业园是省“十大产业园区”之一，位于酒文化名镇茅台镇，其中酒文化体验园区建设项目总投资10亿元。项目采取“一园多点”建设模式，“一园”即酒文化产业园，“多点”即名酒工业园区、茅台国酒文化展示体验区、酒文化产业创意园、非公企业酒文化旅游体验展示区、中枢三号区白酒配套产业一条街。其中，酒文化展示体验区将形成一轴五节点的功能结构形态。“一轴”是一条贯穿东南角到西北角主街道轴线，将酒文化展示体验区的各类商业、文化休闲会所以及其他配套设施联系起来，“五节点”依次是荣乐宫街（茅台酒创意产业及古镇民俗风貌展示区）、古醅佳酿（茅台酱香酿造史体验式博物馆群）、戏酒长歌（茅台特色饮食文化及高端品鉴区）、熏风醉月（高端院落式私窖酒文化体验区）、酒魂广场（茅台酒文化朝圣之地）。

2. 园区建设进展

项目区域路网工程、供水设施、安置区平场已基本建成，并启动了天然气输配工程、供电等相关配套基础设施建设。茅台国酒文化展示体验区已经完成项目报告编制及规划、功能结构、风格设计，由贵州佳化宏宇文化产业有限公司承建，项目已完成投资4千万元，一期工程茅草祭台已竣工。“中心文化酒庄”由贵州中心酒业集团承建，已完成规划编制，投资2.78亿元，建设完成了形象进度90%。中枢三号区酒瓶、酒盖、飘带、纸箱等酒文化产业一条街已初具规模。

（三）遵义会展基地建设

1. 基地基本情况

遵义会展基地是省“十大文化产业基地”之一，位于遵义市新蒲新区中心地段，预计总投资10亿元。中心项目包括遵义国际会展中心项目、会议中心项目、城市型五星级酒店项目。其中，会展中心项目建筑面积3.5万平方米，会议中心项目建筑面积1.5万平方米，城市型五星级酒店项目建筑面积约为3.5万平方米。

2. 基地建设进展

新蒲新区管委会已与广州实地房地产开发公司达成协议，由广州实地房地产开发有限公司负责规划设计，并与深圳富力集团成功签定了开发建设合同。目前该项目已完成编制规划，落实了项目建设土地，正在开展征地拆迁工作，计划在2014年底建成会展中心、会议中心和五星级宾馆，届时将成为遵义市规模最大、设施最完善的会展商务区，有力促进遵义会展经济进入一个新阶段。

（四）遵义仡佬文化产业园建设

1. 园区基本情况

遵义仡佬文化产业园又名“仡佬石头城”，位于中国仡佬第一乡平正，占地总面积含荒山石头地约2500亩，总投入1.28亿元。项目以仡佬起源中的团结、忍让、宽容、诚和、善处、礼敬“六和”的民俗文化展示为主题，将原生态自然景观和原生态的仡佬文化相融合，以仡佬历史文化为主线，分别建立了“仡佬起源展示区”、“开荒辟草展示区”、“仡佬祭祀展示区”、“仡佬先贤展示区”、“仡佬历代发明家展示区”、“仡佬和合展示区”、“仡佬民俗馆”等，着力打造一个具有“民族优秀传统文化中的民族团结、民族研究、爱国教育”功能、能产生高额经济利润和良好政治影响的文化旅游景区。

2. 园区建设进展

现已形成了“仡佬石头城”、“仡佬文化博物馆”，“大吉符母洞天坑”、“瀑布群落”和景区 380 多处摩崖石刻、15 处大型雕塑、几十处仡佬六和民俗景点，以及多个仿古仡佬洞穴居、仡佬民俗祭祀场、表演场等。自投资建设以来共一年半时间，已产生明显的社会效益，如改善了当地农民居住环境、交通状况，在提高当地知名度的同时，带动了当地群众的教育、收入等。

三、文化产业工作中存在问题及分析

遵义市充分发挥资源优势，将文化产业作为战略产业加以谋划和推动，不断拓展延伸文化产业链，推动文化产业园区建设取得新进展，极大地促进了文化产业的发展。然而，在发展中还存在一些问题和困难。

一是人才匮乏，成为文化产业发展的瓶颈问题。文化产业人才仍显匮乏，人才结构不合理、专业人才少等因素，制约了文化事业、文化产业健康、快速发展。在文化产业园区规划建设中，虽然邀请了有关专家进行咨询论证和规划指导，但缺乏懂文化产业和文化创意的高端专业人才，对园区建设的自主创新能力不强、发展思路滞后等，也一定程度上制约园区发展。

二是资金不足，不能满足文化产业发展需要。虽然各级财政已经通过专项资金等方式对文化产业发展给予支持，但与文化产业发展的需求相比、与满足群众文化需求相比，还存在着差距，束缚了文化产业的快速发展。文化产业园区建设虽然也得到各级财政的倾斜扶持，但项目涉及投入大，招商引资较少，存在着项目热、引资少的困局。

三是支持力度小，部门配合需要进一步加强。文化工作是一个综合性的复杂工程，需要各部门各单位更紧密配合、协调，才能克服薄弱环节，才能促进文化产业更好地协调发展。但部分单位思想认识水平仍旧不够，对文化发展重要性的认识不够，缺少大局观念、发展意识，没有形成一盘棋格局。在文化产业园区建设中，涉及多个方面，但部分单位在实际工作中对园区建设的支持力度不够，一定程度影响了工作开展。

四是政策不够完善，没有形成规模优势。文化产业的配套政策还不够完善，缺乏强有力的政策引导和支持，制约了文化产业规模化、集约化发展和创新能力提升，不能形成文化产业链、规模优势，削弱了文化影响力和竞争力。

五是知名品牌少，品牌影响力不够。遵义有丰厚的文化旅游资源，但是由于布局较为分散、开发不够，没有形成有影响力的文化品牌、旅游品牌，对外吸引力不大，文化产业园区建设的龙头作用和示范效应不明显。

四、发展趋势

在当前各项文化产业政策支持和文化产业发展的基础上，预计2013—2014年文化产业增加值将保持高速增长，增幅达到30%以上，在国民经济中所占比例提高，文化产业将取得新的发展、进入新的阶段。

一是签约项目将顺利实施。第八届文博会上的签约项目，包括习水“仙池·纳里”国际旅游度假区、桐梓尧龙山高端旅游产业园、赤水大同民族文化旅游产业园、赤水红色文化旅游产业园区、遵义县枫香温泉小镇等文产项目都在按计划推进。

二是省重点文产项目将取得实质性进展。中国（遵义）长征文化博览园完成规划并成功招商引资，中国（遵义）酒文化产业园二期工程建设进入规划实施；遵义会展基地顺利开工建设；遵义仡佬文化产业园进一步完善，园区效应持续显现。

三是红色文化旅游产业将实现新突破。娄山关红色文化休闲度假中心、土城四渡赤水长征文化体验区、四渡赤水红色文化大型实景演艺基地、遵义苟坝会议会址等项目落地实施；红色旅游集团公司将进一步发展壮大。

五、文化产业发展对策和建议

为进一步提升遵义市文化产业竞争实力，使文化产业园区成为推动文化产业腾飞的翅膀，推进全市文化产业更好更快发展，提出以下对策建议。

（一）重视人才培养

鼓励和支持文化产业人才培养，研究制定文化产业人才长期发展规划，构建文化产业人才培养体系。完善人才发现、吸纳、借用、储备、培育与选用的文化人才资源整合机制，培养一批既懂文化发展规律又懂市场经济规律、既善于谋划艺术生产又熟悉市场运作和科学管理的经营管理人才。加强与其他地区文化创意团队的交流合作，加大文化产业领域人才的引进力度，着力引进具有丰富经验且具备相关资质的高水平复合型专家团队，以及文化创意、文化产业、经济、旅游、市场营销等各个方面的综合性优秀文化人才，在工资待遇、职称评定等方面给予文化人才优厚待遇，重点鼓励和支持文化企业进行自主创新，不断提升文化产业创新能力。

（二）加大财政投入

根据中央和贵州省委、省政府“要在‘十二五’期末把文化产业培育为国民经济和社会发展支柱产业”的要求，进一步加大财政投入，逐步提高文化支出占财政支出的比例，拓宽文化产业资金投入来源，设立覆盖多领域、多层次的文化发展专项资金（基金），确保文化产业发展专项资金比上一年有适度增长。

（三）加强发展保障

各级文化改革发展领导小组要加强对文化产业工作的统筹协调，加强督促检查和考核，提高文化自觉。指导推动本地相关文化单位和企业实施跨地区跨行业跨所有制资源整合，实现优势互补，进一步做大做强文化产业，认真落实国家和省已出台的各项文化改革发展优惠政策；制定出台针对转制文化企业、新办文化企业、文化产业园区、基地等更加优惠的扶持措施；像抓工业园区一样重视文化产业园区建设，在“十二五”期间重点规划建设十个文化产业园区；加强文化和科技的融合，推动新兴文化产业成为文化产业发展的新亮点，促进多元化发展格局；适时组织一批文化产业项目进行招商引资，确保落地实施，支持推动文化改革发展。

（四）树立品牌意识

继续塑造城市文化品牌，完善文化开发和传播手段。着力提升两大“文化品牌”（遵义会议、四渡赤水），将文化资源变成文化产品，打造为文化品牌，以品牌闯市场，以品牌创效益，实现文化产业的规模效益。同时，发挥文化工作者在文化产业中的品牌效应，创作一批有影响力的文艺作品，并通过举办中国（遵义）酒博览会、中国（遵义）茶博览会等，不断加强对遵义文化资源、文化品牌的宣传推介，不断提高城市文化的影响力和知名度。

（五）大力加快文化园区建设

建设文化产业园区是发展文化产业的重要途径。全市应进一步加快推进初具条件的中国（遵义）长征文化博览园、中国（遵义）酒文化产业园、遵义会展基地、遵义仡佬文化产业园建设，促进全市文化产业的加快发展。具体来讲：一是进一步提高对园区建设重要性的认识。各级相关部门要切实提高对园区建设重要性的认识，将文化产业园区建设作为文化产业重点内容纳入党政领导班子考核内容和有关部门年度目标考核，着眼于打造文化旅游创新区，用高度的文化自觉和文化自信，以更大力度推进文化产业园区建设。二是进一步落实管理运营主体。根据《关于规范省“十大文化产业园区”和“十大文化产业基地”建设的通知》要求，明确市文改文产领导小组作为牵头责任单位，园区所属县（区、市）成立领导小组，由党委或政府主要领导任组长，党委政府分管领导任副组长，相关部门领导为小组成员，统筹各部门推动园区建设。同时组建管委会，由管委会负责园区的日常运行，为入驻企业提供各种公共服务，或由牵头建设园区的具体企业统一实施管理等。三是进一步规范建设管理。文化产业园要做到建园与保护相统一，既尊重城市发展的历史文脉，也要尊重现已形成的产业格局，还要对居民生活现状有所考量。要强化政府主导作用，加强统筹调度，加大资源整合力度，以市场化、科技化为手段，集约开发运作，引导产业集聚发展，控制好非文化产业和非环保产业，形成丰富多彩的历史文化、区域文化、生态文化相结合的总体产业格局。明确企业是文化产业的真正市场主体，大力培育优势企业，有针对性地展开错位竞争和差异化发展。四是依托园区推动大招商。切实落实文化产业方面的财税优惠政策，从土地、税收、资金政策等方面加大对文化产业园区基础建设的支持力度，加大项目包装和宣传力度，充分利用省内外招商引资平台，促进招商，吸引投资，努力吸引优质投资商，选择既有经济实力又能遵循规划要求的企业进驻或投资建设园区。

谱写“凉都”文化产业发展新篇章

六盘水市委宣传部

摘　要

六盘水市通过深化文化体制改革，培育文化市场主体，拓宽文化产业发展路径，文化基础设施建设力度加大，“凉都”品牌影响力逐步扩大，文产队伍建设强化，项目带动形势趋好，精品文化活动纷呈，产业经济总量逐年增长，逐渐展现出六盘水文化产业“空间大、前景广、动力足、效果好”的比较优势。但文化产业发展的支撑不够，产业效益低、规模小，缺少龙头企业。培育“中国·凉都”文化产业品牌，要着力建立健全考核评价体系，提供有力政策保障，建设投融资平台，发展中介机构，构建文化产业体系和开发文化产品。

关键词

文化产业　“凉都“品牌　产业体系

六盘水市围绕贯彻落实《市委市政府关于推动全市文化大发展大繁荣的实施意见》（市发［2012］4号）文件精神，深化文化体制改革，培育文化市场主体，拓宽文化产业发展路径，依托“中国·凉都”品牌打造现代特色都市，构建文化产业体系和开发文化产品，逐渐展现出六盘水文化产业“空间大、前景广、动力足、效果好”的比较优势。

一、文化产业发展现状及特点

（一）发展现状及特点

2011年六盘水文化产业统计调查结果显示，全年实现文化产业增加值5.86亿元，占GDP比重为0.96%，比2010年提高了0.07%，总量比2010年增加 5562.4 万元，增长 11.1%；资产总计 110049.4 万元，比 2010 年增长 42.4%。全市从事文化产业活动单位比 2010 年增加 242 家，增长 16.8%；文化产业年末从业人员 17581 人，比 2010 年增加 7808 人，增长 79.9%。按国家统计局 2012 年最新颁布的文化及相关产业分类的方法来分析结果变化，主要呈现四个特点，一是文化产品生产部分中文化艺术服务业大幅增长。与 2010 年相比，群众团体、社会团体和宗教组织增加值为 121.784 万元，增长 2385.39%，约增 24 倍；居民服务业增加值为 1599.74 万元，增长 898.59%，约增 9 倍；商务服务业增加值为 7021.85858 万元，增加 140.24%，约 2 倍。二是文化产品生产部分中文化用品生产及广播电视电影服务增长平稳。工艺品及其他制造业增长 23.63%，计算机服务业增长 43.94%，广播、电视、电影和音像业增长 33.97%，有一定增长，但起伏不大，呈稳重发展状态。三是文化相关产品生产部分发展趋缓。印刷业、软件业、娱乐业、公共设施管理业增长速度减慢，甚至出现了负增长，软件业 2011 年增加值为 57 万元，较 2010 年增长 -83.18%，显现出萎缩趋势。六盘水娱乐业门类多、总量大，大多数属规模化经营，占有较大市场份额，但 2011 年增加值为 11876.4618 万元，增长 -4.23%，相对 2010 年发展步伐放缓。四是文化产业形态多样。文化产业形态除了诸如“文化设备的生产、销售”等个别业态还没有形成外，大部分业态都出现在市场体系中，包括新闻服务，出版发行和版权服务，广播、电视、电影服务，文化艺术服务，网络文化服务，文化休闲娱乐服务，文化用品及相关文化产品的销售等。在现有文化经营行业中，非公企业和个体工商户成为活跃的市场主体。非公经济单位（含个体工商户）的个数、经营总收入比例已经达 70% 以上。

（二）发展亮点

1. 文化基础设施建设力度加大

2011 年 12 月，六盘水市第六次党代会明确提出“提升文化软实力，实施文明素质提升、特色文化保护、文化服务惠民、文化产业培育工程，全面建设文明六盘水”的要求，“一院七馆四中心”建设项目（“一院”即凉都大剧院，“七馆”即图书馆、博物馆、文化馆、档案馆、方志馆、展览馆、科技馆；“四中心”为青少年活动中心、体育中心、市民中心、会展中心）2012 年全线上马，其中，预算总投资超过 20 亿元的凉都大剧院、图书馆、博物馆、文化馆、档案馆，市民中心、会展中心等“一院四馆两中心”共 7 个项目于 2013 年 8 月旅发大会前投入使用。这批文化旅游基础设施的建成，成为文化产业发展的重要载体，促进了居民文化需求品位的提高和消费需求总量的增长，提高了全市适应文化大发展大繁荣需要的承载能力。

2. “凉都”品牌影响力逐步扩大

依托《贵州省城镇体系规划》中确定的“消夏凉都”城市定位和经中国气象学会认定的“中国凉都”这一国家级品牌资源，六盘水市着手对“中国凉都”品牌进行高标准专业策划和经营，全面提升“中国凉都”品牌的文化含量，对“中国凉都”品牌进行专业包装、扶持、培育、营销，着力塑造城市形象力、文化感召力和产业聚合力，实现“中国凉都”品牌与文化产业发展的全面对接和有机融合。通过对城市理念、城市行为、城市景观的重点推广和管理，以建筑、展览馆、博物馆、文化活动等体现地域文化特色，不断扩大文化特色品牌的影响力，形成六盘水固有的历史文化特色和其他现代城市的独特区别，彰显“凉都”城市品牌文化的标志，以达到塑造城市形象力的目的；以历史文化、民族文化、生态文化、三线文化作为打造“凉都”文化品牌的载体，通过深入挖掘整理本土主体文化，融合六盘水雄奇壮美的自然景观，大力发展文化旅游业，从而发挥城市文化感召力，增强市民对城市的自豪感、认同感和归属感；全力创造公平公正的法制环境、高效廉洁的政务环境、诚实守信的市场环境、宜居宜业的人居环境及创业环境，大力发展开放包容型经济、创新型城市，吸引人才、金融、劳动力、技术等产业链环节要素大量汇集，增强凉都品牌的辐射力和综合竞争力。

3. 文产队伍建设强化

六盘水市高度重视市、县文改文产工作机构建设、人员编制落实问题，并将其作为宣传思想文化工作的重中之重来抓。通过市委、市政府和市文改文产领导小组的积极推动，现市编委及市编办已分别批复同意成立市、县文化产业发展中心，市文化产业发展中心管理人员编制4名，主任或副主任1名，县级文化产业发展中心核定编制3～4名，主任1名，大大增强了全市文化产业队伍力量，初步缓解了工作任务重与人员匮乏的矛盾，成为开创全市文化产业发展新局面的重要契机。

4. 项目带动形势趋好

2012年5月，组织宣传文化系统、部分企业业主及各县（特区、区）相关单位负责人共50余人参加了第八届深圳文博会，与云南金昆仑实业有限公司签署了总投资为1.9亿元的六盘水市钟山区凉都森林公园文化旅游产业园区开发项目合同。该项目已完成选址和0.4亿元投资，成长性良好。全市宣传文化系统在深圳文博会期间还举行了项目专场推介会，香港、深圳80余家企业参加了此次活动，并签署投资意向协议4个，意向投资金额2.6亿元。参加项目推介会的深圳帝光电子有限公司、深圳市一体医疗科技股份有限公司等企业先后到六盘水市对文化旅游及相关项目进行了实地考察，并就有关环节进行了洽谈蹉商。

六盘水市具有丰富的人文历史资源、独具特色的地理风貌和得天独厚的气候品牌，在发展战略上着眼于文化旅游融合发展并实施项目带动，规划建设了一批城市文化服务功能集聚区和具有重大示范效应和拉动作用的重点文化产业项目。通过这一发展战略的实施，六盘水市2011年旅游收入、旅游人数增幅居全省第一，全年接待国内旅游总人数444.29万人次，比上年增长61.03%；实现国内旅游总收入30.89亿元，比上年增长191.14%。为全市“十二五”期末达到30亿元的文化产业增加值开了好头，作了铺垫。

5. 精品文化活动纷呈

近年来，六盘水市通过举办一年一度的凉都消夏文化节和协办“多彩贵州”系列赛事等一系列精品文化活动，积淀、创新、发展了文化产业，丰富了广大群众的精神文化生活，现已成为六盘水市展示城市形象、彰显文化特色、深化开放合作、促进文化产业项目推介、扩大招商引资的重要平台。特别是2012年历时1个月，11个文体活动及赛事争奇斗艳的消夏文化节呈现出“时间长、内容丰富”的特点。全国公路自行车、业余围棋、桥牌、单绳攀爬等邀请赛，观赏石博览会、越野摩托车场地邀请赛等活动，充分展示了“实力、活力、魅力、文明、幸福”的六盘水新形象。同时，借文化节契机，向川滇黔十市州重点推介了80个招商引资项目，其中，12个项目成功签约，签约金额达46.2亿元。六盘水市2011年推选参加全省“多彩贵州”歌唱大赛的选手，获得一金二银一铜的佳绩。在2012年的“多彩贵州”舞蹈大赛上，六盘水代表队也有不俗表现。诸如此类的文化活动和精品，不断为发展文化产业夯实了基础。

上述一系列举措，有力推动了六盘水市文化产业的向前发展，产业经济总量逐年增长，“十一五”期间年均增速超过20%，2011—2013年文化产业增加值增幅达25%以上。

二、存在的主要问题

（一）文化产业发展的支撑不够

六盘水市具有相对雄厚的经济实力，与周边地区相比，地区生产总值、人均生产总值、城镇居民人居可支配收入、居民娱乐、消费服务支出比和指标水平较高，为文化产业发展创造了良好的基础条件，但是文化产业发展必需的政策支撑体系不够配套，发展不够迅速。

（二）产业效益低、规模小

缺少具有自主知识产权的原创文化产品，产品附加值不高。出版行业几乎是简单的复制和印刷，欠缺内容独树一帜的出版物。商贸业、文化艺术和网络文化服务基本上是传播其他地区的艺术作品，尤其是新兴文化业态，如动漫产业、软件开发、创意产业等发展较慢，欠缺衍生产品开发，缺乏市场竞争力，产业链短。

（三）缺少龙头企业

文化产业的市场竞争主体，尤其是成长型龙头企业还处在起步、创业、成长阶段，还需要经历资本积累、壮大实力、提升竞争力、跨越发展的过程。国有资本投入有限，社会资本投入不活跃，存在产业规模小、企业融资能力弱的问题。

三、对策建议

（一）建立健全考核评价体系

“将文化改革发展成效纳入科学发展考核评价体系”是中央和省、市对推动文化大发展大繁荣的一项重要措施，目前，六盘水市与之相对应的考核评价体系尚未形成，缺乏对领导班子和领导干部文化工作业绩考核的“度”和“量”的标准，因此，应尽快建立健全六盘水市文化改革发展成效考核评价体系，以此推动党对文化工作的领导和提高推进文化改革发展科学化水平，为推动全市文化产业发展提供重要依据。

（二）提供有力政策保障

由于六盘水市文化产业发展还处于起步阶段，文化产业创意人才、经营管理人才、策划和经纪等人才匮乏，以致产品研发十分欠缺，因此，应制定实施关于培养和引进文化产业研发创新人才、经营管理人才等优惠政策，重视培训和引进文化产业人才，提高文化企业管理人员的综合素质，为支持改制文化企业做强做大储备人才。此外，还应制定出台鼓励培育成长型、龙头型文化企业和创办文化企业的优惠政策，并配套税收减免、土地使用等方面的优惠政策，引导其他行业的企业人士、社会资本进入文化产业领域，以此增强全市文化产业的竞争力，不断丰富和创新文化产品，促进产业总量和规模的扩张。

（三）建设投融资平台，发展中介机构

加快建设文化产业发展投融资平台，解决市、县经济区域文化产业项目投入不足、文化企业普遍融资能力弱的问题；引导和发展文化产业市场中介机构，带动文化市场主体重视对产品研发和品牌打造方面加大投入。

推动黔中文化产业繁荣发展

安顺市文改文产领导小组办公室*

摘 要

2013年是安顺市文化产业在总结前期经验成果基础上继续迈进的一年，本报告回顾了自2008年以来安顺市文化产业发展取得的成效，总结了2011年和2012年安顺市文化产业发展情况，对成功实现转企改制、如何发挥民企作用等成功做法进行了分析，提出了安顺市文化产业发展的方向和举措。

关键词

黔中文化产业　体制机制　安顺市

一、文化产业发展回顾

安顺市文化产业的发展在2008年才真正走上正轨，到2012年已经取得了一些成效。

一是率先在全省编制完成《安顺市文化产业发展规划（2008—2020年）》，提出了安顺市2008—2020年的文化产业发展目标，以及近、中、远期的阶段目标，并在发展水平、结构优化、发展阶段等方面提出具体要求；规划确立了安顺市成为全省文化产业中小城市的功能定位，提出了“一核、七园、十大文化旅游产业组团”的战略布局以及“一业一策”的市场培育理念和策略，明确了重点发展的支柱型、战略型、新兴类等三大文化产业，明确了市县两级当前和今后一个时期文化产业发展的目标任务，并提出了具体要求。

---

* 执笔人：高守应，安顺市文改文产领导小组办公室。

二是认真推进文化体制改革，强力推动文化事业单位转企改制改革工作。2009年以来，先后组建了黔中报业发展集团、黄果树艺术团文化有限公司、安顺市广电公司、普定银河广告公司、紫云广告文化有限公司等一批国有骨干文化企业和安顺烛彩蜡染集团有限公司、普定马官文化艺术有限公司、大明屯堡文化艺术有限公司、正坤雕刻文化有限公司等一批民营文化企业。兴伟文化公司和天龙旅游公司先后申报成为国家第三批和第四批文化产业示范基地，对安顺文化产业的发展繁荣产生强大的辐射带动作用。

三是各级文改文产办加大招商引资力度。2011年5月，在深圳文博会上成功签约"大汉帝国牂牁古城"复建、"千禧珠宝城"、"焕彩蜡染工业（艺术）园"、"穿洞文化游乐园"等四个项目，签约资金近26亿元。到目前为止，"大汉帝国·牂牁古城复建"项目正式启动，其子项目"宁谷古汉墓遗址"保护规划的编制工作已经开始；安顺焕彩蜡染工业（艺术）园规划进入后期评审，一期建设资金已到位；穿洞文化游乐城已建成投入使用；千禧珠宝城（黄果树珠宝交易中心）项目在2011年11月已经开工。

四是文化产品和服务出口规模不断扩大。黄果树艺术团文化有限公司编排的《村官断案》、《板车老二》等一批节目在国家和省级以上赛事中获奖，花灯戏《玩灯唐二》获贵州省精神文明建设"五个一"工程奖；大明屯堡文化艺术发展有限公司生产的屯堡地戏脸谱系列产品，自2009年参加深圳文博会签订130万元的外销合同以来，外销逐年增加；安顺焕彩蜡染集团公司生产的蜡染艺术品和蜡染制品，不仅销售到省外，部分艺术品还远销到欧洲等地。

五是建立优惠的政策保障体系。安顺市协调财政、税务、工商等部门对2009年转企改制的黔中报业发展有限公司等四家公司享受相关优惠政策进行认定，2011年对安顺市黔途文化传播有限公司等7家进行认定，落实了11家转企改制企业的税收优惠政策。2011年以来，安顺市财政对文化建设的投入增幅高于市财政经常性收入增幅的30%以上。市财政共投入345万元农村文化建设专项资金。同时，从2008年起，财政每年预算100万元的文化产业发展专项资金，支持8家转企改制文化企业和15家新办文化企业。

二、文化体制改革

安顺市自2006年明确为全国全省文化体制改革试点地区以来，按照中央和贵州省的文化体制改革精神、政策、"时间表"和"路线图"，制定出切实可行的实施方案，强力推进文化体制改革。2010 年底全面完成试点地区改革任务，2011 年底全面完成改革任务。其显著成效主要体现在以下几点。

一是率先进行跨区域合作，探索转企改制改革和党报自办发行的方式，并取得成功。2008 年，安顺日报社率先与六盘水日报社合作组建黔中报业发展有限公司，对事业单位报社印刷厂开展整体转企改制，2009 年注销其事业机构和法人，30 多名职工分流到公司。2010 年抓住“黔中经济区”建设的机遇，组建黔中报业发展集团公司，做大做强报系产品，创刊的《黔中早报》开创全国先河，从地级城市进入省城发行取得成功，目前正向黔中经济区覆盖的市州扩展，形成贵州首家党报自办发行体系，实现全市所有乡镇所在地能看到当天的《安顺日报》和《黔中早报》。改制后，新增就业 150 多人，降低发行费率 2% 以上。到 2011 年底，广告收入三年分别比上年增长 100%、32%、40%。

二是全市广电传输网络资源整合为贵州省广播电视信息网络股份有限公司，完成转企改制。2011 年 9 月底完成广播电视合并，组建安顺市广播电视台。在推进文化改革发展中，选择平坝县整合县级广播电视台、外宣、政府网站、内部刊物《黔中平坝》等资源，组建正科级县新闻传媒中心，提高新闻宣传效率。2011 年，该县政府网站更新和点击率在贵州省县级政府网站中位列前十，广播电视广告收入突破 100 万元。该模式目前正在大力推广。

三是 2009 年 3 月在贵州率先启动文化市场综合执法机构改革。当年 7 月，副县级综合执法支队挂牌成立，广电执法和体育执法正式移交。2010 年初，所辖 8 个县区全部组建副科级文化市场综合执法大队；全面完成市、县两级文化与广播电影电视两局合并组建统一的文化行政主体队伍。

四是努力探索国有院团转企改制取得突破，积极探索民间文艺院团发展获得成功。按照院团改革的要求，对黄果树艺术团进行转企改制，注销事业机构和法人，核销事业编制 80 名，组建黄果树艺术团文化有限责任公司。改革后编排的《村官断案》等一批节目在国家和省级以上赛事中获奖，花灯戏《玩灯唐二》获省精神文明建设“五个一”工程奖，2011 年演出收入比上年增长 2 倍；投资 2500 万元装修改造的安顺文化中心投入使用。积极探索民间文艺院团的发展路子，指导和引导普定县马堡农民艺术团组建文艺演出公司，拓宽演出市场，2011 年演出收入比上年增长 210%。安顺市创办的《黔中早报》探索转企改制新路，组建成立黔早传媒公司，并向贵阳市发展，为省会城市类报刊在改进服务、提升质量方面注入了活力。

五是创新公益性文化事业单位内部机制改革，实现文化产品与文化资源共享。2012 年完成市、县两级 23 个公益性文化单位内部“三项制度”改革。市文化馆组建“安顺画院”，特聘 50 多名画家，举办各类展览 30 余次，作品获省级以上一等奖 10 个、二等奖 15 个、三等奖 28 个。安顺府文庙管理处恢复中断了 70 多年的祭孔活动，举办孔子文化节重塑黔中文化品牌。各县区公益性文化单位改革焕发生机，组织开展丰富多彩的群众性文化活动，普定、平坝、西秀等县区通过举办每年一届的屯堡花灯、地戏、山歌大赛等活动，推进屯堡花灯、安顺地戏、屯堡山歌等非物质文化遗产的保护与传承。建党 90 周年前夕，开展“家乡歌曲大家唱”活动，组织开展为期一周的“重走长征路，安顺千里行”活动，命名一批市级爱国主义教育基地，发掘打造一批红色旅游景点，推出三条红色旅游线路。

改革促进了文化产品和文化资源的共享。王若飞故居管理处，市县两级文化馆和图书馆等公共文化服务设施实现向全社会免费开放，参观人数以每年 5 万人次以上数量递增。黄果树瀑布节、家乡歌曲大家唱、民族民间文化展演等大型活动均由改革单位承办。到 2011 年底，全市建成农家书屋 615 个，实现全覆盖，建成农民文化家园 50 个，农村电影放映工程年均放映 2.6 万场次，广播电视“村村通”覆盖全市 7832 个自然村，建成文化资源信息共享项目 1686 个，建成乡镇综合文化站 79 个等，覆盖面逐年扩大，公共文化服务质量和水平得到提高，人民群众更多享受到文化改革带来的实惠。

六是重视非物质文化遗产保护传承工作。安顺地戏、布依“铜鼓十二调”、苗族史诗《亚鲁王》等已经申报国家非物质文化遗产。目前，全市共有 9 项国家非物质文化遗产，38 项 46 处省级非物质文化遗产，市级 95 项 166 处非物质文化遗产。

七是推出一批有影响力的文化力作。策划出版“安顺文化旅游丛书”，《屯堡魅影》、《市景流光》、《风物安顺》（上、下）、《瀑飞墨舞（书法作品集）》、《赏石安顺》、《天翼杯美术作品集》等作品，采取市场运作模式，向社会发行。

三、文化产业发展情况

2011 年，按照省统计局新的统计报表制度进行统计，文化产业增加值按照“国统字［2012］63 号文件”修订的《文化产业及相关产业分类（2012）》

进行核算，其结果与2010 年和2009 年的数据没有可比性。2011 年全市共有文化单位219 个，个体工商户 2074 户，从业人员 10543 人，收入 110174 万元，文化产业增加值76399 万元，占生产总值的2.68%。其中文化艺术服务 77 个单位，从业人员665 人，营业收入16 万元；广播电视服务20 个单位从业人员622 人，营业收入 10716 万元；网络文化服务 1 个单位，从业人员 8 人，营业收入25 万元；文化休闲服务 44 个单位，从业人员 1849 人，营业收入 28083 万元；其他文化服务57 个单位，从业人员666 人，营业收入4759 万元。

（一）加强组织保障，规范文化市场

安顺市六个建制县区按照副科级设置了专门的文改文产办，落实3 个管理人员，解决有人办事、专门部门抓文化改革发展工作。

（二）规划先行，统筹安排

2011 年11 月市委二届十二次全会通过《中共安顺市委关于推动黔中文化大发展大繁荣的实施意见》，进一步明确提出到2020 年的“文化产业工程目标”，主要是发展特色文化产业；实施安顺市文化产业发展规划和贵州省推进“六个一批”文化工程（即完成一批文化单位转企改制并建立现代企业制度，规划和建设一批文化产业园区、基地和重点项目，创作生产一批有广泛影响力的文化力作，培养和集聚一批文化产业“尖子人才”，组建一批文化中介机构，搭建一批文化产业投融资平台），重点推进“一核、七园、八大文化旅游产业组团”和省市重点文化产业园区、文化产业项目的建设。

表1　安顺市文化产业发展布局

发挥“一核”辐射作用。安顺市两城区作为文化产业发展核心影响周边。

建设“七大园区”。以两城区为核心，建立民族文化风情园、现代休闲产业园、安顺特色饮食文化园、工艺博览产业园、印刷包装产业园、工业旅游产业园、数字文化研发产业园。“七大园区”建设，由市规划局牵头，编制《安顺市历史文化街区核心区修建性详细规划》、《安顺市东出口和南出口城市设计》、《贯城河滨水景观风貌整治规划》、《安顺市城区景观风貌规划》等一系列规划；《悦道·屯堡产业休闲示范园区城市设计》已编制完成；《杨湖片区控制性详细规划暨贵州多彩文化万象旅游城项目城市设计》初步方案已通过市城规委专题会议审议通过。以两城为核心，建立民族文化风情园、现代休闲产业园、安顺特色饮食文化园、工艺博览产业园、印刷包装产业园、工业旅游产业园、数安文化研发产业园，《安顺中心城区“七大文化产业园区”布局规划》2012 年6 月已完成。

打造“八大文化旅游产业组团”。黄果树风景名胜区以申报世界自然遗产和建设国家公园为契机，建设黄果树文化旅游产业组团；西秀区建设龙宫文化旅游产业组团、牂牁汉文化旅游产业组团；西秀区、平坝县、普定县建设屯堡文化旅游产业组团；西秀区、平坝县建设工艺美术产品组团；关岭自治县建设古生物化石开发与利用组团、三国文化旅游产业组团；紫云自治县建设格凸河攀岩、亚鲁王文化旅游产业组团。

表2　省市重点文化产业园区、文化产业项目

建设文化产业集聚区。西秀区、平坝县、普定县建设屯堡文化和生态文化产业集聚区；关岭自治县建设古生物化石文化产业集聚区；各县区建设喀斯特生态文化产业集聚区；镇宁自治县、关岭自治县、紫云自治县建设民族文化产业集聚区。 建设省级重点文化产业园区及省、市级重点文化产业项目。建设省“十二五”规划的十大重点文化产业园区之一的“黔中国际屯堡文化生态园”；建设安顺市历史文化街区、市人民影剧院、大明屯堡影视文化城、黔中报业中心等省级重点文化产业项目；建设大汉帝国·牂牁古城遗址公园、千禧珠宝城、焕彩蜡染工业艺术园、穿洞文化产业园、夜郎竹王文化旅游园、亚鲁王民族文化生态产业园、开发区黄果树国际旅游商贸会展中心、中国·多彩万象旅游城、中国体育休闲（黄果树）汽车露营基地、黄果树旅游商品加工博览园等市级重点文化产业项目。“黔中国际屯堡文化生态园”和“民族文化产业集聚区”规划的编制工作启动，2012年年底可完成专家评审。镇宁自治县文化旅游发展战略规划进入后期评审，西秀区、平坝县、紫云自治县的“文化旅游发展战略规划”编制工作已经启动，关岭古生物化石产业集聚区规划编制工作进展顺利。安顺历史文化街区项目建设性详细规划已通过评审，前期工作全面展开。黔中报业中心已开工；安顺人民影剧院在落实项目选址问题；大明屯堡文化影视城项目已完成项目选址工作。

（三）拓宽资金渠道，落实项目建设

安顺市级财政2012年安排文化产业发展专项资金200万元，安排宣传、文化、广电、体育、报社等文化传媒事业发展资金1782.8万元，开展2012年度的中央补助地方文化传媒事业发展专项资金和农村文化以奖代补专项资金的申报工作，共划拨资金740万元。

为真正实现文化产业市场化发展目标，2012年安顺市继续加大招商引资力度。2012年3月，共投资60亿元的“多彩万象旅游城”开工建设，到2012年底投资10亿元；2012年5月“悦道”生态观光度假文化示范园区、黄果树苗岭屯堡文化城、普定民族风情一条街、镇宁百线文化电影广场等四个项目在第八届深圳文博会上成功签约，签约资金77亿元，一期投入约20亿元，其中普定民族风情一条街已于2012年6月开工修建；镇宁百线文化电影广场完成场地平整等前期工作。2012年10月，普定文体大道项目在厦门第五届海峡两岸文博会上签约，11月开工建设。总投资9亿元的中国体育休闲（黄果树）汽车露营基地也于2012年11月12日破土动工，该项目是民革中央社会服务部和民革贵州省委与安顺市签订“民安合作协议”的一大成果，项目依托关岭县丰富的旅游资源，建设一个集自然风光、历史人文景观、民族风情、体育赛事和汽车露营为一体的文化旅游综合体。2012年11月12日，位于平坝县沪昆高速出口的“白水龙国际风情园”完成奠基仪式，该项目由满洲里联众木业公司投资20亿元打造，是一个集高端商务、休闲度假及国际民族风情展示为一体的文化旅游综合中心。

安顺本地民营企业鑫安房地产公司主动介入文化产业发展，出资成立金海百合文化传播有限公司，以影视制作和图书策划出版为主，推进安顺影视文化和图书出版业的发展繁荣，该公司的成立在安顺影视文化产业发展方面具有里程碑意义。

（四）政府引导，繁荣公共文化市场

安顺市文联创新性开展工作，主动融入文化产业，“以胆识参与市场、以见识认证市场、以高度引领市场”，在2011年充分筹备的基础上，按照“品牌年”建设的要求，根据本土作家艺术家的社会知晓率和影响力，对20个社会知晓率和影响力很高的作家艺术家挂牌成立“安顺名家工作室”，让其作品面对市场、走向市场。这些“名家工作室”将引领安顺市奇石艺术、盆景艺术、民族民间艺术、美术书法艺术、摄影艺术、影视艺术、表演艺术等协会的产业化发展，预计这些协会每年将创产值5000万元以上。集聚一批“尖子人才”组建的“新视野工作室”，其创办的《安顺》杂志，每年可融资近100万元。

四、措施建议

（1）全面落实《中共安顺市委关于推动黔中文化大发展大繁荣的实施意见》，严格按照《印发贯彻落实〈中共安顺市委关于推动黔中文化大发展大繁荣的实施意见〉任务分工方案》（安市办发［2012］4号）文件通知，把文化改革发展工作纳入县区和部门党政一把手的综合目标考核，市督办督察局认真抓好督促检查工作。

（2）加大文化产业项目招商引资力度和建设实施的力度。主要抓几个方面：第一，贵州省十大文化产业园区之一的“黔中国际屯堡文化生态园”规划，2013年可报批进入实施阶段。园区涉及的西秀、平坝、普定三个县区将谋划一批文化创业项目进行实施。已在园区建设的一批项目，如平坝县的“白水龙国际风情园”和关岭县的中国体育休闲（黄果树）汽车露营基地两大项目的建设将快速推进；“悦道”生态观光度假文化示范园区、黄果树苗岭屯堡文化城等将进入实质性施工阶段；新谋划项目将到深圳、西安等文博会招商引资；开发区境内投资60亿元的“多彩万象旅游城”项目，2013年进入子项目全面实施阶段。第二，六个建制县区的“文化旅游发展战略规划”在2013年全面进入实施阶段。其中，普定穿洞文化园区路网基本建成，之前招商引资进入的项目将产生效益。其他县区，将借助“规划”的实施，有力推动文化与旅游的融合发展。第三，一批在2011年和2012年各类文博会等签约的项目在2013年初见成效，对安顺文化产业的建设发展起到强大的示范和辐射带动作用。第四，市内国家级和省级文化产业示范基地将继续发挥引领作用，带动周边文化产业的发展。

（3）深化文化体制改革工作，全面推进公益性文化事业单位的改革，探索建立完善的法人治理结构，引进社会资本参与建设管理公益性文化事业。市县两级图书馆、文化馆等公益性文化单位，在全面免费开放的基础上，将全面启动探索建立完善的法人治理结构，引进社会资本进行改革，拓展文化产业发展。继续发挥转企改制文化企业的龙头带动作用，黔中报业发展集团、金黄果文化公司、黄果树艺术团文化有限责任公司、市广播电视公司等收入将继续增长。

（4）加大文化与旅游的融合力度，在规划先行的基础上，谋划一批重大文化产业项目推进实施。黄果树旅游集团公司加大“黄果树国家公园”建设的力度，关岭县将整合“国家地质公园”、花江大峡谷、木成河等景区文化旅游资源，组建文化旅游集团公司。普定县除加大“穿洞文化园区”的建设力度外，对省级风景名胜区夜郎湖进行整体谋划，使沿湖乡村旅游产生效益。西秀的云峰屯堡景区和平坝的天龙景区，努力在文化与旅游结合上下工夫，创一流的景区。兴伟文化公司石博馆积极申报国家4A级景区。

（5）发挥民营文化企业作用，助推安顺文化产业的发展。如焕彩蜡染集团的园区建设，将推动安顺蜡染由小、散、乱转变为大产业、出精品、上规模，真正做大做强“东方第一染”产业。马官文化艺术有限责任公司演艺产业在拓展演艺市场的同时，努力开发演艺衍生品成效明显。奇石观赏石产业进行空间拓展，门票收入将继续增长，交易额将大幅增加。20个“名家工作室”将加大开创市场的力度，文化产业产值将会在2012年的基础上大幅增加。2013年金海百合文化传播有限公司将对所收购的电影剧本投入拍摄。

依托资源优势实现文化产业新跨越

毕节市委宣传部

摘　要

深化文化体制改革，促进文化发展方式转变，有利于推动文化产业快速发展，实现跨越。本文通过对毕节市文化产业发展现状及特点、存在问题与原因进行分析，对文化产业发展趋势进行了预测，并提出毕节市加快文化产业发展的对策建议。

关键词

毕节市　文化产业　发展趋势　对策建议

深化文化体制改革，促进文化发展方式转变，有利于推动文化产业快速发展，实现跨越。2011—2012 年，毕节市以科学发展观为指导，认真贯彻落实党的十七届六中全会、省委十届十二次全会、省十一次党代会、市一次党代会以及国发 2 号文件精神，充分发挥“先行先试”的试验区功能，在文化改革发展中树立了高度的文化自觉和文化自信。以满足人民群众多样性的文化需求为出发点，加速培育富有活力和竞争力的市场主体。围绕省品牌建设年的有关要求，把打造文化品牌作为提高文化产业竞争力的切入点和突破口，依托丰富的民族文化、历史文化、红色文化、旅游等资源优势，着力打造具有深厚文化内涵和底蕴的文化品牌，努力将文化产业培育成支柱产业。按照胡锦涛同志提出的加快文化体制机制改革创新、加快构建公共文化服务体系、加快发展文化产业、加强对文化产品创作生产引导的“三加快、一加强”要求，加大力度、加快进度、巩固提高、重点突破、全面推进，圆满完成了文化体制改革各项任务，文化事业文化产业呈现蓬勃发展的良好态势。

一、文化产业发展现状及特点

总体上看，毕节市文化产业发展综合实力逐步增强。2010 年，全市文化产业增加值 2.45 亿元，约占 GDP 的 0.5%；截至 2011 年底，毕节市从事文化产业的单位共有 423 个，个体工商户 2303 户，从业人员 14410 人。文化产业综合实力比上一年有所增强，增加值达 5.86 亿元，约占 GDP 的 0.79%，同比增加 0.29%，增速达 58%。2012 年，全市文化产业发展呈现以下特点。

（一）核心层文化产业实现新突破

毕节核心层文化产业主要以新闻出版和版权服务、广播影视服务、文化演艺服务、文化旅游服务等行业为主。2011 年全市新闻出版和版权服务单位有 12 个，个体工商户 386 户，从业人员 1657 人，收入 1.94 亿元，实现增加值 0.64 亿元，占 GDP 的比重为 0.09%；广播电影电视服务单位共有 39 个，个体工商户 618 户，从业人员 2386 人，收入 3.23 亿元，实现增加值 1.31 亿元，占 GDP 的比重为 0.18%；文化艺术服务业、文化用品制造业、文化用品批发零售业及文化休闲娱乐及其他文化服务业单位共有 272 个，个体工商户 930 户，从业人员 4037 人，收入 2.96 亿元，实现增加值 1.12 亿元，占 GDP 的比重为 0.15%。截至 2012 年 5 月，全市共有图书（报刊）销售机构 168 家，文艺表演团体 9 个，音像制品店 95 家，网吧 156 家，歌舞娱乐场所 118 家，电子游戏厅 94 家，复印打字社 174 家，印刷厂 48 家。全市核心层文化产业不断发展壮大，各项核心指标实现了新突破。

1. 报纸杂志发行业实现提速

推动报业超常规发展。2011 年，与六盘水日报社联合创办了跨媒体、跨区域的非时政类报刊——《乌蒙新报》，在社会上引起了广泛关注和好评，深受广大人民群众的欢迎。2012 年《毕节日报》的发行量达 60000 多份，《乌蒙新报》近 30000 份，两张报纸 2011 年共实现发行、广告、印刷、网站、手机报等经营收入 2267 万元，比 2010 年同期增长 950 万元；实现纯利润 138.1 万元，比 2010 年同期增长 92.1 万元；2012 年上半年实现各项经营总收入达到 1298 万元，比去年同期增长 15%；实现纯利润 72 万元，比去年同期增长 11%。预计到 2012 年底各项经营收入将达到 3000 万元。《毕节试验区》杂志发行量实现后发赶超和跨越发展。自创刊以来，发行量不断增加，影响力不断扩大，2011—2012 年，发行量达 20000 份，成为全国发行量最大的内部党刊，在全国党委系统 300 多个市（地）级杂志中发行量排行第一，2012 年获得了“全国十佳党刊”的殊荣。

2. 广播影视业稳步发展

广电传媒集团有限责任公司取得了很好的经济效益和社会效益。2011 年，主营业务收入达到近 500 万元；2012 年达到 600 多万元，同比增长 20%。节目的精品工程和创优工程稳步提升，连续两年在中央电视台、贵州电视台都实现了提质和升位。至 2011 年底，全市广播综合人口覆盖率达 83.8%，电视综合人口覆盖率达 88.1%，到 2012 年底全市广播综合人口覆盖率和电视综合人口覆盖率达 90%（测算）以上。规范农村电影秩序，提高农村电影放映覆盖水平。截至 2012 年 9 月底，全市完成放映任务 44589 场，观众达 242.75 万人次，已超额完成全年放映任务数。推进城市院线发展，促进已建城市影城健康营运。星空电影城毕节店 1 至 9 月共放映 6595 场，观众达 84395 人次，实现票房收入 304 万元，是 2011 年票房收入的 1.5 倍。实施栏目创优工程。对《直通百姓》进行改版，新开了文化资讯类栏目，播出时长从原来 15 分钟增加至 30 分钟；播出民生新闻节目 250 期，接到观众热线电话 1000 余个，互动短信 400 余条，接待群众来访 150 人次。编播《毕节新闻联播》270 期，播发稿件近 3700 余条。截至 9 月底，在《贵州新闻联播》栏目用稿 215 条，综合排名居全省第三。选送稿件参加省级以上节目评选，5 件作品获一等奖，14 件作品获二等奖，35 件作品获三等奖，获奖作品比上年增加 15 件，同比增加 37.5%。

3. 文化演艺业逐步壮大

整合演艺资源，组建了乌蒙演艺集团有限责任公司，收并全市 11 家子公司，积极开拓商业演出市场。2012 年，集团公司独立承办了中国织金溶洞文化节、威宁草海国际观鸟节等具有影响力的大型演出活动，营业收入 480 余万元，利润达 110 万元，均超过 2011 年全年收入。毕节市歌舞团有限公司注重节目的编排，聘请著名编导全力打造一台总投资约 500 万元的室内大型节目《乌蒙古风》，作为毕节大剧院建好后的首场演出和今后大剧院的压台节目。公司成立以来，新创编排节目 10 余个，实现公益演出 150 余场次，商业演出 24 场，演出收入达 650 多万元，纯利润 120 多万元。群众文体活动有声有色。全市 9 个文艺表演团体先后组织演出队到 20 多个乡镇开展“三下乡”、进“三区”（矿区、校区、社区）公益演出活动近 60 场。农村演艺队伍不断增多，仅金沙县就有 88 支近 3000 人的农村文艺宣传队伍活跃在田间地头，年演出场次4000多场，惠及县内外近200万农村群众。

4. 文艺创作精品不断涌现

2012年，毕节市认真贯彻落实中央、省、市关于推动社会主义文化大发展大繁荣的有关精神，坚持文化为人民服务、为社会主义服务的方向，坚持百花齐放、百家争鸣的方针，发扬广大人民群众和文化工作者的创作精神，推动优秀文艺作品不断涌现，文艺创作工作取得了丰硕的成果。2011年，成功打造了以奢香夫人为题材的28集电视连续剧《奢香夫人》彝族特色文化品牌，夺得了第26届中国电视金鹰奖优秀电视剧奖和中宣部第12届“五个一工程”优秀电视剧奖；2012年，打造的大型民族音画史诗《九驿长歌》、大型民族歌舞史诗《奢香夫人》等相继投放市场；反映试验区建设题材的电影《莫道君行早》于9月17日在贵阳杀青；反映航空事业为主题的电影《志在冲天》进入拍摄；反映夜郎历史文化题材的电视连续剧《夜郎春秋》正进行剧本创作史料收集工作。同时，对苗族芦笙舞“滚山珠”、苗族《大迁徙舞》，彝族《铃铛舞》、《撮泰吉》等民族歌舞进行包装打造，2011年参加了第九届全国少数民族传统体育运动会开、闭幕式表演，2012年在第七届贵州旅游发展大会上再展风采，在国内外的影响力进一步增强。具有典型代表的纳雍县非物质文化遗产苗族芦笙舞“滚山珠”已形成自己独特的品牌，先后赴北京、上海、广西、加拿大、波兰等国内外知名城市参加商演，品牌效应明显增强。反映毕节试验区风貌，具有时代精神、地方特色、民族特色的剧本、曲艺、戏剧、小品、相声、群口快板、音乐等作品不断诞生，2012年推出了《喻妈妈颂母亲》、《毕节试验区四季歌》等10余个作品。

5. 节庆文化品牌带动旅游业发展

毕节已成功打造了“中国贵州毕节百里杜鹃花节”、“贵州威宁草海国际观鸟节”、“中国贵州织金国际溶洞文化节”、“贵州织金瀑布生态旅游文化节”、“中国贵州乌江源百里画廊旅游文化节”、“贵州毕节乌蒙生态旅游文化节”、“中国贵州赫章韭菜花旅游文化节”等文化旅游节庆品牌，对带动文化旅游业的发展起到了很好的作用。2012年，第七届贵州旅游发展大会选在百里杜鹃花节期间召开，为文化旅游迎来了很好的发展机遇。推出了索风湖、恐龙谷、油杉河、冷水河、宣慰府等10个旅游新景区，加速了毕节市文化旅游产品结构优化，对文化旅游经济的拉动作用也十分明显。在百里杜鹃花节期间，全市共接待游客1050.52万人次，同比增长110.35%，文化旅游综合收入81.82亿元，同比增长105.42%。百里杜鹃景区接待游客达294.61万人次，同比增长244.58%，实现文化旅游综合收入13.87亿元，同比增长221.85%。特别是“五一”小长假期间，百里杜鹃景区接待游客达45.27万人次，其他景区旅客数量也较往年大幅增长。

6. 乡村文化旅游发展步伐加快

截至2012年，全市共有乡村文化旅游经营户500多家，其中省级休闲农业与乡村文化旅游示范点5家，乡村文化旅游星级示范户100家，已挂牌的“农家乐”300余家，直接从业人员2400人，带动间接从业人员10000多人。条件较成熟、规模较大、档次较高、服务功能较齐全的有大方县穿岩村、百里杜鹃风景名胜区附源满族文化旅游村等乡村文化旅游景点，仅穿岩村就有农家乐22家，其中五星级乡村文化旅游示范户3家，三星级乡村文化旅游示范户19家，日接待游客量高达4000多人次。在推进乡村文化旅游发展中，以七星关区“泰和山庄”、“泰丰园”、“梦溪湾农庄”，大方县羊场镇穿岩村“布谷山庄”、“九驿生态园”、“好心情酒家”、“军林农家乐”，黔西县洪水乡解放村“柳岸水乡”、“柯家海子”，百里杜鹃风景名胜区“附源满族文化旅游村”等为典型代表的农家乐不断涌现，较好地带动了乡村文化旅游的发展。如，“好心情酒家”主要集休闲、观光、餐饮、住宿、娱乐、会议于一体，可容纳600多人就餐，50余人住宿，100余人参会；“军林农家乐”老板以外出务工起家，经过8年的打拼和磨炼，以滚雪球的方式不断扩建，已建起总面积约3000平方米的农家乐，每天可接待游客800余人，平均每天毛收入达5000元左右，每年可为国家创税收11万元。

（二）对文化事业和文化产业的投入进一步加大

随着经济的快速发展，各级政府对文化投入逐年增加，文化事业文化产业得到了蓬勃发展。毕节市在认真落实中央和省有关文化改革发展政策的同时，加大投入力度，有力促进了文化产业健康稳步发展。主要表现在以下几个方面。

1. 文化产业发展专项资金稳步增长

从2009年起，毕节市开始设置市级文化产业发展专项资金200万元；2010年，市委决定每年的文化产业发展专项资金在上一年基础上逐年递增10%，作为引导性资金用于文化产业项目的扶持。2011年，共扶持文化体制改革和文化产业发展项目11个，资助金额242万元；2012年拟扶持文化产业项目21个，资助金额266万元。

2. 实施一批重大文化产业项目

《2011—2020毕节市文化创意产业发展规划及专题研究》于2012年3月正式印发，为全市文化产业发展提供了科学的指导依据。随着“红色三馆”（中华苏维埃人民共和国川滇黔省革命委员会旧址、红六军团政治部旧址、抗日救国军司令部旧址）维护修缮和陈列布展等升级改造工程的全部完工并投入使用，“一院三馆”（毕节大剧院、图书馆、博物馆、科技馆）、乡镇综合文化站、大方慕俄格古城等重大项目的顺利实施，毕节民族文化产业园、大方古彝文化产业园、大方漆器产业园、大方乌鸦洞航空文化旅游产业园、黔西化屋基苗族文化园区、金沙安底温泉养生避暑休闲区、威宁草海生态旅游区 、织金苗乡彝街文化园区、赫章夜郎文化产业园、百里杜鹃花卉文化产业园等项目被列入了市“十二五”文化产业重点项目。其中大方慕俄格古城被列入省“十二五”文化产业重点项目。2011年，大方古彝文化产业园、大方漆器产业园、大方乌鸦洞航空文化旅游产业园、织金洞苗乡彝街文化区、赫章夜郎文化园区被列入省“六个一批”文化工程项目；2012年，毕节涵文印务有限责任公司印刷生产线建设、黔西县水西古城建设、黔西文化中心建设工程被列入省重大工程和重点项目。

3. 筹措资金实施“五古”建设

在推动文化与旅游等相关产业融合发展中，注重与旅游观光、城市建设、社会主义新农村建设相结合，市委、市政府提出要用五到八年的时间恢复和重建一批古城、古镇、古寨、古建筑、古驿道。2010年5月，正式启动”五古”建设工程，并编制完成了“五古”建设总体规划，133个“五古”项目列入规划内容，较好地促进了传统文化资源的保护、挖掘和利用。2012年，市计划实施“五古”保护建设项目共51个，其中2011年继建项目17个，新建项目34个（除古镇古寨项目外含亭台楼阁寺庙庵观项目），项目总投资38.2亿元，2012年完成投资13亿元左右。2012年拟初步建成的13个古镇中，已开工建设11个，完工1个；12个古寨中，已开工建设9个，完工1个。

4. 把文化产业项目作为重点招商引资项目

充分借助深圳文博会、西安文博会等文化产业交易平台，精心策划，强力推介，积极组团参加，大力推进文化产业项目招商引资。2011年，在第七届中国（深圳）国际文化产业博览交易会上，金沙县安底温泉古镇建设、板桥村旅游区综合建设、大方县慕俄格古城开发等3个文化旅游项目参加了现场签约，金额近31亿元；2012年在第八届中国（深圳）国际文化产业博览交易会上，大方县民族文化产品开发、纳雍县“滚山珠”文化产业园区建设、金沙县西洛温泉旅游开发建设、百里杜鹃风景名胜区水西博驿度假中心建设、毕节市九洞天喀斯特文化产业园建设、电影《草海恋歌》、威宁县凤山民俗文化园建设、威宁县板底彝族风情文化园建设等 8 个项目参加了现场签约，金额达 20.25 亿元。

（三）文化产业园区建设步伐加快

2010 年，毕节市大方县古彝文化产业园被列为省十大园区建设项目之一，2011 年，又被列入省“十二五”时期重大文化产业项目和“六个一批”文化工程的重要内容。产业园选址于大方县城东北面，规划总面积 4.56 平方公里，首期开发 2.26 平方公里，分三期完成，第一期开发 600 亩，拟于 2013 年 12 月底前竣工，第二期、第三期项目拟于 2016 年 12 月底前竣工。产业园总的概念性规划已编制完成并通过专家组评审实施；2.26 平方公里建设性详细规划方案正在完善中。在推动文化产业园区建设的过程中，依托丰富的彝族文化资源，按照优先发展、集聚发展的原则，采取“三化三结合”（即：从政府建设到企业参与渐进化，从核心园区到各类园区组团化，从政府主导到以商招商市场化，园内开发与园外改造相结合，基础设施建设与文化产品开发相结合，发展文化旅游与改善民生相结合）的做法，大力加快大方古彝文化产业园建设进程，拟入驻产业园区的大方奢香投资有限公司、大方县睿艺文化发展有限公司等文化企业相继成立。在大方古彝文化产业园的典型带动下，大方县乌鸦洞航空文化旅游产业园和织金洞苗乡彝街文化园已基本建成，毕节市民族文化产业园、赫章夜郎文化产业园、百里杜鹃花卉文化产业园已启动规划编制。从文化产业园区建设的效果看，建设文化产业园区，可以形成产业集群效应，实现资源共享，推动文化产业快速发展。

（四）公共文化服务体系基本建成

2012 年，毕节市图书馆、博物馆、科技馆、大剧院等公共文化服务设施建设基本完工，三板桥奥体中心体育场改造结束，建成了绣山体育馆，组建了毕节有线广播电视网络中心，建成了 5600 平方米电视大楼及 3000 余平方米的网络中心大楼；开工建设黔西县文化中心和体育中心、金沙县科技文化中心、威宁县奥体中心，建成了赫章县夜郎体育馆；新建 9 个县级图书馆、9 个文化馆、250 个乡镇综合文化站（精神文明活动中心），建成文化信息资源共享工程县级支中心 8 个、乡镇基层网点 158 个、村级网点 3694 个、农家书屋 3666

个、村级农民体育健身工程520个、全民健身路径工程40个、“雪炭工程”1个。全市乡镇综合文化站（精神文明活动中心）、文化信息资源共享工程、农家书屋覆盖率达100%，初步建成公共文化服务体系。

二、存在问题与原因分析

（一）文化产业发展基础薄弱

由于毕节文化产业发展处于起步阶段，新闻服务、出版发行、版权服务、广播影视、网络文化行业受制于经济发展水平，规模较小，水平不高，文化艺术服务很难形成产业；文化产业经济总量小，增长速度缓慢，增加值在国民经济中的比例不高。如，从2010—2011年毕节市文化产业发展现状来看，要实现到2015年文化产业增加值达39亿元，占GDP比重达5%的目标，还需加大核心层文化产业的发展力度。

（二）文化产业要素发展缓慢

由于文化主体市场不成熟，骨干龙头企业缺乏，经营性文化单位规模小，实力弱，融资能力有限，发展速度缓慢，加上产业技术水平较低，产品科技含量不高，品牌效应不明显，市场影响力不强，竞争力弱小。如，大方农民画在20世纪50年代后期就已形成了贵州独具风格的画种，至今未发展壮大，主要是缺乏骨干龙头企业的支撑，缺乏实力，难以形成产业。

（三）文化产业创意人才缺乏

由于文化产业是一种专业性、知识性比较强的行业，在文化产品的策划、研发、包装等方面的创意人才和专业性人才缺乏，加上一些体制机制的不健全，人才流失较大，外来人才引进较难，严重制约和影响了文化产业的发展。如，目前从事文化产业的管理人员主要是各级宣传文化系统人员，相关的经济管理和市场运营经验欠缺，文化发展理念不强。一些物质文化和非物质文化传承人失传，导致了有价值的文化元素未能深入挖掘。

（四）文化事业、文化产业投入偏低

近年来，毕节市在文化产业发展方面虽然投入了大量资金，但是由于文化产业发展缓慢，增加值在全市生产总值中所占的比重过低，政府有关部门的重视程度不够，对文化产业的投入与其他经济领域的投入相比，相对偏低。如，设置的市级文化产业发展专项资金每年在200万元的基础上递增10%，这个

增速对于发展壮大文化企业来说，扶持面较窄，扶持金额较低。

三、文化产业发展趋势

从 2011—2012 年毕节市文化产业发展的现状和特点来看，全市文化产业发展呈现以下趋势。

（一）核心层文化产业发展步伐加快

国家明确提出："要将文化产业培育成支柱产业"，这一目标要求将越来越引起各级各部门的重视。2011 年，毕节市文化产业增加值在 2010 年 2.45 亿元的基础上增加 3.41 亿元，增速约为 139.2%，按这个增长速度，2012 年文化产业增加值达 14 亿元。新闻出版版权服务业收入持续增长，实现增加值将超过 1 亿元；广播影视业保持快速发展态势，实现增加值将超过 2 亿元；文化艺术服务业、文化用品制造业、文化用品批发零售业及文化休闲娱乐及其他文化服务行业从业单位增至 300 个以上，从业人员增加至 5000 人左右，实现增加值接近 2 亿元，有望与广播影视业持平；文化旅游业收入大幅提高，占文化产业增加值的比重高于其他行业。

（二）文化产业园区建设力度不断加大

2012 年，大方古彝文化产业园建设步伐加快，为全市落实省、市重大文化产业项目开好了头、起好了步。在"十二五"期间，毕节市列入规划的文化产业重点项目有 12 个，其中有毕节市民族文化产业园、毕节红色文化旅游产业园、大方古彝文化产业园、大方漆器产业园、大方县乌鸦洞航空文化旅游产业园、赫章夜郎文化产业园、织金洞苗乡彝街文化园、百里杜鹃花卉文化产业园等 8 个产业园区。2013 年将是贯彻落实"十八大"精神的开局之年，推动文化产业发展将会作为一项重要工作提上各级党委、政府的重要议事日程，而文化产业园区建设又是提升形象的重大工程，因此，加大文化产业园区建设力度势在必行。同时，文化产业园可为一批文化企业提供发展空间，带动一批文化专业人才就业，有力推动毕节文化产业实现聚集化发展。

（三）文化产业示范基地呈现快速发展

根据《中共贵州省委关于贯彻落实十七届六中全会推动多民族文化大发展大繁荣的意见》（黔党发［2011］23 号）创建省级文化产业示范基地的要求，2012 年，省文改文产办出台了《贵州省文化产业示范基地申报评选管理办法》，毕节市将根据文化产业示范基地的申报范围和申报条件组织申报，对条件不成熟的文化企业进行培育，做到成熟一个申报一个，力争在2013年一批文化企业获得省的命名并得到扶持。2012年，毕节日报传媒集团有限责任公司、大方奢香文化发展有限公司、百里杜鹃旅游开发有限公司、毕节市茂森民间工艺品发展有限公司已符合申报条件，4家公司年营业收入达6196.08万元，实现利润总额1774.29万元。其中，毕节日报传媒集团有限责任公司2010年实现经营收入1317万元，2011年2267万元，2012年预计达3000万元，从三年的情况来看，营业收入呈上升趋势，2013年能达到3800万元左右。照这样计算，以上4家公司如果得到省的命名和扶持，企业规模将不断扩大，营业收入在文化产业增加值中的比例大幅提高，将带动一批文化企业走向成熟，发展壮大。

（四）重大文化产业项目招商引资实现新突破

从2011年开始，毕节市将推动重大项目的招商引资工作列为县（区）党委、政府各部门各单位的年度考核目标和主要领导的实绩考核内容后，各级各部门招商引资积极性高涨，在全市共同营造了全民招商引资的浓厚氛围。2013年，全市招商引资目标任务只增不减，将乘着大兴招商引资建设的东风，深入挖掘古彝文化、红色文化、节庆文化、喀斯特生态旅游文化、民族民间文化等资源，积极策划产业项目，加大宣传和推介力度，使文化产业招商引资项目个数和金额在2012年的基础上有更新突破，让更多的文化企业走进毕节、投资毕节、建设毕节。2012年，全市招商引资成功签约的8个文化产业项目已全部落地实施，总投资20.45亿元，截至10月底，到位资金8100多万元。2013年，全市招商引资项目将超过15个以上，签约金额超过80亿元。

（五）文化与旅游结合呈现高速发展态势

国发2号文件指出，“文化旅游开发潜力大”是贵州发展的重要优势，并明确了贵州省建设“文化旅游发展创新区”的战略定位，省委赵克志书记在第七届贵州旅游产业发展大会上对建设文化旅游发展创新区又提出了新要求，中央政治局常委李长春在视察贵州时对文化与旅游融合发展作出了更高指示。中央和省领导的高度重视，给文化与旅游融合发展创造了更广阔的空间。2013年，毕节将认真贯彻落实党的“十八大”、国发2号文件和中央、省领导关于建设文化旅游发展创新区的指示精神，围绕建设文化旅游发展创新区的目标，大力推进文化与旅游深度融合，进一步提高重要旅游景区景点的知名度，尤其是依托景区景点大力发展乡村文化旅游，不断完善旅游观光、休闲度假、文化旅游产品的开发、打造和包装等服务功能，力争把毕节建设成国内一流的旅游目的地和休闲度假胜地，努力实现毕节试验区文化与旅游融合发展在全国率先推动实施、率先实现突破、率先取得成效的目标。从毕节基础设施建设来看，毕节机场、厦蓉高速、杭瑞高速、毕威高速、黔织高速等交通基础设施不断建成并投入使用，前来毕节旅游的人员大幅上升，文化旅游收入保持增长态势。2012 年实现旅游总收入 350 亿元左右，同比增长 128%。按照这个增速，2013 年，全市旅游收入可达到 756 亿元。

四、加快文化产业发展的对策建议

针对当前文化产业发展存在的问题，毕节市文化产业发展将在“十八大”精神的引领下，进一步从加强领导、增加投入、落实政策、加强文化人才队伍建设、大力发展乡村文化旅游建设等方面着手，深入推进文化产业健康稳步发展，使文化产业增加值不断提高。

（一）加强组织领导，建立完善工作机制

2013 年将是全面贯彻落实党的“十八大”精神的开局之年，加强组织领导，建立完善工作机制，对推动文化产业发展至关重要。2012 年，由于市、县换届，部分分管文化改革和发展工作的领导调整到其他工作岗位，加上文化改革发展工作任务繁重，县（区）文化改革发展办公室人员偏少，因此，要及时调整各县文化改革和发展工作领导小组，充实办公室工作人员，落实工作责任，确保文化产业发展工作有人管、有人抓。市、县（区）党委、政府要高度重视文化产业发展工作，按照“党委统一领导、党政齐抓共管、宣传部门组织协调、有关部门分工负责、社会力量积极参与”的要求，不断构建完善高效的工作体制机制。要把发展文化产业作为一种新的经济增长点加以培育，摆在更加突出的位置，并纳入“一把手”工程来推动，切实做到主要领导亲自抓，分管领导具体抓。要将文化产业发展与其他工作同安排、同部署、同检查、同落实，像抓经济建设一样抓文化建设，确保工作力度不减，投入力度不降，努力将文化产业培育成支柱产业。2013 年，市委拟将文化改革和发展工作列入对各县（区）党政主要领导的实绩考核内容。

（二）构建文化产业体系，激活市场要素

要从毕节实际出发，着力推进文化体制机制创新，积极引导全市广大干部群众破除妨碍文化发展的各种陈旧、片面思想观念，充分依托丰富的文化资源，深入挖掘、整理、保护和传承民族民间文化，弘扬红色文化，发展古彝文化，构建符合毕节实际、体现资源优势、结构合理、门类齐全、科技含量高、富有创意、竞争力强的现代文化产业体系。要充分发挥文化旅游资源优势，推动文化与旅游深度整合，不断将丰富的民族民间文化艺术推向市场，以工艺美术、文化演艺、广播影视、新闻出版等产业的兴起扎实推进文化科学发展、跨越发展，努力推动毕节文化后发赶超。

（三）培育引进文化产业创意人才

要加大文化产业创意人才的培养力度，建立健全文化人才培养、引进、选拔和激励机制。要把培训学习与培养选拔有机结合起来，采取“走出去”与“请进来”相结合的方式，每年制定培训计划并有针对性地选择培训内容，分期分批组织文化企业业主和文化工作者外出考察学习，开阔视野，增强创新能力和发展能力；聘请国内、国际文化专家、学者和文化企业家到市、县（区）举办专题讲座，让文化工作者吸收新理念，转变旧观念，着力培养一批懂经营、善管理的复合型人才，造就一批文化经营人才，选拔一批文化产业创意人才，大力发展创意文化产业，推动文化产业实现跨越发展。

（四）加大文化产业发展政策扶持力度

要在认真落实国家和省关于支持文化产业发展的各项政策基础上，结合本地实际，从财税、金融、市场准入、土地等多方面制定出台相关优惠政策措施，扶持文化产业发展。充分依托特色资源优势，把文化产业园区建设、文化与旅游结合创新示范区建设、乡村生态文化旅游开发、文化旅游品牌打造等纳入立足特色资源、政策环境支撑、推进文化产业跨越发展的重要内容，投入相应的优惠政策，努力推进开发促致富、开发促发展、开发促跨越，为文化产业营造良好的发展环境。

（五）继续加大文化产业的投入

加大资金投入是推动文化产业发展的重要保障。贵州省每年投入文化产业发展的专项资金为5000万元。从毕节市的投入现状来看，市级每年文化产业发展专项资金在2009年200万元的基础上逐年递增10%，但仍仅占省文化产业发展专项资金的4%。县级也相应设置了文化产业发展专项资金，如大方县

设置文化产业发展专项资金 75 万元，每年按 5% 的比例递增，与其他市（州）相比较低。2013 年，市委、市政府拟将文化产业发展专项资金的额度提高至 500 万元，以后每年将按一定比例递增。制定出台相关政策措施，大力扶持文化产业。同时，鼓励和吸引民间资本进入文化产业发展领域，不断建立多元化的投融资体制，引导各种资金向市场前景好、社会效益高的文化领域集中，推动文化产业做大做强。

打造环梵净山“金三角”文化旅游创新区

铜仁市文改文产领导小组办公室

摘　要

铜仁文化产业系统紧紧围绕“一业振兴、三化同步”主战略，创新文化产业发展思路，不断推进文化产业与旅游的融合发展，文化产业园区建设初具规模，文化服务业迅猛蓬勃发展，“梵天净土·桃源铜仁”文化品牌的影响力越来越大。

关键词

文化产业　梵净山　旅游　铜仁市

一、文化产业发展现状及特点

2012年，铜仁文化产业系统紧紧围绕“一业振兴、三化同步”主战略，创新文化产业发展思路，加大文化产业投入，文化产业发展环境得到进一步改善，文化产业总量增大，文化产业与旅游的融合发展不断推进，民族文化产业发展朝气蓬勃。

（一）环梵净山“金三角”文化旅游创新区启动

铜仁市委、市政府对全市文化旅游产业发展的资源条件、产业基础、内部环境和竞争日益激烈的外部环境进行深入分析后，提出规划建设环梵净山“金三角”文化旅游创新区，成立了环梵净山“金三角”文化旅游创新区党工委、管委会和梵净山景区管委会。文化旅游创新区党工委和管委会按照“统一指导、分类开发、错位发展、特色互补”的原则，对创新区范围内的旅游资源实行布局一盘棋、发展一体化，提出要把梵净山打造成为生态环境优美，集佛教文化、民族文化、红色文化、养生文化为一体的国内一流、世界知名旅游区的目标，带动碧江区、江口县、印江自治县、松桃自治县、石阡县、思南县旅游相对富集的“金三角”地区21个景点景区和民族村寨的开发建设。这一战略构想的实施，必将形成铜仁文化产业的“井喷”现象。

（二）文化旅游园区建设初具规模

以深圳文博会为平台，招商引资建设了“玉屏箫基地”、“大明边城”、“佛教文化苑”、“苗王城”、“生态植物园”、“中南门古街”、“万山工业遗址”等文化产业园区，重点建设环梵净山文化旅游集聚区。近年来，铜仁市先后参加了五届深圳文博会，共签约项目52个，到位资金15亿元。梵净山三特旅游公司、大明边城文化旅游公司、南长城文化旅游公司不断壮大。据不完全统计，铜仁市共提出重点文化产业项目10个、文化产品50个；10个区县分别推出了“一业”，明确了“一品”，筹办了“一节”，打造了“一剧”。

（三）转制文化企业进入市场发展势头良好

原铜仁人民广播电台、铜仁电视台剥离经营部分按照现代企业制度要求，建立健全法人治理结构，面向市场转制组建了贵州省铜仁星耀广告传媒有限公司、贵州省铜仁桃源音频传媒有限公司，实现年收入近800万元。铜仁日报社整合印刷、广告资源组建了铜仁梵净山报业有限公司，实现年收入1200万元。铜仁市梵净山民族歌舞团整体转企改制成立了铜仁梵净山文化演艺公司，实现年收入50余万元。

（四）文化服务业迅猛蓬勃发展

建成了11个图书馆、8个体育馆、13个博物馆、152个乡镇综合文化站、419个村级农体工程、133个农民文化家园、6个乡镇农民体育健身工程；完成2035个农家书屋、151个有线电视网络联网改造、50个乡镇广播电视综合服务站建设。铜仁市数字图书馆挂牌对外开放。全市已有14处国家级民族民间文化艺术之乡、民族村寨、名镇古镇、非物质文化遗产，文化对旅游的贡献率越来越高。

（五）文化品牌的影响力取得突破

按照“高端展示、受众对外”的原则，铜仁市集中力量在央视、凤凰卫视等主流媒体宣传推介“梵天净土·桃源铜仁”文化品牌。“梵天净土·桃源铜仁”成为全市乃至全省都认同的铜仁文化形象，铜仁干部群众的文化自信心和凝聚力大为增强，铜仁对外知名度和美誉度不断提高。全市10县（区）以“梵天净土·桃源铜仁”文化品牌为统领，彰显本地的文化地域特征都相应打出自己的文化品牌。如：碧江区“桃源铜仁·梦幻锦江”、玉屏自治县“箫清笛韵·诗画侗乡”、思南县“黔中首郡·乌江明珠”、石阡县“夜郎故地·温泉之都”、印江自治县“梵天净土·书法印江”、沿河自治县“乌江画廊·山歌沿河”等等。以文化品牌注册地域商品的现象越来越多。

二、存在问题

2012 年铜仁市文化产业发展在文化产业基础建设、文化产业品牌建设、文化产业项目建设、文化体制改革、文化产业核心领域、文化休闲娱乐及文化旅游业、民营文化企业、民族文化产业、文化产业园区建设等各方面呈现出良好发展势头，但仍有几个方面的问题值得注意。

（一）文化资源丰富而开发不足

铜仁是贵州省文化资源富集区之一。在文化产业化过程中，如何充分挖掘丰富的文化资源，是一个十分重要的问题。我们的民族文化产业，在产业规模、产品质量、资源绩效、市场竞争力上和沿海发达地区以及周边地区相比存在很大的差距。文化产业与传统产业之间，甚至文化行业内部之间还没有形成较好的渗透融合式的发展。对民族文化资源的挖掘不够深入，利用方式单一，产业化程度低，民族文化产业缺乏骨干企业和品牌。民族文化产业发展还比较薄弱，主要集中在民族文化旅游和一部分附加值不高的民族民间工艺品方面，民族演艺业虽初步与旅游结合，但主要还靠政府埋单，还未形成市场。

在文化资源呈散落状分布基础上进行的单一文化产品开发，无法形成产业规模及规模效益。如何从消费市场和现代产业角度提炼文化资源的市场价值要素，进行有效的开发和利用，这是铜仁文化产业发展必须考虑的问题。铜仁文化产业的未来，必将建立在对文化资源进行产业整合的基础上。

（二）产业发展水平有待进一步提升

虽然通过文化体制改革，整合了资源，一批经营性事业单位转制成企业，剥离了事业单位的经营性部分，组建了一批文化企业，但是尚未建立起现代企业制度，新组建公司的内部管理机制还不完善，市场竞争力也有待考验。文化产品质量需要进一步提高。虽然产生了《铜仁·铜人》、《四季花开》、《爱在梵净山》等品质优良的文化精品，但在产业化的道路上举步维艰。虽然拍摄的铜仁题材的影视作品如《风雨梵净山》等在全国播出后取得了不错的反响，提升了铜仁的知名度，为铜仁旅游业发展带来了可观的收入，但现代传媒技术在文化产业尤其是民族文化产业中的作用还没有充分体现出来。

（三）文化产业园区应杜绝无序发展

虽然开工建设了一批文化产业园区和文化产业基地，但同时也要警惕无序发展的倾向。文化产业园区的核心是产业，企业是关键，是由产品线和产业链构成的文化产业集聚区，应吸引更多的文化产业方面的企业入驻。文化产业企业多数都规模偏小，政府应为企业提供具体的优惠政策，为企业产品从创意到走向市场搭建平台。此外，要特别注意杜绝企业圈地搞房地产。

三、发展趋势

从铜仁文化产业发展现状、特点、发展势头以及发展环境分析，铜仁文化产业将保持高速发展，2013 年铜仁文化产业增加值将接近 GDP 比重的 2.5%，文化产业发展结构将呈现核心层与文化旅游齐头并进的态势，从而带动相关层与外围层的发展。具体趋势分析如下。

（一）增速将持续高位运行，其增加值占 GDP 比重达 2.3%

至 2012 年年底，铜仁市文化产业单位 1560 个，个体工商户 832 户，从业人员 2.18 万人，文化产业增加值 13 亿元，占 GDP 比重的 2.3%，增幅达 40% 以上。

（二）文化产业发展结构趋势分析

随着 2012 年国发 2 号文件和武陵山扶贫规划的出台，铜仁市委、市政府提出规划建设环梵净山“金三角”文化旅游创新区的战略定位，这意味着进入 2013 年后，铜仁文化旅游将迎来更快更好的发展机遇，随之中央政府及地方政府会在这一领域加大投资，制定更宽松更有利于其发展的一系列优惠政策，对其资金、人才的扶持力度会进一步增强，整个文化旅游业呈现出迅猛发展的态势。

（三）文化产业重要行业预测

2013—2014 年铜仁文化产业面临前所未有的发展机遇，可以预计，整体发展速度会达到一个新的高度，但行业间不平衡发展的状况恐怕仍会存在，主要原因是政策因素和体制因素。由于文化市场的垄断，核心层中的广播电视电影服务将会保持稳定增长。政府对旅游业的重视及大力支持，加上铜仁得天独厚的气候条件，文化旅游业在2013年也是快速增长的行业。下面我们将具体预测一些对整体文化产业影响较大的行业的发展趋势。

1. 广播电视电影行业保持稳定增长

2012年全市广播电影电视服务单位有91个，共有从业人员738人，收入1.28亿元，实现增加值0.57亿元，占GDP的比重为0.32%。按前两年的发展速度预测，2013—2014年贵州广播电视电影业的产值将达到1.5亿元，呈现稳定增长态势。预测理由：前期发展速度，国有垄断行业，政府支持力度加大，重大项目建设及自身升级改造，特别是网络全面由模拟改为数字，收视费增大。

2. 文化休闲娱乐业及其他文化服务业将保持快速增长

2012年全市文化休闲娱乐服务单位有64个，个体工商户1273户，从业人员为1070人，营业收入4.64亿元，实现增加值2.92亿元，占GDP的比重为0.83%。根据2012—2013年的发展速度判断，随着经济总量的增长，人均收入的增加，文化消费支出将逐年增加，2013—2014年文化休闲娱乐业及其他文化服务业也将保持快速增长。

3. 文化旅游业发展态势

2011年铜仁文化旅游收入达12.73亿元，2012年铜仁文化旅游收入达26.9亿元，2013年可达到40亿元以上。根据铜仁市文化旅游业近年来的发展速度判断，以及得天独厚的气候条件，民众对旅游需求的增强，环梵净山“金三角”文化旅游创新区的加快建设，各级党委政府对旅游的支持力度加大，如苗王城、大明边城等项目的建成，2013—2014年铜仁文化旅游业将保持高速增长态势。

繁荣发展民族地区特色文化产业

黔东南州委宣传部

摘　要

黔东南州依托民族文化资源优势，注重文化和旅游的相互融合，积极发展文化旅游产业园区，文化产业园区建设稳步推进，文化产业增加值占GDP比重提高。在大力发展工业园区和生态农业园区的同时，要加大力度，通过龙头文化旅游园区（景区）的极化作用，集聚起经济发展要素优势，增强核心竞争力，进而扩散带动州域内、县域内文化旅游产业和关联产业的发展。

关键词

文化产业　民族地区　文化旅游　黔东南

黔东南州委、州人民政府明确提出，“十二五”期末文化产业增加值力争达到全州国民生产总值5%的目标，实现产值50亿元，将文化产业培育成黔东南州的支柱性产业。2012—2014年是黔东南文化产业建设的关键年份，直接关乎黔东南“十二五”时期文化产业发展目标的实现。

一、发展现状和特点

（一）项目纷纷签约

文化产业发展以项目为引领，在州委、州政府的强力推动下，一批又一批文化产业重大项目纷纷落户黔东南。特别是中国第八届国际文化产业博览交易会，黔东南州参加文博会人员达210人，占贵州省代表团的1/3，签订合同资金、协议（含意向）资金达338.35亿元，创历史新高。

（二）文化产业园区建设稳步推进

中国（凯里）民族文化园和贵州（凯里）民族民间工艺品交易基地列入贵州省“十二五”规划的省十大文化产业园和十大文化产业基地。州县市级政府组织在建的文化产业重大项目有天柱三星岩文化产业园区、丹寨县民族文化体育特色产业园、黎平侗族大歌实景展演、台江施洞民族文化产业园、雷山西江旅游文化产业园区基础设施建设项目。其中，天柱三星岩文化产业园区计划总投资 30 亿元，已完成投资 4800 万元，三星岩文化苑项目中的文昌阁、孔子广场建设接近尾声，即将开工建设凤山书院。丹寨县民族文化体育特色产业园计划总投资 5000 万元，已完成投资 1450 万元，斗牛场、牛棚、民族文化艺术展示台、餐饮部、看台、公厕、门市部、园区大门、停车场、蓄水池等一期工程已完工。第二期的体育训练中心、产业办公用房、原生态摄影基地、苗药养生、斗鸟斗鸡斗狗场等正在施工。黎平侗族大歌实景展演项目计划总投资 6.5 亿元，累计已完成投资 5200 万元，完成征地、房屋拆迁、停车场建设等前期工作。台江施洞民族文化产业园计划总投资 2 亿元，已完成投资 1500 万元，完成项目规划，部分基础设施正在施工。雷山西江旅游文化产业园区基础设施建设项目计划总投资 25 亿元，累计已完成投资 1.402 亿元，完成了规划初审并启动村寨整治建设工作。

（三）文化产业增加值占 GDP 比重提高

2011 黔东南文化产业实现增加值 88784.12 万元，比上年增长 15.95%，占全州生产总值的比重为 2.32%。因 2010 年的文化产业统计中的电信、邮政等大项指标作为统计范围加以统计，2011 年的文化产业统计数据不包含电信、邮政等指标，2011 年实际增长在 40% 多一点。因此，如果文化产业产值按 40% 的增长速度计算，2012 年可超过 12 亿元。

（四）文化产业发展结构更趋合理

从 2011 年全州文化产业统计数据看，黔东南州文化产业 2011 年实现增加值 88784.12 万元，其中“核心层”实现增加值 20340.89 万元，占 22.91%，“外围层”实现增加值 42637.71 万元，占 48.02%，“相关层”实现增加值 25805.52 万元，占 29.07%。核心层指标的严重偏低，说明我们的文化产业刚刚起步，缺少示范带动的文化产业龙头企业，产业结构单一。随着中国（凯里）民族文化产业园和贵州（凯里）民族民间工艺品交易基地等一批重大文化产业项目的建设，这意味着进入 2012 年后，贵州文化旅游将迎来更快更好的发展机遇。随着中央政府及贵州地方政府会在这一领域加大投资，制定更宽松更有利于其发展的一系列优惠政策，对其资金、人才的扶持力度会更进一步增强，可以判断进入 2012 年后，未来文化产业结构不再是文化核心层独占主导地位，会呈现出核心层与文化旅游齐头并举、平分秋色的发展态势。

（五）文化旅游业高速增长

2012 年，全州接待国内外游客 3000 万人次，力争 3200 万人次，增长 35% 以上，其中接待入境游客 20 万人次，增长 30% 以上；旅游总收入 225 亿元，力争实现 260 亿元，增长 40% 以上，其中旅游创汇 4000 万美元，增长 30% 以上。2012 年，将实施西江景区提质、拓展、扩区工程；以镇远为核心的舞阳河景区整体开发迈出实质性步伐；完成黎平肇兴整体打造工程；启动巴拉河“世界木屋大观园、国际养老休闲地”建设。全州重点文化旅游项目共 80 个，总投资 3023566 万元，到位资金 318721.3 万元，约占总投资额的 11%；其中：竣工项目 3 个，约占 4%；已开工建设项目 52 个，约占 65%；正在前期准备项目 25 个，约占 31%。政府对旅游业的重视及大力支持，加上黔东南丰富的多民族文化，文化旅游业快速增长。

二、存在的问题

（一）文化产业发展结构不合理

从 2011 年全州文化产业统计数据看，黔东南州文化产业 2011 年实现增加值 88784.12 万元，其中“核心层”实现增加值 20340.89 万元，占 22.91%；“外围层”实现增加值 42637.71 万元，占 48.02%；“相关层”实现增加值 25805.52 万元，占 29.07%。核心层指标的严重偏低，说明我们的文化产业刚刚起步，缺少示范带动的文化产业龙头企业，产业结构单一。

（二）发展目标任重道远

2011 年黔东南州文产业实现增加值 88784.12 万元，占全州生产总值的比重仅为 2.32%。根据“十二五”规划，到“十二五”期末，全州生产总值将突破 1000 亿元，文化产业增加值占生产总值的比重要达到 5%，即实现文化产业增加值 50 亿元。现在已是实施“十二五”规划第二年的下半年，只剩下三年多一点的时间，如何创造性地、突破性地、赶超性地抓好文化产业工作，如期实现“十二五”工作目标，任重道远。

（三）文化产业发展观念滞后

观念滞后是黔东南州文化产业发展过程中存在的一个突出问题。发展文化产业首先要对文化产业有正确的认识和理解，充分认识文化产业所具有的渗透性、关联性、引导性和带动性等特点。要树立起大文化的观念，把文化产业和地区经济社会的发展、人民生活水平的提高结合起来，通盘考虑，整体推进。

（四）“一园一基地”推进缓慢

中国（凯里）贵州文化产业园、贵州（凯里）民族民间工艺品交易基地选址于麻江县下司镇，属于凯麻同城规划的主城区。《凯麻新城分区规划》虽评审通过，但还在调整待批准之中。《黔东南州下司古镇城市设计、概念建筑方案设计、概念景观方案设计》和《凯里—麻江城市规划区综合交通方案设计和城市防洪、排水方案设计》规划编制刚刚启动。待《凯麻新城分区规划》经批准及《黔东南州下司古镇城市设计、概念建筑方案设计、概念景观方案设计》和《凯里—麻江城市规划区综合交通方案设计和城市防洪、排水方案设计》规划方案评审通过后，中国（凯里）贵州文化产业园、贵州（凯里）民族民间工艺品交易基地选址才能真正落实。

（五）资金投入不足

虽然各县市近年来不断加大对文化旅游产业的投入，但由于自有资金不足，文化旅游建设项目所需配套基础设施建设资金、世行项目配套资金、旅游项目后续资金、专项资金等资金投入不够，大部分文化旅游项目只能通过招商引资、向上级部门争取项目资金等方式进行开发建设，从而制约了各县市文化旅游项目的实施。

（六）项目落地难

文化项目招商由于投资大、回收时间长，招商难度相当大。由于开发建设项目所在地基础设施还较为薄弱，基础设施建设项目配套资金困难，规划相应滞后。土地收储亦不足。房屋、电力、移动、通信杆线拆迁困难大，群众搬迁工作难度大，土地使用审批时间较长，新建项目规划建设与以前景区规划、城市规划等建设规划相冲突，制约了旅游项目的落地实施。因此全州文化项目招商引资意向性项目多，实际落地项目少。

三、发展思路与重点

在省、州关于文化产业发展的总体规划统领下，2013—2014年，黔东南州文化产业发展必须上一个新台阶。有鉴于此，必须理清发展思路，创新发展办法，在注重大局和全局的情况下，确定本年度文化产业发展重点。

（一）搭建平台、整合资源

1. 成立黔东南州文化产业促进会

旨在弘扬苗侗民族原生态文化，研究探索、开发创新、规划指导、服务发展文化产业。主要业务范围包括：①文化交流：成立黔东南州演艺联盟，组织优秀的民族文化艺术节目、作品等，进行国内外文化交流；举办影视、文学、美术、书法、摄影、动漫、曲艺等艺术门类的学术研讨会；举办有关艺术门类的艺术品博览会；举办文艺演出、公益活动；协助宣传本州的历史文化、生态文化，发掘保护本州的民间文化、民间艺术等。②产业开发：挖掘、开发具有民族特色的文化资源，保护重要文化遗产和优秀的民族民间艺术，创新开发现代的各艺术门类的文化产品。③专业培训：举办各种形式的文艺、书画、摄影、文学、影视、动漫游戏、网络科技等专项培训。④书刊编辑：编辑文化艺术门类为主的书刊、画册；编撰州内文化名人、传记、旅游名胜的专著及制作音像制品等。⑤专业展览：组织举办美术、书法、摄影、民族民间工艺等艺术门类的会展；举办旅游及相关文化产品的博览会。⑥国际合作：在业务主管部门批准下，进行国际文化交流与合作，组织专业人员外出考察学习；举办国内外艺术家的艺术交流展览；举办大型的国际民族电影、电视节、音乐节以及专业化的评选活动。⑦咨询服务：开办常设机构及信息网站，为州内外文化产业机构提供信息服务，推广州内外文化产业先进经验。⑧学术研究：认真学习党对发展文化产业的方针政策，探索、研究文化产业发展的规律，组织专业人士的高峰论坛。

2. 组建黔东南州文化产业投融资担保公司

公司旨在为黔东南州文化产业搭建起投融资平台，撬动、放大、吸收更多金融资本、社会资本投资文化产业，发挥担保资金杠杆作用，优化黔东南州的文化资源与资产，促进文化产业大发展。主要承担州内文化产业发展的信用担保服务，重点开展中小文化企业融资担保业务，解决黔东南州以往文化产业中存在的中小文化企业发展中的资金问题。公司将重点为黔东南州范围内的文化企业提供融资担保、履约担保、司法担保、再担保、短期融资服务、投资中介服务、财务顾问、对外投资及国家法规允许的相关业务。公司将力争与州内多家银行达成合作意向，争取文化产业授信金额达20亿元以上。

（二）做大做强优势产业——文化旅游业

经过多年建设和发展，黔东南州文化旅游产业的基础设施和配套服务得到较大改善，形成了一批特色旅游产品和精品线路，综合旅游交通运输体系初步形成，旅游综合实力和竞争力得到增强，为未来的文化旅游业发展奠定了坚实基础。更为重要的是，州委、州政府高度重视发展文化旅游产业，把文化旅游产业作为重点发展的支柱性产业，制定了一系列优惠政策和扶持措施，为文化旅游产业的加快发展提供了重要保障。由此，我们应该围绕建设“黔东南民族文化与自然生态旅游大州”的战略目标，坚持文化旅游资源严格保护、合理开发、永续利用相结合的原则，按照“政府主导、企业主体、市场运作；整合资源、加强保护、规划为先；突出特色、坚持标准、建设精品”的要求，依托资源优势，突出特色，优化配置各种发展要素，加大文化旅游产品开发力度，着力打造旅游精品，加强旅游基础设施配套建设，提高旅游接待能力和接待水平，实现黔东南州文化旅游产业的新跨越。

（三）探索实施“走出去”战略，大力发展文娱演艺业，带动民族工艺品业及其他相关民族文化产业发展

黔东南州演艺资源丰富，演艺业要整合现有艺术院团及演出场所资源，着眼文化与旅游、科技、媒体、资本、市场的融合，引进战略投资者，推动一般艺术院团及演出场所改革创新。支持和引导国有艺术表演团体，以市场运作的方式进行艺术创作、生产和营销。在继承和发扬民间艺术的同时，实现多元化发展以适应各类消费群体需求，引导演艺娱乐业向超市化、连锁化、规模化、品牌化方向发展。健全现代演出体系，整合州内文艺资源，组建黔东南演艺联盟，吸引全州各主要艺术院团、演出中介和演出场所自愿加盟，打造演艺剧目创作生产、营销推介、演出场所等完整的产业链，促进全州演出市场网络体系的形成。按照市场需求定制、配置演艺节目，实现演艺联盟经营的良性循环和健康发展。实行演出场所院线制，促进演出场所连锁经营。按照体育场、体育馆、音乐厅、大剧院、小剧场等功能类型，分门别类组织演出院线，逐步走向全国，构建覆盖全国演出市场的院线体系。依托各类传媒开辟“黔东南演艺在线”，及时发布演艺资讯，搭建信息共享平台。建立演艺中介组织，发展文化经纪、演出策划、咨询评估、市场调查、票务代理等文化中介组织，规范经营行为，提高文化产品和服务的市场化程度。完善演出资质认证体系，推行演出职业经理人制度、制作人制度、经纪人制度、领衔主演制度或明星演员制度等现代演出市场制度，逐步确立现代演出市场模式。

通过演艺联盟，走向全国进行商演，可以带动民族工艺品业发展。黔东南州民族工艺资源十分丰富，潜力巨大，优秀的民族工艺品的收藏和使用价值已成为发展文化旅游的重要支撑，需要得到全方位的立体开发。以集群化、集约化、品牌化为目标，提升民族工艺品的文化附加值和商业增加值，重点打造高端工艺美术产业集群，以苗、侗等民族工艺品创作、生产制造、商贸流通、产品展览、人才交流、技艺培训等为组成部分，打造多层次、多业态、相互依存、上中下游产业链条完善的产业集群。把民族工艺品保护、继承与开发、提高结合起来，在对全州民族民间手工艺进行全面调查的基础上，对列入名艺名品的民族工艺品如银饰加工、服饰刺绣、苗族蜡染、民间编织、芦笙制作，以及思州石砚、丹寨石桥古法造纸、三穗竹编、雷山根雕等工艺进行系统总结和推广，形成更为科学、规范的工艺规程。在此基础上，根据市场需要，扶持生产发展，使民族民间手工艺在继承传统的基础上，不断推陈出新，开发具有新功能的工艺品，提高商品附加值。把开发民族民间手工艺与发展旅游业结合起来，建立原生态民族工艺品专业批发市场和一批以民族工艺品为特色的民族旅游村。拓宽营销渠道，在凯里建设中国少数民族工艺品批发交易城，在相关县乡村镇建立民族工艺一条街，促进民族工艺品家庭作坊式生产经营向规模化、专业化、集群化发展，开发具有市场竞争力的旅游纪念品、陈设工艺品、礼品、奖品等，形成产品系列，扩大生产批量，实现规模化经营，形成民族民间工艺品生产开发、技艺创新、名品收藏、宣传展示、信息交流、人才培训等一条龙产业链。着眼于省内外和国际市场，鼓励工艺品企业进行对外交流合作，采取走出去、请进来的办法，组织工艺品企业和经营单位参加相关宣传、展销活动，提高全州民间工艺品销售的组织化程度。

（四）利用州级文化产业专项资金，积极争取省级文化产业专项资金，扶持和重点培育文化品牌

一是文娱演艺品牌。重点打造《天籁黔东南》、《蚩尤的后代》、《侗族大歌》、《古韵镇远》四台大型歌舞剧。重点将黔东南州歌舞团有限公司打造成一个具有现代管理水平的演艺公司，推出黔东南州文娱演艺新品牌。二是旅游城市品牌。重点打造凯里优秀国际旅游城市品牌，把镇远、黎平、雷山、榕

江、黄平等县城打造成为全国或全省优秀旅游县城，提高知名度和美誉度。三是民族节庆品牌。黔东南是百节之乡，全年各种大小节日活动众多，重大节日有芦笙节、姊妹节、吃新节、龙船节、苗年、侗年、“盘王”节、鼓藏节、歌节、斗牛节等。可以有选择地培育一些重点节日，形成节庆品牌。重点挖掘和创新凯里芦笙节、雷山苗年、侗族鼓楼文化艺术节、台江苗族姊妹节、丹寨锦鸡文化节、锦屏隆里古城舞龙狂欢节、剑河仰阿莎旅游文化节以及 13 年一度的牯藏节等，逐渐将其打造成为节庆品牌。四是民间工艺品牌。黔东南州民间工艺品种极多，可重点开发国家级非物质文化遗产土法造纸、苗族芦笙、苗族银饰、苗族刺绣、革家蜡染、黄平泥哨、思州石观、苗族农民画等。创新开发苗族服饰、侗族刺绣、侗族织锦、土法制陶、藤制品、鸟笼、茶叶、头饰、根雕、面具等品牌。五是旅游景区品牌。实施旅游精品景区战略，重点抓好以“黎从榕”为中心的侗族原生态民族文化旅游精品景区，以凯里为中心的苗族原生态民族文化旅游精品景区，以雷公山、云台山为中心的自然生态精品景区，以镇远为中心的历史文化旅游精品景区，以仰阿莎湖为中心的苗侗原生态文化和自然生态旅游精品景区。六是旅游线路品牌。利用便利交通和特色旅游产品，重点推介四条旅游精品线路：①以雷山为中心的苗族村寨文化旅游精品线；②以黎平为中心的侗族风情文化旅游精品线；③以镇远为中心的历史文化旅游精品线；④以舞阳河流域和雷公山脉为重点的精品旅游线路。七是旅游村寨品牌。大力发展乡村和休闲精品旅游，形成旅游村寨品牌。开掘西江、南花、郎德、小黄、岜沙、肇兴等 40 个重点文化旅游村寨，推广民族村寨游“一村一特”、“一村一品”、“一村一业”发展模式，实现村寨旅游升级，打造明星村寨。八是文化园区品牌。通过建立品牌文化园区，把少数民族文化遗产与现代文明成果结合起来，高起点，高投入，着力打造具有现代文明的少数民族文化旅游产业园区。当前重点建设贵州十大文化产业园区——中国凯里民族文化产业园区和贵州十大文化产业基地——中国凯里民族民间工艺品交易基地。继续推进镇远、黎平、雷山、榕江、麻江、黄平、施秉、剑河、天柱等县级文化产业园区建设。九是文化企业品牌。通过市场机制和政策引导，以资本为纽带，实行联合、兼并、重组等方式，全州力争培育 5 个以上实力雄厚、具有较大竞争力和影响力的大型文化企业或企业集团，使之成为文化市场的主导力量和文化产业的战略投资者。十是产品服务品牌。加快发展文化产业中介机构，加强探索经纪代理制度，为文化产业提供专业化、社会化服务，提高黔东南州文化产业的市场化程度。

探索文化与旅游融合发展新路径

黔南州委宣传部

摘　要

黔南州近年来的实践证明，文化与旅游紧密结合、互动发展，是做强做大文化产业与旅游产业的必由之路。只有用文化包装旅游，以旅游承载文化，大力推动文化与旅游深度融合发展，才能形成两个产业资源共享、市场共赢、互为支撑、共同促进的良性发展格局，使文化与旅游相得益彰、各展风采，焕发更加持久的生命力。推动文化产业与旅游产业互动发展，有利于形成两个产业的良性循环体系，改变过去旅游和文化各自为战、步调不一的局面，建立两个产业要素链互动共享的整体优势，从深度上融合、广度上拓展，通过对文化资源与旅游资源的有效配置，不断提升旅游的文化内涵，培育具有持久生命力的文化旅游产品。

关键词

文化产业　旅游产业　黔南州

一、发展现状

（一）黔南文化产业的发展现状

黔南文化产业的发展，经历了“文化体制改革探索、文化产业自主发展”和“深化文化体制改革、推进文化产业发展”两个阶段。在不断的探索发展过程中，全州各级党委、政府逐渐认识到民族文化资源开发、保护和利用的重要性和紧迫性，文化发展的产业化、文化产品的市场化思维逐渐形成。经过多年的发展，全州逐步形成新闻影视业、印刷广告业、文化旅游业、文化娱乐业、会展业、婚庆业、艺术教育业等文化产业发展体系。截至 2011 年底，黔南州文化产业服务单位共计317个，文化企业（含个体工商户）1144家，文化产业从业人员5833人；全州文化产业总收入29.04亿元，增加值9.6706亿元，占GDP比重为2.18%；专业表演团体2个，县级艺术团（文工队）4个，民间文艺团体185个。

1. 节庆产业加快发展

进一步开发了都匀“国际摄影博览会”、剑江旅游欢乐周、都匀毛尖茶博览会、福泉“金谷福梨”旅游节、贵定“金海雪山”旅游文化节、盘江“冰脆酥李节”、龙里“刺藜花节”、龙里苗医药博会、龙狮文化艺术节、惠水“好花红”艺术节、长顺“杜鹃花”旅游文化节、罗甸“高原千岛湖”旅游文化节、平塘龙舟节、独山花灯艺术节、三都“神秘水族·魅力三都”旅游文化节、荔波“万亩梅花报春月”新春旅游节等各种文化旅游节庆活动，先后成功举办了多届布依族的小年节、三月三、四月八斗牛节、六月六歌节、“赶秋坡”，苗族的开秧节、吃新节、牯藏节、七月半等，水族的“端节”、“额节”、“卯节”，毛南族的火把节、迎春节、桥节，瑶族的六月卯、尝新节等节庆活动。

2. 民间文化产品资源进一步整合

进一步整合了平塘牙舟陶生产制作和彩石工艺、三都水族马尾绣手工艺品、独山套绣“祥云神虎”、龙里县农民画和根雕艺术、都匀水族剪纸工艺、惠水枫香印染、都匀水族银器制作、福泉仁安堂工艺葫芦、罗甸苗族扎染、红水河奇石和玉石饰品制作、长顺傩戏面具制作、翁贵古法造纸、荔波凉席编制、独山龙凤背带等文化产品。

3. 品牌打造成效明显

进一步打造了《刺藜花红》、《荔波荡漾》、《远古走来的贵族》、《风景这边独好》、《玉水金盆不夜天》、《瓮水长歌》、《水韵樟江》、《丽湾依水》等一系列舞台节目，形成了平塘“幸福进万家”、独山“月文化广场”、福泉“周末大舞台”等广场文化活动品牌。此外还有瓮安平定营群众自发组织“灯夹戏”展演，三都县盖赖村群众自发举办“首届苗族风情文化艺术节”等。

（二）黔南旅游产业发展的现状

黔南州深入贯彻落实国发［2012］2号文件，围绕打造“国际生态旅游度假区”的目标，立足于生态旅游和民族风情旅游的发展定位，在旅游产业发展布局上，突出绿色黔南生态文化、喀斯特地质科普文化、民族特色文化、区域历史文化，结合黔南布依族文化的典型性、苗族文化的多样性、水族文化的唯一性、瑶族文化的神秘性，努力建设荔波综合旅游区、北部综合旅游区和西部综合旅游区，发展贵新高等级公路沿线旅游经济带，惠罗公路沿线及蒙江红水河流域旅游经济带两条旅游经济带，按照“以荔波为龙头、都匀为中心、独山为二传、平塘三都都匀为两翼”的旅游产业发展格局，加快完善以休闲度假为主的旅游产业体系，全面提升旅游产业素质，旅游产业稳步增长。2012年上半年，全州接待游客1744.27万人次，同比增长34.86%；旅游总收入147.01亿元，同比增长82.16%，总量（绝对值）贵州省排名第四位，增速贵州省排名第七位，旅游产业发展态势良好。

1. 黔南山川秀丽，旅游资源丰富而密集，可开发价值极高

通过不断创建旅游品牌，加强宣传促销力度，基本形成了以荔波为代表的喀斯特世界自然遗产地、以平塘掌布为代表的世界地质奇观、以贵定音寨“金海雪山”为代表的乡村旅游等在国内外具有较高知名度的绿色旅游品牌。在博鳌世界旅游精英峰会上，荔波县荣获“国际王牌旅游目的地”称号，贵定音寨成为国内乡村旅游的示范样板。

2. 全州旅游基础设施建设不断加强

投资15亿元的贵定音寨“金海雪山”度假庄园正在开工建设，金海雪山景区内的环行旅游公路、鸳鸯岛长廊延伸等项目正在建设中，投资1亿元的经典生态茶博园已破土动工，总投资2亿元的五星级酒店“黔山上院”正在加紧建设；投资500亿元的龙里中铁国际生态城项目现已完成投资14亿元，投资13.6亿元的龙里欢乐水世界项目已完成投资2.7亿元；投资20亿元的独山百泉湖民族体育旅游中心项目已开工建设。荔波大小七孔生态停车场、景区标识标牌均已建设完成。都匀173温泉项目已完成项目规划，正积极筹划开工建设。

3. 旅游接待能力进一步增强

全州现有旅行社18家，分社27家；星级酒店79家，床位共6511个，其中荔波县拥有星级宾馆30家。全州在建五星级酒店5家，四星级11家，现在都匀西苑锦辉酒店投资管理有限公司、都匀远丰酒店、瓮安恒源酒店以及福泉大酒店等四星级酒店已开展运营，已形成了以星级酒店为主体，其他社会酒店为补充的酒店体系。

（三）黔南文化旅游产业结合发展的现状

黔南着力打造并推出了乡村旅游、地质奇观和世界自然遗产地等一批新型旅游产品，丰富了以观光旅游和乡村旅游为主体的民族文化旅游和生态旅游，促进了旅游产品结构从单一观光型向多元化、多样性的复合型转变，旅游产业

迅速发展，对经济社会发展的拉动作用越来越明显。但旅游产业发展过程中还存在一些矛盾和问题，比如文化与旅游没有很好地进行结合、统筹发展，部门之间常常是就旅游抓旅游，就文化抓文化。文化与旅游的各自为战，导致旅游只是单纯地观看山水风光，景区景点文化服务缺失，文化内涵不丰富，所以游客停留的时间短，旅游竞争力不强，对其他产业的带动效益显现不足。就文化部门来说，所开发的产品文化内容不丰富，而且没有开发出游客需求的产品，所以现有的文化旅游产品市场竞争力不强，更为严重的是，大多数文化旅游市场都脱离景区景点的依托，独立于市场、商店、城区销售，因此到黔南来的游客除门票外，很少在景区内消费，从而导致旅游产业收入单一，产业链无法延长。文化产品也没有因旅游业的发展而壮大起来。

二、文化旅游产业深度融合的社会价值

推动黔南文化旅游产业的深度融合，有利于提升全州各景区景点旅游的品位，同时通过旅游这个载体又使黔南独特的民族文化得到有效传播。黔南非物质文化遗产众多，现有国家级非物质文化遗产 11 项，省级非物质文化遗产 46 项，州级非物质文化遗产 19 项，深入推进文化与旅游的结合，不仅能使景区景点的精神价值和人文含量得到提升，而且可以有效推动对众多非物质文化遗产的有效保护、开发和利用，并与促进当地的经济社会发展紧密结合起来，从而活态地得到传承和保护。推进文化与旅游的深度融合发展，在城镇化建设中将有利于加强民族文化村镇和社会主义新农村建设，打造新的旅游景点。加强文化旅游产业的融合发展，还有利于推动都江古城、福泉古城、瓮安草塘古镇、独山、三都、荔波、贵定、惠水等各县民族文化村寨的建设，加强民族团结，促进群众脱贫。总之，只有推动全州文化与旅游产业的融合发展，把提升文化内涵贯穿到吃、住、行、游、购、娱各个环节和旅游发展全过程，才能开发和利用好旅游资源，实现景点外观和文化内涵的统一，用独特的文化品格和文化魅力来吸引游客，才能使黔南旅游资源更具活力和生命力，使黔南的旅游市场更具吸引力和竞争力。

三、文化旅游融合发展的探索实践

文化产业与旅游产业互动发展，能够不断提升旅游的文化内涵，培育出更

具持久生命力的文化旅游产品。近年来黔南文化产业和旅游产业发展的实践证明，在文化建设中发挥文化的旅游功能，依托旅游为文化提供的传播渠道和广阔市场，可以为文化发展构筑广阔的舞台和具有持久竞争力的市场空间，形成两个产业资源共享、市场共享、互为支撑、共同促进的良性发展格局，从而有效地提升黔南文化产业和旅游产业的核心竞争力。

（一）把民族文化与旅游产业有机结合起来

近年来，黔南各县市将丰富的非物质文化遗产资源与旅游产业融合发展，推进了民族文化的保护传承，也丰富了旅游业的文化内涵。如三都县将水族卯节、端节、牯藏节等与水族旅游进行有机结合，彰显了水族文化的魅力，也带热了三都旅游业的发展，让游客在领略山水风光的同时，体验了水族神秘的文化；荔波把瑶山古寨的建设与旅游业有机结合起来，既加强了瑶族文化的开发和保护，也让游客体验到了瑶族风俗的独特魅力；贵定音寨通过发展乡村旅游，使游客在赏玩如画的田野风光的同时，也感受到了布依风情的浓郁；惠水县好花红旅游艺术节中，充分展示了枫香染、布依风俗、苗族风情，给游客带来别样的感受。平塘、罗甸、独山、福泉等县市在旅游景区景点，通过组织民歌对唱、农家乐、花灯演艺、阳戏展演等，不断丰富旅游产品的民族文化内涵。都匀在旅游季节不定期地举行布依婚礼表演，吸引游客的同时，也展现了浓郁的民族文化。

（二）把生态文化与旅游产业有机结合起来

良好而丰富的生态资源，为全州生态旅游的发展创造了得天独厚的优势。三都尧人山森林公园、瓮安朱家山森林公园、独山紫林山森林公园、都匀斗篷山森林公园、荔波大小七孔景区、平塘地质生态奇观等，都以其良好的生态，独特的地质结构、清新的山水和优质的气候条件，吸引着北京、上海、深圳等远方的客人。游客到黔南来不仅心情愉快，心情放松，更重要的是在富含氧离子的景区游玩，身心更加健康，精神更加舒畅。荔波县在小七孔景区外修建的别墅群，吸引了广西、山东的旅客，很多游客不仅来游玩，更选择了长住下来，留在这里生活。

（三）把历史文化与旅游产业有机结合起来

独山把友芝文化、花灯文化与旅游进行有机结合，福泉把古城文化、阳戏文化、三丰文化与旅游有效嫁接，三都打造水族文化的祖先遗韵、祖先遗风、祖先遗文、祖先遗墨、祖先遗音、祖先遗技、祖先遗俗等，把远古的水族历史文化与旅游进行有机结合。它们都充分利用了各级别文物保护单位和历史文化遗迹、遗俗等资源优势，把具有较高艺术价值、游客喜闻乐见的历史文化资源转化为旅游产品，促进文化旅游产业不断发展。

（四）探索民族演艺与旅游产业的结合

为推动旅游业的发展，丰富旅游的文化内涵，近来黔南各县市充分挖掘本地丰富的民族文化资源，编排了《玉水金盆不夜天》、《瓮水长歌》、《远古走来的贵族》、《风景这边独好》、《水韵樟江》、《荔波荡漾》、《刺藜花红》等舞台演艺节目，丰富了旅游的文化内涵，让到黔南来的游客感觉到了黔南各民族浓郁的风情，欣赏到了原生态的民族舞蹈和音乐。其中《水韵樟江》已在荔波演出了一年多时间，共计50余场，初步产生了经济效益；《玉水金盆不夜天》在平塘演出20余场，把游客留了下来；三都《远古走来的贵族》多次到上海、深圳巡演，宣传推介了水族文化，吸引更多的游客到三都来旅游。独山的花灯合唱团还应邀到维也纳金色大厅演出，引起轰动。虽然由于旅游市场还在发展中，上述民族演艺还未在市场上长期立足，但是通过大胆尝试和不断探索，为助推黔南旅游业的发展作出了积极贡献。

（五）民族手工艺生产借助旅游产业得到发展

依托旅游业的发展，三都水族马尾绣的知名度进一步提高，2012年销售额近300万元，惠水布依族枫香染在游客的追捧中，进一步市场化发展，在县城和贵阳开起了卖店，2012年上半年销额近30万元。平塘牙舟陶、长顺傩戏面具、福泉福仁堂工艺葫芦、独山布老虎、罗甸玉、罗甸奇古、平塘花石、水族银饰等民族手工艺品的生产制作，在旅游业的深入发展中被拉动起来，部分作品在“多彩贵州”两赛一会、三赛一展中多次获奖，并开始在市场上崭露头角，从而丰富了黔南州各景区景点的文化内涵，推动了民族文化遗产的保护和开发。

（六）博览会展业在与旅游产业融合中得到发展

已举办四届的都匀国际摄影博览会在助推都匀旅游发展的同时，逐渐成为该市的旅游文化品牌；都匀毛尖茶叶旅游文化节在向游客展示绿茶制作工艺的同时，也形成了毛尖茶文化的品牌效应，与旅游产业一起实现“双赢”；龙里苗医药博览会推动了黔南州民族医药产业的发展，现州内医药生产企业共有8家；都匀全国航海模型锦标赛、房车展交易会以及“西部茶都”旅游文化节、贵定“金海雪山”旅游文化节、福泉“金谷春雪”旅游文化节、古城文化节、中国独山花灯艺术节、长顺杜鹃湖·白云山旅游文化节、惠水“好花红”艺术节、三都水族端节、卯文化国际旅游节、高原千岛湖旅游文化节、瓮安龙狮文化艺术节等节庆活动，龙里刺藜花节、荔波万亩梅花报春月、福泉金谷福梨旅游文化节以及黔南州“好花红”艺术节等各种节庆会展活动，有力地推介和展示了极富民族特色的黔南民族风俗、民族文化和自然资源，推动了黔南民族文化旅游产业的融合和发展。

（七）探索发展中的康体休闲业丰富了旅游产业的内容

龙里低空滑翔赛、平塘单车极限障碍赛、贵定国际卡丁车挑战赛、荔波原始森林穿越体验等康体休闲业在探索中发展。结合“185”工程的建设，黔南州观光农业、花卉产业、水果采摘、茶山旅游和品茶体验等休闲业得到进一步发展，不仅丰富了山水旅游的内涵，而且通过旅游业拉动各行业的发展，延长了旅游产业链。正在建设中的龙里欢乐水世界、罗甸高原千岛湖休闲度假园区、龙里国际休闲旅游体育休闲度假中心等，就是开发具有不同地质地貌和气候特征的区域性旅游体育休闲产业的探索。

四、对策建议

文化产业与旅游产业互动发展是实践科学发展观的体现。推动文化产业与旅游产业互动发展，有利于形成两个产业的良性循环体系，促进两个产业从深度和广度上多方位融合，延长产业链，形成互动发展、相互促进的产业发展新模式。这不仅符合科学发展观全面、协调、可持续的基本要求，而且通过文化资源与旅游资源的有效配置，能够实现经济效益、社会效益和生态效益的综合最大化。因此，要更好地促进黔南文化旅游产业深入融合，互动发展，使其成为黔南经济社会发展的支柱产业，应该成立统一的工作领导机构，建立两个产业融合发展的工作机制，统筹两个产业共同发展。具体要从以下几个方面来推进。

（一）夯实文化旅游产业融合发展的基础

1. 要实施文化旅游产业整体规划

从规划和布局上整合两个产业的资源优势，明晰两个产业互动发展的重点，整合资源，找准结合点，培育一批文化旅游产业重点项目，形成具有黔南特色的文化旅游产业集群，有效推动两个产业的互动发展。要围绕黔南州的民族文化、生态文化、红色文化和历史文化，深入挖掘已有旅游品牌的文化内涵，拓展和丰富原有景点景区的文化内容。同时要结合全州文化旅游产业的规划与布局，精心策划和重点开发几个具有代表性的文化旅游精品项目，形成一批重点产业圈、打造一批特色产业、发展一批产业基地、培育一批龙头企业、塑造一批著名品牌，逐步形成布局科学、特色鲜明的文化旅游产业结构。

2. 要整合资源培育文化旅游市场

结合文化和旅游体制改革工作的开展，推动文化企业与旅游企业相互参股与整合，以市场为导向，促成两个产业融合发展，培育一批自主经营、自负盈亏、自我发展、自我约束的文化旅游市场主体；设立州级文化旅游宣传营销专项资金，制定整体宣传营销战略，建立"政府主导、部门联合、企业为主、上下联动"的宣传营销机制和奖励机制，加强黔南文化旅游的整体宣传和营销；整合并利用好州内广播、电视、报刊等传统媒体和互联网、手机报、微博等现代传媒手段，全方位、多层次地广泛宣传和营销黔南州的文化旅游资源和产品。

3. 要加强统筹协调打造文化旅游精品

加强部门协调，统一布局，错位竞争，抓住重点，发挥优势，突出特色，打造一批全省乃至全国知名的文化旅游品牌，再通过品牌效应带动相关产业的发展。要巩固和发展已有的文化旅游品牌，采取高端策划、中端谋划、低端运作的方式，深入打造体现人与自然和谐的荔波世界自然遗产地旅游品牌，极具唯一性的三都水族文化旅游品牌，具有爱国主义教育意义和先进文化内涵的独山深桥抗点文化园、瓮安猴场会议会址、邓恩铭烈士故居等红色旅游文化品牌以及"都匀毛尖茶"绿茶文化品牌，开发和建设"黔南民族文化生态旅游产业发展示范区"、"三都水族生态文化保护实验区"和平塘"国家地质公园"文化旅游精品，丰富全州的文化旅游产品和内涵。按照"政府引导、市场运作"的模式，大力推动龙里国际体育休闲度假中心、龙里欢乐水世界、龙里创意产业园、独山百泉湖民族体育旅游中心、独山草场生态休闲旅游区、独山阳地民族文化村、紫林山紫泉文化休闲中心、荔波国际狩猎中心等旅游与文化深度结合项目的建设步伐。

（二）大力推动旅游与相关产业的结合，带动各行业发展，延长产业链

要把黔南州的旅游发展与全州非物质文化遗产保护、开发结合起来。全州现有国家级非物质文化遗产 11 项，省级非物质文化遗产 46 项，州级非物质文化遗产 18 项，县级非物质文化遗产 184 项。众多的非物质文化遗产是各民族

在共生发展中形成的智慧结晶，与旅游的融合发展将有利于加强对这些非物质文化遗产的保护和开发，提升旅游的文化内涵、文化价值和旅游品位。要把全州的旅游发展与民族文化村寨建设结合起来。近年来黔南州打造并初具规模的民族村寨共有16个，其中布依族村寨有9个，苗族村寨有2个，水族村寨有3个，瑶族村寨有1个，毛南族村寨有1个。这些民族村寨民风浓郁、传统空间格局保留完整，通过集中打造，基础设施、公共服务设施相对完善。通过与旅游的融合发展，将有利于推动这些民族村寨的深入建设，带富一方群众，提升民族聚居地人们的文明程度，增加旅游的民俗体验内容。同时，要把旅游发展作为推动黔南州社会主义新农村建设、观光农业发展、城镇化建设、爱国主义教育基本建设和文物古迹的保护与开发等工作，大力推进旅游与体育、工业、农业、林业、商贸、地质、宗教等相关产业和行业的融合，积极发展生态旅游、体育旅游、工业旅游、商务旅游、自驾旅游、探险旅游、养生旅游等旅游新业态，跳出旅游发展旅游，不断提升旅游文化的品位、精神价值和人文含量。

（三）打破地域界限，建设黔南文化旅游金三角

荔波、三都、平塘等县市要联合起来，超越行政管理的地域界限，把荔波世界自然遗产地的特色生态旅游、三都水族文化的民俗体验、平塘的地质奇观旅游等文化旅游资源进行整合发展，统一规划建设，捆绑成一个高品位的旅游产品，形成黔南州的文化旅游金三角，同时加强游、购、行、娱、吃、住等文化旅游基础设施建设，吸引更多的游客，延长游客停留的时间。

（四）推进文化旅游资源所有权与经营权“两权”分离改革，培育文化旅游的龙头骨干企业

鼓励和支持有实力的大企业以集中规划、成片开发的形式取得旅游景区景点、特色文化品牌、经营性演出活动场所等文化旅游生产资源的经营权，壮大文化旅游企业的整体实力。要按照建立现代企业制度的要求，面向市场，创新国有或国有控股的大中型文化旅游企业运营机制，改革内部运行机制，使它们真正成长为黔南文化旅游产业发展的龙头企业。创造条件，鼓励和帮助一批股份制、民营文化旅游企业做强做大，成为黔南州发展文化旅游产业的骨干企业。

（五）制定推动两个产业融合发展的政策措施，形成互动发展的政策支撑体系

梳理两个产业现有的政策措施，突破两个产业的发展界限，制定和完善推动两个产业互动发展的产业政策和地方性法规；制定和完善政府投资引导的政策，加大对两个产业的财政扶持力度。在财政设立文化旅游产业发展专项资金，通过贷款贴息、项目补助、建成项目奖励等手段，引导、鼓励、支持文化旅游企业的发展。制定鼓励和扶持社会力量参与两个产业互动发展的优惠政策，大力鼓励民营企业实施文化旅游产业项目，对进入文化领域的民营企业，在投资核准、信用贷款、土地使用、税收优惠、申请资金和人才培养等方面进行政策倾斜，吸引各类企业和优秀人才投身两个产业互动发展中来。

（六）加速资源资本化进程，引进战略合作伙伴

充分发挥在国家宏观调控下市场对文化旅游资源配置的基础性作用，重点从民族文化、历史文化、人文和自然景观、地理资源等方面，挖掘和提升黔南州文化旅游产业发展的“资源概念”和主题，打造优势板块，通过以资源作价入股和以资源招商引资，引进战略合作伙伴，推进文化资源资本化的进程，走依靠资源优势引进战略合作伙伴、发展文化旅游产业的路子。同时积极发展经纪、代理等文化旅游中介机构，提高黔南州文化旅游企业的市场化程度。积极构建文化市场网络，加强行业管理、协调和服务作用，建立为文化旅游企业服务的网络体系。

（七）建立推动文化与旅游产业融合发展的体制机制

文化与旅游产业融合发展在起步时期，需要发展进度的统筹协调、发展机制的合作互补。要建立推动文化与旅游融合发展的领导机制，加强对文化与旅游产业的发展规划、投资项目、扶持政策、宣传推广和人才培养等方面进行协调指导，使之相互促进、彼此协调、综合配套。要建立人才培养机制，打造一支专业精、善经营、会管理的人才队伍，重视高层次人才的引进和培养，允许有特殊才能的专业人才和管理人才以其拥有的知识产权、创作成果和科研技术成果等无形资产参与收益分配，促进文化旅游产业跨越式发展。

（八）深化文化旅游的融合发展

推动文化与旅游产业融合发展，是旅游产业提质升级，实现以观光旅游为主的初级阶段向以文化旅游为主的高级阶段转变的重要途径。

1. 要深挖文化内涵，提升文化对旅游的推动力

文化资源是旅游的核心资源，推动文化与旅游产业融合发展，必须着力解决好丰富的文化资源与对旅游业贡献不大的矛盾。充分利用历史文化遗产，致力于发掘黔南州的红色文化、名茶文化、宗教文化、民俗文化、民族手工技艺文化、莫友芝等历史名人文化、民族歌舞演艺文化等，研究实施一系列的活动，如拍摄一部电视宣传片、创作一首主题歌、设计一套主题宣传口号、聘请一位旅游形象大使、设计一个吉祥物、开辟一个电台频道、出版一套文化旅游系列丛书、制作一个专题网站、编制一台民族舞台节目、打造一个著名节庆活动、建立一个民族文艺精品资源库等，有计划有步骤地推动黔南文化旅游产业；把文化旅游与科技结合起来，积极发展创意文化，将水族文化与动漫制作结合起来，丰富文化内涵，扩大民族文化影响力，以文化的影响力提升旅游的竞争力。

2. 借助旅游平台，促进文化交流融合

借助“多彩贵州”两赛一会、三赛一展等平台，推动民族手工艺品的生产制作，开发文化旅游标志性纪念品，不断丰富旅游文化产品的形式和内容，并通过旅游市场的发展使之成为游客的“必购品”和文化交流的“必需品”，架起传播文化的桥梁。要充分彰显黔南少数民族的文化特色，积极开发水族大歌、凿壁谈嫁、杀鱼节、赛马运动和芦笙节等民俗文化，将其融入旅游景区，增强知识性和趣味性，注重娱乐欣赏和主体参与，满足游客体验文化、体验民俗风情的愿望，使这些内容丰富多彩且具有本土民俗风情活动成为文化传播的载体。

3. 提升文化含量，力促旅游产业提质升级

提升旅游的层次，增强旅游业的竞争力，关键是走内涵式发展道路，提高旅游的文化含量。要按照错位发展的原则，将文化建设与旅游项目结合起来，做好文化与旅游产业融合发展规划。对已有的景区景点，在开发设计旅游产品的过程中，要深挖黔南州的民族文化和历史文化内涵，融入丰富的文化元素，强化市场需求和产品包装，提高旅游产品的生命力和吸引力。要按照文化和旅游资源的不同类别，精心设计能体现黔南独特文化魅力的特色旅游线路，着力打造宗教文化旅游、民俗文化旅游、历史文化旅游、红色文化旅游、生态文化旅游、地质文化旅游等。通过丰富旅游线路的文化内涵，吸引游客驻足停留，促使旅游行为由观光型向体验型、度假型转化，带动整个旅游产业发展。

4. 运用文化手段，推动旅游服务水平提升

文化是旅游的灵魂，旅游的过程实际是体验文化、寻找文化差异的过程。只有将提升文化内涵贯穿到吃住行游购娱各个环节和旅游发展全过程，实现景点外观和文化内涵的统一，用独特的文化品格和文化魅力来诠释旅游，才能使黔南州丰富的旅游资源具有活力和生命力、吸引力和竞争力。推进文化与旅游

的融合，彰显民族文化的魅力，就要加强对导游的旅游文化教育，提高导游的文化素质，使其了解掌握游览景点、景物及各种社会现象的文化内涵，努力把提升文化内涵、体现人文关怀贯穿到旅游的全过程。要精心打造一批集客房住宿、中西餐美食、歌舞表演、茶艺展示、养生休闲、娱乐购物于一体的综合型星级酒店，重点加强三都、荔波、平塘等县市的星级酒店建设，并把文明创建活动和整脏治乱工作作为提高旅游竞争力的重要手段，树立黔南文化旅游产业新形象。

五、前景展望

“醉美多彩贵州”的形象宣传，使贵州的整体形象得到大大提升。风光旅游看贵州，生态旅游看黔南。随着交通瓶颈的打破，黔南州的区位优势将进一步凸显出来，并逐渐融入珠三角、连接大西南、对接北部湾，成为广州的大花园、西南的桥头堡、北部湾的陆上走廊。黔南州正在编制的民族村寨建设保护规划、文化旅游发展规划、三都水族万户水寨建设规划以及荔波国际旅游城市建设规划，将有力推进文化与旅游的深度融合。而独山紫林山森林公园生态休闲度假旅游整体开发、龙里国际体育休闲度假中心建设、长顺《金竹夜郎》文化旅游创意城建设、中国荔波文化产业园建设、盛世瑶都——世界瑶族文化遗产博览园、三都水王城、瓮安草塘古邑村建设等一系列文化与旅游相结合的项目的落地实施，将大大改善黔南文化旅游产业融合发展的基础。随着文化旅游的深度融合和发展，黔南独有的山水风光、保存完好的生态资源、丰富而原生的民族文化，必将使黔南成为旅行者的下一个“香格里拉”、下一个“丽江”。

完善加快民族地区文化产业发展的保障体系

黔西南州委宣传部

摘　要

黔西南州聚焦优势资源，坚持走以地域性民族文化为内涵、以文化旅游为主线、以重点项目的实施带动相关产业协调发展的文化产业发展道路，进一步解放思想，勇于探索，善于创新，以改革增活力，以新的思想、新的举措、新的办法，大力培育合格的文化市场主体，大力推进文化与旅游的结合，大力营造文化产业发展良好环境，切实提高文化产业发展水平，全州形成了一批独立经营、自负盈亏、具有独立法人资格的市场主体，文化生产力得到进一步的释放，文化产业的实力、活力和竞争力进一步增强，文化产品不断增加，从探索、起步、培育的初级阶段，逐步进入加快发展的新时期，为“十二五”中后期文化产业快速发展奠定了坚实的基础。

关键词

文化产业　民族文化　旅游　黔西南州

一、文化产业发展现状及特点

近年来，随着州内经济发展的提速，文化产业也有了一定的发展。据初步统计，2011 年，全州文化及相关产业从业单位（含个体工商户）1290 个，从业人员 7211 人，实现增加值 3.12 亿元，占整个 GDP 的比重为 0.83%。2012 年全州文化及相关产业从业单位（含个体工商户）约 1800 个，从业人员约 12000 人，实现增加值约 5.10 亿元，占整个 GDP 的比重约为 1.8%。据测算 2013 年全州文化及相关产业从业单位（含个体工商户）约 2000 个，从业人员约16000人，实现增加值7.80亿元，占整个GDP的比重约为2.6%。黔西南州各级党委政府历来高度重视文化产业发展工作，在人力财力和政策上为文化产业的发展给予了最大限度的支持，促进了全州文化产业加速发展。

（一）文化产业重点行业发展情况

1. 积极拓宽渠道，版权及新闻出版业稳步发展

近年来，黔西南州新闻出版业已基本形成国有企事业单位为主、其他所有制共同发展的格局。有黔西南日报社、新华书店、“中国金州网”、“金州在线”、“兴义之窗”等网站，贵州醇包装彩印厂及私营个体工商户100余家，2012年市场收入达1.8亿元左右。

2. 抢抓机遇，广播影视业发展迅速

近年来，黔西南州充分利用“村村通广播电视”工程建设和有线电视数字化转换这一机遇，全力加快发展广播影视业，截至2010年底，全州广播综合覆盖人口316.98万人，覆盖率95.45%；电视综合覆盖人口313.75万人，覆盖率94.48%，为构建黔西南州广播影视现代传播体系，推进三网融合，推动广播影视业的发展打下了坚实的基础。黔西南州广播影视业的发展主要体现在以下几个方面：一是广播影视公共服务能力进一步增强。近两年来，全面完成215456套直播卫星接收设备安装任务，争取到国投90套数字电影设备，成立近80支农村电影放映队，争取到州级财政对农村公益性电影放映政策性补贴资金，共放映公益性电影24807场，观众达263万人（次）。2011年，采取区域投放设备、区域放映员与公司签订合同等措施，进一步加大农村公益性电影放映工作力度，完成放映场次10102场。完成有线电视联网乡镇28个，数字电视整转乡镇27个，整转用户10900户。重点抓好广播电视村村通工程长效机制建设，初步建立了以州成立广播电视村村通办公室，县（市、区）成立广播电视村村通技术维护中心，乡镇成立广播电视村村通技术维护站和村成立维修服务点的广播电视村村通长效机制体系，形成了四级联动、四级保障的工作机制，因此项工作成绩突出。2012年，黔西南州文广局村村通办公室被中共中央宣传部、文化部、国家广播电影电视总局、新闻出版总署表彰为全国文化体制改革工作先进单位。二是广播影视传播能力进一步增强。黔西南广播电视台以广播电台、电视台整合为契机，进一步加快广播电台、电视台台内设备数字化、网络化的建设和应用，逐步建立了面向多种播出平台、多种终端用户的内容资源管理系统。省广电信息网络股份有限公司黔西南州分公司加强集约化经营、本地化服务，大力开发了视频点播、高清电视、付费电视、电子政

务、生活信息等多种业务和信息服务。州广电网络信息传输中心积极配合中广传媒公司做好移动多媒体商用的前期准备工作，安装调试发射了 7 套电视节目、两套广播节目，兴义城区半径 15 平方公里以内基本能够正常收看。三是积极推进文化体制改革。按照中央和省有关改革的精神与要求，积极推进宣传经营两分开改革工作。2009 年，原黔西南广播电台、原黔西南电视台先后剥离经营业务，组建了黔西南金腾广播传媒有限公司、黔西南州新视线电视文化传媒有限公司，并发展成为独立的法人实体和合格的市场主体。其中黔西南金腾广播传媒有限公司 2009 被评为全省文化体制改革先进单位。四是广播影视产业发展能力进一步增强。以剥离转制为突破口，进一步解放广播影视生产力。先后组建的黔西南金腾广播传媒有限公司、黔西南州新视线电视文化传媒有限公司、黔西南州新视听农村数字院线有限责任公司，将电台、电视台新闻及其他公益节目、公益活动以外的经营性业务纳入公司经营管理，推动宣传和经营的分离，社会效益和经济效益均得到同步发展。投资近 1000 万元合作组建了黔西南州兴瑞影城有限公司，对兴义市电影院和州电影公司原有基础设施进行技改，建设符合现代电影放映各项技术标准的 6 个放映厅 700 多座席的城市影院（含两个满足 3D 放映标准的影厅），营运以来实现总收入 1500 余万元。此外，黔西南州充分利用革命文化资源和绿色文化资源，打造影视文化产业。2009 年以来，成功拍摄《绝地逢生》、《云下的日子》、《幸存日》等电视连续剧、电影。2011 年开机拍摄了电视剧《二十四道拐》。在认真总结经验的基础上，将进一步创作出更多反映黔西南的影视作品，抓好影视拍摄基地建设，利用市场化的手段，打造黔西南影视文化产业。

3. 以挖掘、保护传承为着力点，民族民间文化进一步繁荣

近年来，通过开展“多彩贵州”舞蹈大赛、歌唱大赛，举办望谟布依族“三月三”、贞丰布依族“六月六”、兴仁苗族“八月八”、查白歌节等文化活动，广泛发动文学艺术家深入民族民间，发现、挖掘出一批民族民间文化瑰宝，如布依族“八音坐唱”、彝族舞蹈“阿妹戚托”等，已经享誉省内外。布依铜鼓十二则、布依戏、查白歌节、古法造纸等非物质文化遗产被列入国家级非物质文化遗产保护名录。晴隆 24 道拐直接申报国家级文物保护单位成功。

4. 利用资源优势，文艺演出业迈出坚实的步伐

全州经营性的文艺演出团体有“飞哆飞”演出公司、兴义万峰林艺术团、兴义布依八音演出公司、兴义光彩文化产业发展有限公司、贞丰紫金艺术团以及民族民间文艺团队兴义巴结南龙八音队、册亨乃言布依戏队、兴仁屯脚布依

铜鼓队等，从业人员近500人。近年来，在这些文艺团体公益性演出较多，经营性演出较少的情况下，实现演出收入200余万元。

5. 积极开展文化外宣，文化旅游业发展势头良好

采取“造船出海”与“借船出海”相结合的方式，让民族文化走出去。积极参加“多彩贵州”系列活动以及全国少数民族艺术节、深圳文博会等活动，努力在高端平台展示黔西南文化，扩大影响，吸引游客到黔西南进行文化消费活动。通过举办全国山地运动会、中国万峰湖野钓大赛、“聚焦金州”中国主流电视台黔西南旅游风光片拍摄大赛、“中国金州行”全国摄影大展、贵州省第六届旅游发展大会以及各种民族节日活动，用活动吸引国内外媒体，通过媒体提高黔西南文化旅游的知名度，促进文化旅游业的发展。2011年全州共接待游客400余万人次，同比增长约40%；实现旅游收入26.49亿元，同比增长34.22%。

（二）国有文化企业发展情况

近年来，国有文化企业取得了长足的发展。尤其是通过文化体制改革，一些文化企业经营领域拓宽、发展活力增强。如原黔西南人民广播电台、黔西南电视台剥离经营业务转制组建的黔西南金腾广播传媒有限公司和黔西南州新视线电视文化传媒有限公司，通过文化体制改革，成为独立的法人实体和市场主体，经营管理机制灵活，发展活力增强。传统国有文化企业如新华书店、电影院、电影公司根据市场发展实际，适时调整经营发展策略，盘活国有优良文化资产，经营收入逐年增加。

（三）民营企业投资文化产业情况

随着文化体制改革步伐的加快，更多促进文化产业发展优惠政策的出台，许多民营资本纷纷投资文化产业，全州兴起一股民营资本创富文化产业的热潮。如广州吉隆公司、黔西南州施达集团、富康公司、晴隆万阔集团等纷纷进入黔西南州文化产业领域。截至目前，民营资本投资文化产业项目的总额已超过12亿元，领域涉及文化旅游、演艺、休闲娱乐健身、影视拍摄等方面，并已取得良好的经济效益和社会效益。

（四）重点文化产业项目和文化产业园区建设情况

目前，正在实施的文化项目主要有黔西南州民族文化产业园、晴隆24道拐抗战文化遗产园、贞丰双乳峰母亲文化园建设、万峰林文化旅游产业园、黔西南州民族文化中心、兴义南龙布依古寨民族旅游综合开发项目等。其中，黔

西南州民族文化产业园是黔西南州列入“省十大文化产业园区”的项目，目前已完成一期工程，入驻企业 20 余家。晴隆 24 道拐抗战文化遗产园建设项目总投资 4 亿元，是以国家级文物保护单位 24 道拐抗战公路为核心建立文化旅游区的州级重点项目，也是电视剧《二十四道拐》的主要取景地，目前场地平整、道路建设等基本完成，有关工作正在加快推进。贞丰双乳峰母亲文化园将双乳峰景区周边布依族村寨的独特民族文化、服饰、造纸、制窑等纳入整个产业园区建设。项目对贞丰县旅游行业的文化氛围也将起到极大的提升作用，为传承及发展布依文化作出有益的贡献。项目目前已经完成了景区绿化、水池、观景台、雕塑、水电路等基础设施建设，投入资金 65 万元。万峰林文化旅游产业园结合万峰林景区观光、旅游的资源优势，将上、下纳灰村布依族村寨的民俗民族元素进行有机结合，目前，该项目州级文产资金直接投入 50 余万元，撬动资金投入2000 余万元。黔西南州民族文化中心建设项目总投资2. 3 亿元，是黔西南州推进文化馆、图书馆、博物馆等“五馆”合一的项目，目前主体工程基本完工，内部设施、附属设施建设等正在推进。兴义南龙布依古寨民族旅游综合开发项目总投资 4641 万元，是依托兴义市南龙布依古寨，打造乡村文化旅游的项目，目前完成规划设计和少部分基础设施建设。

二、加快文化产业发展的主要经验

（一）稳步推进文化体制改革，增强文化产业发展的活力

近年来，黔西南州按照中央和省确定的改革“路线图”、“时间表”及各年度文化体制改革《责任书》，结合实际，积极稳妥地推进文化体制改革，既确保了稳定，又解放了文化生产力，有效促进了文化发展的活力。一是完成公益性事业单位内部“三项制度”改革，充分调动广大职工的工作积极性和主动性，提高了服务质量和水平。二是黔西南日报社将广告、印刷等经营业务外包，发行与邮政深度合作，既减轻了负担，又增加了收入，还提高了实效。三是原黔西南人民广播电台、黔西南电视台剥离经营业务转制组建黔西南金腾广播传媒有限公司和黔西南州新视线电视文化传媒有限公司，成为独立的法人实体和市场主体，经营管理机制灵活，发展活力增强。四是州文化、广电“两局合并”，州广播电台、电视台“两台合并”。五是完成了州、县两级文化市场综合执法改革任务，有效改变了多头管理、文化市场管理混乱的局面。这一系列的改革，消除了文化发展的体制机制障碍，整合了资源，增强了文化发展

的活力，助推了文化产业的快速发展。

（二）抓好重点项目的实施，带动相关产业共同发展

近年来，黔西南州切实抓好一批重点文化产业项目的实施，拓宽了文化产业的发展领域，带动了相关产业的共同发展。如兴义安达集团投资5亿元实施金州溶洞温泉项目、黔西南州施达集团投资1.2亿元实施贞丰双乳峰景区建设项目、晴隆万阔集团投资3.2亿元实施晴隆安南古城恢复重建项目、广东东兴珠宝有限公司投资6000万元的“兴义市鸿鑫玉石订单业务加工项目”等，这些项目涉及文化旅游业、演艺业、影视拍摄基地建设、文化休闲娱乐业等领域，将有效地带动上下游及关联产业的共同发展。

（三）夯实文化产业基础，助推文化产业科学发展

为促进文化产业科学发展，近年来，按照全省的统一部署和安排，黔西南州始终把文化经营管理人才培养、科学制定发展规划和抓好文化产业统计作为强化文化产业发展基础来抓，确保文化产业发展始终沿着科学发展方向前进。一是安排文化管理经营人员认真参加各级部门组织的“研修班”、“培训班”等各类培训，并积极探索开展文化产业人才培训工作的新方式和新机制，不断提升文化产业经营管理人员的素质和能力，汇聚、储备一批高水平的文化人才和优秀团队，为全州文化产业快速发展提供人才保证。二是科学编制黔西南州文化创意产业发展规划。由中央“星火计划、科技扶贫”黔西南联合推动组组织上海社会科学院专家组帮助编制的《黔西南州文化创意产业发展规划》自2010年5月以来经过调研、撰写、反复修改，历时一年多，于2011年8月在贵阳通过省级专家评审。《黔西南州文化创意产业发展规划》指导全州文化产业科学发展，确保文化产业正确的发展方向，有效整合全州文化资源优势，合理布局全州文化产业项目，通过重大文化产业项目的实施，促进文化产业加速发展。三是抓好文化产业全行业专项统计工作。按照全省的统一安排和部署，黔西南州结合实际，创新工作方式，克服统计体系不完整、文化产业数据缺乏、涉及面广、工作量大、专业人员缺乏等困难，按照省文化产业统计工作领导小组办公室的要求，完成了近三年的文化产业统计工作，为省、州发展文化产业提供了决策依据。四是制定促进文化产业发展的相关政策措施，设置州级文产专项资金，资金额度200万元，并逐年递增，截至2012年已达360万元，近几年专项资金共支持州内文化产业项目60余个，撬动文化产业项目投资8000余万元，通过相关优惠政策及文产专项资金的支持，扶持和培育了一批文化产业骨干企业，进一步夯实了文化产业基础。

（四）加大招商引资力度，促进文化产业快速发展

近年来，黔西南州不断加大招商引资工作力度，积极组团参加了2009年、2011年第五届、第七届中国（深圳）国际文化产业博览交易会和2010年第十一届西部文化产业博览会，不仅宣传推介了黔西南，而且还推进了文化产业招商。在2009年、2011年第五届、第七届中国（深圳）国际文化产业博览交易会上，黔西南州共签订合同6个，签约资金3.07亿元，这些项目的实施，促进了文化产业的快速发展。同时，要求各县（市）加强文产招商引资力度，并将文产招商引资工作纳入州委、州政府对各县（市）的目标绩效考核，要求各县（市）每年度招商引资资金不得少于200万元。通过加大招商引资力度，充分借助“外力”，突破缺少发展资金的瓶颈。

三、存在问题

近年来，黔西南州文化产业发展速度增快，但与先进发达地区相比，仍有较大差距，发展中仍有诸多需要解决的问题，概括起来，主要表现在以下几方面。

（一）总量小，对国民经济贡献度低

黔西南州属于“欠开发、欠发达”地区，经济社会发展水平比较滞后，人均GDP虽然近年来发展提速，但仍处于全省中等水平，文化消费平均水平较低，文化产业发展起步晚、起点低，总量小，产业基础薄弱，产业园区化和集约化程度低，企业总体规模小，市场竞争力弱，与全省其他市州地相比，无论是数量上还是效益上都有较大差距，在全省处于落后地位。

（二）产业结构有待调整

黔西南州文化产业不仅总量小，结构也需进一步调整。从结构上看，文化产业核心层（含出版发行和版权服务、广播电视电影服务、文化艺术服务）的增加值18%，比重较低。外围层（含网络文化服务、文化休闲娱乐服务、其他文化服务）的增加值占31.78%，比重较高。相关层（含文化用品、设备及相关产品生产、销售）增加值占20.68%。其余个体工商户所占比重为29.51%。核心层所占比重较低，需进一步做大。只有核心层得到巩固，文化基础和产业基础牢固，才能进一步增强文化的影响力，带动外围层和相关层的

发展。黔西南州拥有丰厚的文化资源，但产业优势、经济优势却并不明显，文化旅游业、民族民间演出业、民族民间工艺美术业、民族节庆业等都需要大力发展；文化产业核心层、外围层与相关层发展差距较大，总量有待提升。此外，文化产业的科技含量较低，使用传统技术的文化产业占比重大，应用数字、网络等现代信息技术与文化内容相融合的新兴文化产业发展少，有的还是空白，并且起步晚，起点低。

（三）产业融合度低，产品创意不足

黔西南州文化产业条块分割明显，产业链短，文化商品少、单一，且缺乏创意。如万峰林景区和马岭河峡谷景区分属两个独立的单位经营管理，各自为政，景区内文艺演出节目重复、质量不高。万峰林景区经营收入主要以门票为主，其他相关产品和服务甚少，外地游客到黔西南除观光外，几无文化旅游商品可买。

（四）产业发展环境需进一步完善

《贵州省文化产业发展战略规划纲要》于2010年7月通过评审，对全省文化产业发展提出了明确的指导思想和发展目标。在全省的总体框架内，黔西南州结合实际，在上海社科院专家组的帮助下编制了《黔西南州文化创意产业发展规划》，于2011年8月通过省级专家评审，对全州文化产业发展的指导思想、发展目标、发展路径、重点行业和重点项目均作了明确的规划，将进一步促进黔西南州文化产业体系和基本产业链条的形成，指导黔西南州文化产业有序快速发展。但是，由于黔西南州文化产业发展相对落后，文化产业发展政策体系还不完善，省里虽然出台了一系列推进文化体制改革的政策，但支持、促进文化产业发展的政策较少，有的政策缺乏实施细则和可操作性，相关的配套措施还需进一步明确。行政管理体制方面仍然存在观念落后的问题，管理的缺位、错位、越位现象仍然存在，造成多头管理、职责不清。

（五）文化产业人才缺乏，尤其是复合型、高素质的文化产业经营管理人才严重短缺

文化产业是一个特殊的行业，既具有文化的属性又具有产业经济的属性，集中体现了先进生产力的要求和先进文化的发展方向。“创意”是文化产业发展的灵魂，而“创意”特别需要高素质人才的运作。黔西南州具有优势的文化资源，但资源优势还未转化为产业优势和经济优势，缺乏文化产业人才，尤其是缺乏既懂文化又懂经营的复合型、高素质人才。随着文化产业发展规模的扩大和产业结构的升级换代，文化产业对各类人才的需求将进一步扩大，创意人才、技术人才、管理营销人员特别是既懂文化又懂经营的复合型人才的需求更为迫切。

四、对策建议

针对黔西南州文化产业发展存在的问题，黔西南州文化产业发展应从加强组织领导、认真落实文化经济政策、加快文化产业的市场化体系建设、加强文化人才队伍建设等方面，使文化产业快速、健康、可持续发展，尽快把文化产业发展成为国民经济支柱产业。

（一）加强组织领导

州和各县（市、区）党政部门要统一思想，提高认识，高度重视文化产业发展，将其纳入重要工作日程，进一步强化对文化产业工作的组织领导，切实加强文化产业专门工作机构的建设，在编制、人员、经费等方面给予必要保障。

（二）充分发挥政策的引导促进作用

一方面，州和各县（市、区）文化行政管理部门、文化市场主体要全面、系统、准确把握中央和地方制定的鼓励和支持文化产业发展的政策措施，尽可能把优惠政策用活用足，通过政策的引导、调控，促进文化产业快速健康发展。另一方面，要制定、完善促进文化产业发展的相关配套政策，将国家、省有关促进文化产业发展的政策落到实处。尤其是在资金投入、用地指标、财政税收等方面要出台更多的优惠政策。

（三）做好文化产业发展规划

由中央“星火计划、科技扶贫”黔西南联合推动组组织上海社会科学院专家组帮助编制的《黔西南州文化创意产业发展规划》已于2011年8月4日在贵阳通过省级专家评审。各县（市、区）也要根据全州的规划做好本地的发展规划，并与“十二五”规划有机衔接，使文化产业发展有章可循、有的放矢。

（四）搭建支持文化产业发展的各类综合服务平台

建立和完善政策支持平台、公共技术平台、产业发展支撑平台、基金支持平台、投融资咨询平台、知识产权平台、人才培训平台、展示交易平台、研发设计平台等服务平台，推行知识产权代理、市场开发、市场调查、信息提供、法律咨询、会计、审计、评估等专业化服务，为全州文化产业发展提供有力的支持和完善的服务。

（五）建立健全现代文化市场体系

加快文化产品和要素市场建设，完善现代物流监管，着力构建统一、开发、竞争、有序的现代文化市场体系，充分发挥市场在文化资源配置中的基础作用，促进文化产业健康快速发展。

（六）加强文化人才队伍建设

黔西南州文化资源优势明显，但未转化为产业优势和经济优势，文化人才尤其是文化经营管理人才缺乏是其中重要的原因之一，因此必须大力加强文化人才队伍建设。一是采取各种形式对本土人才进行培养、培训，着力提升素质和能力。二是加强引进高层次人才。通过各种方式，大力引进高层次、高技能、熟悉现代管理的高级文化产业人才。三是加快建立健全人才评估体系和激励机制，通过有力的措施留住、用好人才，努力创造让各类人才充分施展才干的良好环境。

（七）推进相关产业与文化深度融合

黔西南州拥有优美的自然风光、多彩的民族风情和厚重的历史文化，这些资源是文化产业发展的基础，但与文化产业发展的融合度还比较低，要大力深入挖掘，整理、加工、巩固、整合及提升这些文化资源优势，创新文化产业发展机制，推动相关产业与文化深度融合，延长文化产业链，拓宽文化产业领域，提高文化产品附加值，大力推动文化旅游、文化体育、农业观光、康体养生、文化旅游商品深度开发和地方特色商品制造等产业的发展，使相关产业与文化深度融合，促进文化产业及相关产业协调发展。

专题研究篇

贵州文化和文化产业繁荣发展的体制机制研究

黄　勇　李　妍　王炳南*

摘　要

该报告重点分析了当前贵州省文化体制机制改革的基本情况以及所面临的机遇与挑战，从七个方面提出了加快构建有利于贵州文化和文化产业繁荣发展的体制机制：创新文化管理体制和管理模式；完善思想道德文化建设；创新公共文化事业发展机制；健全文化产业发展机制；建立文化开放传播的体制机制；建立合理有效的文化创新机制；完善文化发展要素的八大保障机制等。

关键词

文化产业　繁荣发展　体制机制

党的“十八大”报告提出要“扎实推进社会主义文化强国建设”，为此，要“深化文化领域的改革”。党的“十六大”以来，贵州省文化体制机制改革取得了明显成效，文化发展的宏观体制环境不断优化，基本完成文化体制改革各项主体任务，文化发展的新格局正在形成。但是，贵州省文化发展的整体水平与全面建设小康社会的目标要求和《中共贵州省委关于贯彻党的十七届六中全会精神推动多民族文化大发展大繁荣的意见》所制定的贵州省文化改革发展的总体目标，与人民群众日益增长的精神文化需求，与发达地区的发展水

* 黄勇，贵州省社会科学院区域经济研究所所长，贵州文化产业发展研究中心副主任，研究员，研究方向为区域经济、产业经济、发展经济学；李妍，贵州省社会科学院党建所副研究员，研究方向为法学、文化学；王炳南，贵州省社会科学院区域经济研究所副研究员，研究方向为产业经济。

平相比还有较大差距。推动贵州省文化大发展大繁荣，迫切需要进一步加大改革力度，着力解决贵州省文化产业发展攻坚阶段的深层次问题，加快构建有利于文化繁荣发展的体制机制，加快完善文化管理体制和文化生产经营机制，基本建立现代文化市场体系，健全国有文化资产管理体制，为文化繁荣发展提供新动力，形成有利于创新创造的文化发展环境，切实提升贵州省文化软实力。

一、文化体制机制改革基本状况

（一）取得的主要成效

经过2006年启动文化体制改革以来几年的发展，贵州省的文化体制机制改革和文化发展取得了有目共睹的成绩，呈现许多亮点。

1. 稳步推进文化体制机制改革并基本完成各项主体任务

2006年，贵州文化体制改革试点正式推开，贵州省设立了文化产业发展专项资金，制定出台了《贵州省文化产业发展专项资金使用管理暂行办法》、《中共贵州省委贵州省人民政府关于推进文化体制改革和加快文化发展的若干意见》，启动了文化体制改革试点工作，全省9个市（州、地）及部分省直宣传文化单位（部门）普遍成立了文改机构，明确了推进文化体制改革、加快文化产业发展的指导思想、原则要求和目标任务。2009年，出台了《省人民政府办公厅关于经营性文化事业单位转制后人员分流、社会保险和支持文化企业发展有关问题的意见》、《关于文化体制改革和文化企业发展的税收政策及操作流程》、《关于文化体制改革和文化企业发展的工商政策及措施》、《关于文化体制改革和文化企业发展相关金融政策的实施意见》、《关于文化体制改革和文化企业发展的土地资产处置政策及措施》，对转制文化企业的财政投入、资产管理、人员安置、社会保险接续、土地资产处置政策，以及文化企业的税收优惠、登记注册条件、金融支持政策等问题进行了明确的规定，9个市（州、地）也出台了相关文件，制定了文化体制改革相应的政策措施。截至2012年9月，贵州省已基本完成文化体制改革各项主体任务，实现了基本完成国有经营性文化单位转企改制任务、建设一批国有文化企业和企业集团任务、有线电视网络整合任务、文化市场综合执法改革任务、公益性文化事业单位内部机制改革任务、文化行政管理体制改革任务等六个“基本完成”目标，全省299家经营性文化单位完成转企改制任务，走出了一条以改革为动力，促进文化事业、文化产业加速发展，有贵州特色的西部地区文化改革发展之路。

2012年2月，贵州省及9市州荣膺中宣部、文化部、国家广电总局、新闻出版总署通报表彰的全国文化体制改革工作先进地区；2012年9月，贵州省又有13家单位和个人分别获得“全国文化体制改革工作先进”称号。

2. 形成了党委统一领导的管理体制和“双轮驱动”的运行机制

按照中央要求，文化改革发展形成了由党委统一领导、政府组织实施、宣传部门协调指导、文化行政主管部门具体落实、各有关部门密切配合的格局，并成立了党委领导下的文化改革发展领导小组，具体承担组织、推动、协调、指导等工作。文化体制改革实现了由单一的行政管理向综合运用经济、行政、法律等手段进行宏观管理的重大转变，从过去办文化到现在管文化、从过去的微观管理到现在的宏观管理的职能转变。经过“转、并、调、撤”，减少了行政、事业文化单位，理顺了政企关系、政事关系、政社关系、政资关系，建立了现代企业制度，激发了文化企业的活力，形成了经营性文化产业和公益性文化事业“双轮驱动”的运行模式。

3. 经营性文化单位转企改制和文化产业发展效果明显

贵州省299家经营性文化单位完成转企改制任务，核销事业编制9017个。

一是文艺院团转制效果明显。全省22家国有文艺院团注销事业法人，核销事业编制2127名，按要求全部完成转企改制。同时，还注销省直4家剧场（剧院）事业法人，核销事业编制170名。改制后成立的贵州省杂技团有限公司、贵州省演出集团公司、贵阳市演艺集团公司、遵义市文化艺术发展股份有限公司、遵义川剧团、毕节乌蒙演艺集团有限责任公司、安顺市黄果树艺术团以及黔东南、黔西南、铜仁等地演艺公司等企业开发精品剧目闯市场，不断扩展国内外商演市场，成效显著。

二是新闻出版改革发展取得较大突破。注销新闻出版单位事业法人112家，共核销事业编制2291名。贵州日报报业集团、当代贵州杂志社全面完成发行体制改革，毕节市和六盘水市联合创办《乌蒙新报》，《新报》打造城市周报品牌、《黔中早报》跨区域拓展市场等均成效明显，全面启动了非时政类报刊出版单位改革。转企改制过程中和改制成功后，贵州出版集团公司引进四川文轩共同组建新华文轩有限责任公司打造贵州最大书城，金黔在线新闻网站成为全省最知名的门户网站。

三是广播影视改革促进发展异军突起。至今126家广播影视单位注销事业法人，共核销事业编制3784名。实施管办分离的机制改革，合并贵州电视台和贵州人民广播电台，组建成立贵州广播电视台，全省各市州“两台”、“两局”合并基本完成。进行事企分开的体制改革，组建贵州广电传媒集团公司、贵州星空影业有限公司等市场主体。

四是集团化改革整合资源引领发展。从贵州省文化单位总体上“散、小、弱”的实际出发，推动经营性文化单位单个转企改制向集团化改革发展取得了突破，组建了省直报业、广电、出版、期刊、演艺等 5 大文化产业集团公司，打造行业内的“旗舰”集团，市各（州）组建的广电、报业、演艺、文化旅游集团公司，均纷纷通过整合资源、合纵连横，跨区域、跨行业发展，催生出一批市场竞争力强的文化先行军。

五是民营资本纷纷进入文化产业。在影业、游戏、动漫、图书等文化产业领域，贵州青年影视文化中心、贵阳熠动漫文化传播有限公司、遵义奇丽动漫公司、西西弗文化传播有限公司、安顺兴伟文化发展有限公司、贵州永吉印务有限公司等民营经济实体表现活跃。2011 年贵州省文化产业总收入、增加值分别达到 393.99 亿元、140.23 亿元，同比分别增长 22.49%、24.97%，远高于全国和全省的 GDP 增速；文化产业增加值占全省 GDP 比重为 2.46%，比上年增加 0.02%，文化产业正不断向国民经济支柱性产业目标挺进。文化产业发展形成了以文化服务、出版发行、版权、文艺、网络、文化休闲娱乐、其他文化服务、文化用品、旅游及相关产品生产与销售等 9 大类 77 个细目的文化产业体系，初步形成了以公有制为主体、多种所有制共同发展的良好局面。

4. 文化事业发展的运行机制正在形成

一是全省覆盖城乡的公共文化体系基本形成，文化民生越来越得到改善。2011 年建成乡镇综合文化站 1222 个、信息资源共享工程服务点 21114 个、农家书屋 18781 个、数字农家书屋 700 个，放映农村公益电影 24.98 万场，村村通、数字图书馆、农家书屋、农村公益电影等文化惠民工程，切实解决了人民群众看书难、看电影难、收听收看广播电视难的问题。全省 1578 家图书馆、博物馆、纪念馆、文化馆（站）和爱国主义教育基地，在免费开放基础上通过举办展览、举行知识讲座、提供网上服务等形式打造内容提升服务。率先在全国建成的贵州数字图书馆实施了“百万公众网络学习工程”，平均每天读者访问量超过 1 万人次。“三下乡”、“四进社区”、“心连心”、“送欢乐下基层”等公益性文化娱乐活动让广大基层群众共同分享了文化发展成果。遵义市开展的“富在农家、学在农家、乐在农家、美在农家”的“四在农家”创建活动作为典型经验在全国推广，产生了广泛影响。二是文化艺术精品亮点纷呈，出台了《文艺作品高端平台展示奖励办法》，极大地激发了文艺创作活力，拍摄的《幸存日》、《绝地逢生》、《邓恩铭》、《奢香夫人》等20多部精品剧目在央视和多家省级卫视播出，先后推出的《天地文通》、《天蝉地傩》等10多部舞台剧共有7部文艺作品获全国精神文明建设“五个一工程奖”，“多彩贵州”系列作品在央视青歌赛、舞蹈“荷花奖”大赛中获得奖项；以“民办公助”形式组建的贵阳交响乐团在普及高雅艺术、提高市民文化生活品位等方面成为贵阳市一张靓丽城市名片。

5. 形成了以“多彩贵州”为代表的文化品牌建设模式

近几年来，通过连续组织以歌唱、舞蹈、旅游形象大使选拔为主题的“多彩贵州”文化系列活动、多彩贵州旅游商品“两赛一会”，培育“多彩贵州”文化品牌。尤其是《多彩贵州风》自2005年公演以来持续演出2000余场，演出收入3000余万元，有力提升了贵州的影响力和美誉度。2010年底，已将“多彩贵州”商标品牌广泛推广运用到演艺、博览、主题公园、网站、动漫、酒店等十余个产业，带动投资100多亿元，走出一条开展公益性活动培育品牌与市场化运作品牌相结合的品牌建设路径。“多彩贵州”旅游商品设计大赛、能工巧匠选拔大赛及旅游商品展销大会，每年推出一大批“贵州名匠”和“贵州名创”作品，把过去零散无序的民间工艺产品有效整合，成为具有良好发展前景的旅游商品产业，开创了一项赛事带动一个产业发展的成功模式。

6. 文化与旅游、科技、资本等融合发展的机制初步形成

近年来，贵州省通过创新机制，构建了宣传、文化、旅游、体育、农业、经贸等“多位一体”的文化、旅游和外宣格局。贵州省发挥省文化产业发展专项资金扶持引导作用，推动文化旅游项目建设，探索出“政府主导、文化为魂、旅游造势、产业深耕”的文化与旅游融合发展的路径。着力实施全省“十大文化产业园”、“十大文化产业基地”等重大文化产业项目，打造一批名村古镇、工艺精品、演艺剧目、节庆活动等，贵阳、遵义、安顺、毕节等地推动转制文化企业与旅游资源整合组建系列文化旅游集团公司，推动发展文化旅游业，改变了贵州过去西线自然风光旅游一统全省的局面，形成了北部长征文化、黔西北彝族文化、黔西南布依文化、东南部苗侗文化、黔东佛教文化等文化与旅游相融合的态势，文化对旅游的贡献率也越来越大。2012年旅游总人数21401.18万人次，比上年增长25.8%；旅游总收入1860.16亿元，比上年增长30.1%。通过举办六届贵阳亚洲青年动漫大赛，吸引聚集了全国数十家民营动漫企业建立了贵阳国家数字内容产业园，贵阳朗玛信息技术股份有限公

司以电话语音增值和视频娱乐社区服务打造核心优势，成为上市公司，推动了文化创意与数字技术融合发展。

（二）存在的主要问题

目前文化体制改革处于攻坚阶段，在管理体制、运行激励机制、政策保障等多方面都还存在问题，对文化发展的促进作用发挥还不够。

1. 管理体制问题

贵州省文化资源分散在不同部门，党政统筹领导文化产业发展，职能上存在重复越位、多头管理等诸多问题，不利于文化的长远发展，故现行的文化行政管理体制亟待改革和完善。一是政企、政事、政资、政府与市场中介组织分开有待全面推进完成。贵州省在落实“局社分开”、“局台分开”、“管办分离”上取得了初步成效，但尚未完全到位，政企、政事、政资、政府与市场中介组织全面分开还需进一步加强。二是文化行政管理部门整合及电台电视台合并等任务须加快实施完成。目前，贵州省88个县（市、区）已整合文化、广电等部门组建了统一的综合行政主体，但9个市（州、地）尚未完成文化行政管理部门的整合任务。同时，虽然各市、县都组建成立了文化市场综合执法机构，但深化完善的任务还很重。三是从贵州省文化改革发展工作的领导体制来看，无论是领导规格，还是机构设置、人员配备等，要承担起当前及今后一个时期建设文化强省的艰巨任务，目前的设置还需要强化。

2. 文化供给机制问题

随着社会的发展，人们对自身的文化权利的实现越来越重视，对文化的需求越来越旺盛，越来越多样化。以前主要由国家文化部门、文化事业单位提供文化产品的方式已经不适合当前的社会文化需求，已经无法满足人们的需要；一些投入高、风险大、周期长且产权模糊但又是人们急需的建设项目，只依靠市场不行，完全靠政府又不堪重负，这就需要进行社会化的运作；在文化产品质量、定价、市场准入、市场执法等方面，政府监管不到位，尤其是偏远贫困农村文化建设举步维艰，文化设施落后、公共文化产品严重不足、农民文化生活匮乏，“文化饥渴”问题还比较突出。

3. 文化市场运行机制问题

由于文化事业长期形成的行政化与非产业化，造成了文化事业运行机制和经营机制的僵化和低效率。尤其是文化市场行业、区域分割仍较严重，文化、广电、新闻出版等行业主管部门在宏观调控、政策制定、市场监管、项目审批等方面仍是行业壁垒森严，文化资源和生产要素流动的区域壁垒还较多，跨地区、跨行业经营还存在一些困难。行政干预依然突出，教辅资料、图书等定价虚高，文化资源配置仍存扭曲现象。

4. 不同类型改制单位的经营管理和运行机制问题

一是不同文化行业之间差异加速扩大的趋势导致复杂的改革局面。依赖国家行政权力控制优质文化资源的文化行业（如广电、出版、报业）开始充分利用这种机会增加本行业的资源收益，而一些拥有非经营性资源的文化行业如公益性文化单位则由于经营困难而渐渐落后于其他行业。

二是经营管理体制。贵州省国有经营性文化单位虽然均已完成转企改制任务，但这仅仅是迈出了打造市场主体的第一步，距离建立现代企业制度，完善法人治理结构，打造真正合格的市场主体的要求还存在较大差距，仍然缺乏一批现代文化企业支撑文化产业的发展，经营管理体制尚不健全完善，有待加快深化完善。

三是国有文化企业管理机制。《省人民政府办公厅关于经营性文化事业单位转制后人员分流、社会保险和支持文化企业发展有关问题的意见》（黔府办发［2009］143 号）对转制文化企业的资产处置、财务管理等作了明确。同时，贵州省每年安排一定数额的省文化产业发展专项资金，各地各有关部门按要求按程序以项目形式申报资金扶持，由省委宣传部研究审批。对于国有文化企业的相关领导干部由省委组织部和省委宣传部共同考核及任免。应该说，贵州省在这方面作了一定的探索和实践，但距离建立市场经济条件下健全完善的管人管事管资产的管理机制还存在差距，需进一步完善。

四是民营文化企业缺乏扶持激励机制。省文化产业发展专项资金每年都对民营文化企业给予一定扶持，但总体上量小、面窄、效果不够明显，对民营文化企业的发展无论是在产业引导上，还是创新创意上都还需下功夫。尤其是引导民营企业进入文化领域参与竞争发展的范围、力度、深度还不够，统一、开放、竞争、有序的市场环境和激励机制尚未真正形成。

五是公益性文化事业单位未建立良好的运行机制。据统计，全省 221 家公益性文化事业单位，184 家已初步完成内部机制改革任务，剩余 37 家正在加快推进改革。各地有关部门虽然推动了多数公益性文化事业单位改革，但未与《中共中央国务院关于分类推进事业单位改革的指导意见》（中发［2011］5 号）的精神和要求有机衔接，未完全建立起良好的运作机制，未真正落实绩效考核、社会保险等，更未探索建立事业单位法人治理结构、引入竞争机制。同时，公共文化服务设施建设也有待加强，存在管理不善、作用发挥不力等问题，做大做强文化事业、实现文化民生仍然任重道远。

5. 文化发展的保障机制问题

一是政策落实不到位。党中央国务院、省委省政府制定出台了一系列关于文化建设的优惠政策，但在具体实施过程中，除受经济影响外，还会受到体制机制、部门权力、部门利益等方面的制约。

二是文化发展的评价机制。中央和省都明确要求将文化改革发展纳入经济社会发展总体规划，纳入科学发展考核评价体系，纳入党委、政府工作重要议事日程，做到与经济建设、政治建设、社会建设一同部署、一同实施、一同考核，但在具体操作上还存在不少问题和困难。目前，贵州省对文化改革发展的考核，只有由省委宣传部对省直文化、广电、新闻出版及 9 个市（州、地）党委宣传部在宣传文化系统内部的考核办法，尚未上升到省的层面来进行考核，无论是考核的力度，还是考核结果的使用及效果等都还不够明显。

三是投入机制方面。在文化建设投资融资体制方面，实行文化事业经费统包制，公益性文化投入渠道单一，造成投融资结构不合理，文化发展资金缺乏，文化设施建设投入效益差。

四是文化产业人才数量不足，层次偏低，结构不合理，特别是懂得市场运作、熟悉和掌握国际规则、有较强经营管理能力的复合型文化产业人才更加紧缺。

五是文化创新机制乏力。从文化艺术作品的国内和国际影响力来看，这是当前贵州省文化建设的一个弱项，亟待通过加大创新来提高整体质量和水准，打造有影响力的文化品牌。

二、文化体制机制改革面临的机遇与挑战

（一）机遇

1. 文化交流日益频繁有利于欠发达地区文化创新发展

从全球发展背景来看，经济全球化促进了文化交流，有利于贵州省吸收和借鉴国内外优秀的思想文化成果，拓宽文化创新发展视野，有利于欠发达地区发挥“后发优势”实现跨越式发展。

2. 当前和今后的政策环境有利于推进文化体制机制改革

从当前文化发展政策来看，国家促进文化大发展大繁荣的政策支持为文化跨越发展提供了良好政策机遇；贵州省文化体制改革的深化为文化跨越提供了

良好动力机遇。从今后发展来看，5～10 年是中国经济转型的关键时期和深化改革的最佳时期，也是深入推进文化体制改革的机遇期，有利于深化贵州省文化体制机制改革，促进文化繁荣发展。

3. 文化消费的日益增长为文化跨越发展提供了良好市场机遇

从经济发展阶段和文化消费需求来看，人均国内生产总值在 3000 美元左右时，就进入了物质和精神文化消费并重的时期。2011 年，我国人均国内生产总值已超过 5000 美元，全国文化消费支出总量应达到 5 万亿元以上，而目前尚不足 1 万亿元；从贵州省来看，全省人均国内生产总值已达 2600 美元，即将进入以 3000 美元为标志的物质和精神文化消费并重的时期，文化消费增长的潜力非常巨大。

4. 贵州省发展环境为文化繁荣发展奠定了良好基础

贵州省高度重视文化、旅游的跨越发展，贵州“加速发展、加快转型、推动跨越”的主基调和“工业强省、城镇化带动”两大战略为文化跨越提供了良好机遇，文化与工业、城市建设、旅游、科技、金融、扶贫等融合发展的势头良好，为文化大繁荣大发展奠定了良好基础。

（二）挑战

1. 文化发展面临更加复杂环境的挑战

面对不可逆转的全球化、现代化潮流和多元多变的社会思想，引领各种文化思潮的任务更加繁重。同时，我国改革已到了攻坚期，文化发展究竟应该如何适应新的体制性和政策性安排，尚在不断探索之中。

2. 面临破除制约文化科学发展的旧观念的挑战

贵州省高度重视文化跨越发展，将文化产业的目标定位“国民经济的支柱性产业”。但就文化产业领域而言，文化资源本身并不能直接成为资本，更重要的是需要能够运用各种文化资源创造符合时代精神、具有世界影响的文化产品的能力，必须不断进行内容、形式和手段创新，才能适应时代发展的需要，增强文化的吸引力和凝聚力。但贵州省作为欠发达地区，转变思想观念、培育文化发展能力的任务还十分艰巨。

3. 人民群众日益增长的精神文化需求与供给不足的矛盾

近年来，人民群众精神文化需求呈快速增长态势，但文化产品数量、质量和服务手段都还不能满足人民群众多层次、多方面的需求。

4. 文化发展要素保障的挑战

在文化设施、文化活动、文化产业投融资等文化投入方面与文化发展的需求还不相适应，文化人才培养体系与社会需求相比还不相适应，文化政策法规体系还不够健全，一些扶持政策还落实不到位。

三、加快构建有利于加快文化产业发展的体制机制

面对文化发展所面临的新问题、新趋势，要实现 2015 年和 2020 年贵州省文化大发展大繁荣的奋斗目标，必须着力解决主要矛盾，破解难点问题。关键是深化文化体制机制改革，着力建立完善政府宏观调控与管理机制、市场运行机制、创新机制、事业与产业发展机制、资产管理机制、政策保障机制，进一步激发文化创造活力，解放和发展文化生产力，充分激发市场主体作用，为文化繁荣发展提供新动力。

坚持“双轮驱动”，深化文化体制改革。现行文化体制的基本架构是经营性文化产业和公益性文化事业“双轮驱动”的模式，文化大发展、大繁荣的根基在于国民整体文化素质的提高，这要靠两条途径来解决。一是通过公共文化事业，向社会成员提供基本的、均等化的公共文化服务。二是通过市场，优化资源配置，发展文化产业。检验是否以坚持“两个效益”相统一推进文化发展繁荣的重要标准，就是看人民群众认同不认同、满意不满意，是否在满足文化需求的基础上使思想道德和科学文化素质得到了提升。因此，要积极探索以文化事业支撑文化产业、以文化产业促进提升文化事业，使二者协调发展的办法。针对文化事业和文化产业的不同特点，对于公益性文化事业的改革，主要以增加投入、转换机制、增强活力、改善服务为重点；对于经营性文化产业的发展，主要以创新体制、转换机制、面向市场、增强活力为重点。

促进贵州省文化大发展大繁荣，要着重加快推进几个主要方面的文化体制机制改革：一是文化管理体制；二是文化大发展大繁荣的运行机制，包括文化事业、文化产业的运行机制；三是文化发展的创新机制；四是文化开放发展的机制；五是文化发展的政策保障机制。

要根据各地区文化体制改革和发展的需要，坚持分步有序推进文化体制机制改革创新，制定适合各地实际的相关政策和改革措施。坚持试点先行，从点到面，分阶段、分步骤地推动文化体制改革全面展开。尤其要积极探索以主旋律文化引导带动其他不同层次多样文化健康有序发展，以新的文化业态带动传统文化业态发展，以优势文化领域带动一般文化领域发展，以文化发达地区带动文化落后地区文化发展的办法。

（一）创新文化管理体制和管理模式

文化管理体制是文化体制改革的关键环节，也是文化繁荣发展的组织者和引领者。着重摆正政府的位置，处理好政府、市场、社会力量的关系，既做到公共资源的合理调配，同时又不影响文化的活力。

1. 加强文化发展的领导体制建设

由于文化管理体制的改革与创新是一项复杂的系统工程，因而必须建立健全党委统一领导、政府组织实施、党委宣传部门协调指导、行政主管部门具体落实、有关部门密切配合的领导体制和工作机制，各司其职，上下左右联动，文化管理体制的改革与创新才能够真正落到实处。为适应强力推动文化强省建设、促进文化跨越发展的需要，建议将现有的“贵州省文化体制改革和文化产业发展工作领导小组”更名为“贵州省文化发展工作领导小组”，成立由党政主要领导任组长的文化工作领导小组，加强对文化工作的组织领导，协调推进各项任务落实。贵州省文化发展工作领导小组下设领导小组办公室，除省委宣传部常务副部长任主任外，增设副主任 1 ~ 2 名，充实内设机构，选拔配备素质高能力强的人才干部队伍，来推动贵州省文化发展相关工作。各市（州、地）、县（市、区）也要进一步建立完善文化发展工作领导体制，市（州、地）、县（市、区）党委常委、宣传部长同时担任分管文化的政府副职，统筹管理文化产业所涉及的文化、广播、影视、出版、演艺、体育、旅游等相关部门工作。

2. 深化文化行政管理体制改革

转变政府职能，是文化管理体制改革与创新的核心。一是要按照建设法治政府和服务型政府的要求，扎实推进政企、政资、政事、政府与市场中介组织分开，使文化行政管理部门更好地履行宏观调节、市场监管、社会管理和公共服务职能。二是建立权威高效的统一文化管理机构，结束政出多门、条块分割的现状。各市（州）要加快完成组建文化、广电、新闻出版综合行政主体任务，科学设置内设机构，统一履行原文化、广电、新闻出版部门的行政管理职能。全面深化各市（州）、县（市、区）文化市场综合执法改革，落实人员参公、执法机构三定方案，执法经费纳入财政预算等，真正形成权责明确、行为规范、监督有效、保障有力的执法体制，建设廉洁公正、作风优良、业务精通、素质过硬的执法队伍，推动文化市场执法工作进一步法制化、科学化、规范化。三是加快完成省及各市（州）电台、电视台合并组建广播电视台任务，促进广播电视优势互补，融合发展。四是改革和完善文化决策机制，建立

“专家委员会”，在文化领域的重大项目、重大投资、重大活动等方面进行研究，以提升决策科学化水平。

3. 国有文化资产管理机制

健全政府管理与法人治理结构相结合的文化企事业单位管理体制，从制度创新、股权设计等方面，实现政府对文化单位的控制力。目前，国有文化资产主要有两类：一是文化事业资产；二是文化产业资产。就前者而言，有一个如何进行有效监管的问题，后者则涉及如何运营、实现保值增值的问题。按照党的十六届三中全会提出的建立“归属清晰、权责明确、保护严格、流转顺畅”的现代产权制度的要求，一要通过制定一系列法律法规和规章制度，构造政府与国有文化资产运营机构、国有文化企事业单位之间的层级授权经营和委托代理的法制化责任体系，形成各级政府财政部门代表国家行使国有文化资产的所有权职能、运营机构经政府授权对国有文化企业行使出资人职能、国有文化企业和事业单位具体负责经营（或管理）所属范围内的国有文化资产的格局，使各级责任主体切实担负起经营（或管理）国有文化资产的责任；二是要制定国有文化事业资产、经营性资产的分类管理和监管办法，加强审计、财务管理和评价考核，规范投资、产权转让等交易行为，防范经营风险和资产流失；三是对国有文化资产进行一次全面的清产核资，摸清家底，清理债权债务，界定产权，进行资产评估，核实企业资本金，测算改革成本，为整体推进国有文化企、事业改革，建立国有文化资产管理和运营新体制创造必要的条件。

4. 建立科学完善的文化发展评价机制

一是建立科学完善的文化发展评价机制。要从公益性文化事业的发展评价机制和经营性文化产业的发展评价机制两个方面来考虑，其中，公益性文化事业的发展评价要以公益性、公平性、便利性、多样性、基本性为原则，对政府投入和综合投融资总量、公共文化服务设施建设、公益文化活动品牌、基层文化生活、公共文化服务产品和内容、数字文化建设工程、公共文化服务方式和机制、物质和非物质文化遗产保护、针对特殊群体的公共文化服务等指标进行评价。经营性文化产业的发展评价要以文化产业总产值、总就业人数、总固定资产存量规模、政府投入、发展水平、经济效益、市场化程度、对国民经济的贡献等指标进行评价。二是建立职责明确的执行责任体系。把文化事业发展纳入经济社会发展的总体规划和年度计划，纳入党政领导任期目标和考核内容，与经济社会发展目标任务一起部署、实施、推进。三是建立文化大市场的分类标准和统计指标体系，由宣传文化、统计部门单位具体承担，有关部门参与，共同完成此项工作。四是建立便于操作的评价考核体系。把文化建设的各项目标任务分解落实到每一个具体部门、单位和责任人员身上，加强日常督促检查和阶段性评价考核。

（二）完善思想文化道德建设的体制机制

文化大发展大繁荣的核心在于加强信仰建设，牢固树立社会主义核心价值体系。因此，要进一步完善思想道德建设的体制机制，不断改进思想道德建设的方式方法，切实推进理论创新，提升黔文化软实力，建立起有利于积极向上主流思想文化道德弘扬的长效机制。

1. 完善社会主义核心价值体系的建设机制

社会主义核心价值体系是社会主义意识形态的本质体现，是文化建设的核心。社会主义核心价值体系的建设路径应从最高层次、普遍层次、大众层次三个方面来进行建设。一是在最高层次，着力在推动马克思主义大众化、通俗化、生活化、具体化上有新发展，坚持不懈地用马克思主义中国化最新成果武装全党、教育人民，用中国特色社会主义共同理想凝聚力量，用以爱国主义为核心的民族精神和以改革创新为核心的时代精神鼓舞斗志，用社会主义荣辱观引领风尚，巩固全党全国各族人民团结奋斗的共同思想基础，进一步发挥好马克思主义对社会各种思想文化的统摄作用。二是在普遍社会价值准则层次，着力在树立社会主义核心价值体系上有新发展，把社会主义核心价值体系融入国民教育和精神文明建设全过程，积极探索用社会主义核心价值体系引领社会思潮的有效途径和传播方式，使之切实得到广大群众的自觉追求。三是在最广泛民众精神纽带层次，着力在建设“贵州精神”方面有新发展，使之成为贵州人共同的精神维系。贵州省各地在推动发展的过程中，要结合自身实际情况研究区域性精神问题，发挥精神对地方发展的引领、导向、推动作用。

2. 完善理论创新机制

理论创新是建设社会主义先进文化的核心和前提。要以政治、经济、文化、社会、科技、生态发展的新实践为源头，推进较高层次的研究和原创工作，努力形成富有鲜明时代特色和民族特色的“贵州学派”、“贵州理念”。紧紧围绕“四化同步”进程的新实践，对贵州改革建设的重大问题形成新的理论认识成果，不断推动欠发达地区科学发展观理论的新发展。

3. 提升黔文化软实力

文化作为软实力的重要组成部分，越来越成为民族凝聚力和创造力的重要源泉，越来越成为综合实力竞争的重要因素。当前贵州文化建设中，必须坚持社会主义核心价值体系，重点围绕推动贵州跨越式发展，把文化软实力建设摆在突出位置，切实抓紧抓好，努力抓出成效。一是通盘研究规划贵州文化软实力发展战略，确定中长期战略目标、战略重点、战略步骤、战略措施，推动文化软实力建设，服务经济社会发展。二是精心打造黔文化品牌。贵州历史悠久，山川秀美，历史文化、红色文化、生态文化、民族文化等异彩纷呈，影响广泛。要深入发掘这些特色文化的内涵，形成有影响力、感染力的黔文化品牌，推动黔文化走向全国、走向世界。三是建设人文软环境。核心是要形成开放包容、宽松开明、亲商利商、有序竞争、合作共赢、诚实守信等发展理念。四是大力塑造贵州精神。贵州精神是反映贵州省传承蕴含的优秀素质和先进理念，是价值追求、思想观念和精神风貌的集中体现，是重要的软实力。

（三）创新公共文化事业发展机制

公共文化服务是文化大发展大繁荣的根基，要制定好三套实现路径的体制机制：加快公共文化服务体系、加快文化创作繁荣发展、扩大文化消费。

1. 加快完善公共文化服务体系

坚持以政府为主导，鼓励社会参与，以项目投入为手段，以重大文化工程为杠杆，创新公共文化服务途径、方式和运行机制，加快公共文化服务体系实现网络化和城乡全覆盖，实现城乡文化一体化发展格局。其一，公益性文化单位要以转换机制、增强活力、改善服务为着力点，加快推进公益性文化事业单位完成内部人事、收入分配和社会保障制度改革，引入竞争机制，不断增强活力，并进一步加大财政、税务、人事、社保等方面的政策支持力度。要全面推行全员聘用制度和岗位管理制度，健全岗位目标责任制，真正形成调动广大文化工作者积极性的激励机制。其二，要拓宽渠道，鼓励民营经济进入公益文化领域开展相关活动，完善鼓励捐赠和赞助等各项政策，探索建立理事会、董事会、管委会等多种形式的法人治理结构。其三，加强农村文化建设，着力构建广大人民群众特别是边远地区群众的文化权益保障体制机制，促进基本公共文化服务的均等化，尤其要大力加强村级文化设施建设，在基本实现每个行政村都有文化活动室的基础上，整合资源，实现基层文化资源的综合利用。其四，加强城市社区文化建设，完善城市社区文化建设工作运行机制，实现文化资源共享，关注城市边缘社区的文化建设，使不同籍贯、不同语言、不同社会地位、不同观念、不同生活方式、不同心态的人群和谐相处、共同发展。其五，加强非物质文化遗产保护，做好非物质文化遗产的发掘、论证、认定工作，充分发挥非物质文化遗产对广大未成年人进行传统文化教育和爱国主义教育的重要作用。其六，把文化设施建设与其他基础设施建设一起纳入城乡建设总体规划和用地规划，本着方便群众就近和经常参加文体活动的原则，在城市规划中明确文体基础设施建设用地，在新建住宅小区内配套建设公共文化设施；在旧城改造、新农村建设中，政府应结合城乡规划，优先保证被拆除文化设施的恢复建设。

2. 健全文化创作繁荣发展的机制

加快文化创作繁荣发展是提高文化产品生产能力、供给能力的必然要求，是满足人民群众日益增长文化需求的前提条件，其主要亮点是文化创作机制的创新，形成比较完善的文化产品评价体系和激励机制。在文化创作方面，实施打造贵州特色的舞台艺术精品工程，加强对文学、戏剧、影视剧、广播剧、美术、书法等艺术领域引导的力度，构建科学的文化创作生产体制机制，使贵州成为引领时代文化精品的国内主要生产基地之一。打造舞台艺术精品工程，对部分优秀曲艺艺术实施抢救、保护和扶持工程，实施重大历史题材美术创作工程等；进一步改进文化产品的各类评奖、资助、奖励机制，鼓励多出力作，多创作精品；对民营艺术院团的健康发展创造良好的氛围和条件，在评选表彰、演员职称评定、社会保障、优秀剧目支持等各个方面一视同仁；通过有偿服务，积极拓宽发展空间，增强自我发展能力，以政府购买、项目补贴、委托生产等方式，扶持和培育一批活跃在省内外文化市场的知名文化团体、节目制作商，培育和催生出在国内外领先的文化流派、文化品牌，形成文化创新繁荣发展的良好态势，不断推出丰富的文化精品力作。

3. 建立促进文化消费的体制机制

扩大文化消费是实现文化大发展大繁荣的必要条件和重要目标，是人民群众日益增长的文化需求中的重要内容，其重点是形成一个能针对不同群体、不同城市、不同区域、不同文化习惯、不同文化消费、不同民族的文化产品和文化服务体系，不断推出个性化、分众化、专精化的文化产品和服务项目，以不断满足人民群众多样化、多元化、多变性的文化需求。在文化消费方面，重点加强电影演出体系的建设，把好的文化作品推到人民群众的身边，让老百姓经常有机会品尝到精美的文化盛宴。加快文化旅游开发，特别是红色旅游开发，吸引更多的人感受贵州文化的丰富魅力。

（四）健全文化产业发展机制

文化产业是最需要体制机制创新的领域。文化产业的体制机制，重在建立和完善现代企业制度，建立更加富有生机和活力的市场运营机制，做强做优文化企业集团和文化产业集群，进一步完善文化产业发展的政策保障体系。

1. 建立和完善文化企业的现代企业制度

文化产业的发展，要坚持以市场为导向，尽快建立和完善现代企业制度，努力做到“产权明晰、责权明确、政企分开、管理科学”。一是研究出台国有文化企业管理政策。《中共贵州省委贵州省人民政府关于深化文化体制改革的意见》（黔党发［2011］16号）对制定国有文化资产管理政策作了明确，要按要求抓紧研究出台国有文化企业资产监督管理的有关政策措施，和国有文化企业经营业绩考核及薪酬水平审核等具体办法，进一步推进建立权利义务责任相统一、管人管事管资产相结合的国有文化企业管理体制和运行机制，确保国有资产保值增值。二是加快文化企业经营管理体制建设。要按照现代企业制度的要求，推动已转制的文化企业以市场为主导，完善法人治理结构，加强经营管理，健全绩效考评和激励约束机制，成为真正合格的市场主体。在改革过程中，要把转企改制与资源整合、结构调整结合起来，加快打造一批产权清晰、管理科学、特色突出、富有活力、实力雄厚的国有或国有控股文化企业和企业集团。

2. 扶持做强做优文化企业

文化发展繁荣的关键在市场，市场活动的主体是企业。进一步优化文化产业布局和结构，加强重点文化产业带建设，加快文化产业园区和基地建设，支持和鼓励一批有实力的国有文化企业实行跨地区、跨行业兼并重组。重点在演艺娱乐业、动漫游戏业、传媒业、网络业、影视业、出版发行业等重点文化产业选择一批改革到位、成长性好、竞争力强的大型国有或国有控股集团公司，将改革到位、成长性好、竞争力强的大型国有文化企业培育成为骨干龙头文化企业，推动上市融资，进一步推动规模化、集约化经营，大力培育具有较强竞争力和影响力的大型文化企业和企业集团。适时制定出台产业集群打造、龙头企业培育、品牌项目开发、专门人才培养、投融资体制改革等政策措施，有效发挥政策的驱动和激励作用，鼓励和支持他们开发拥有自主知识产权、市场占有率高的原创性产品，形成具有核心竞争力的知名文化品牌，在文化市场中发挥主导作用。实施重大文化产业项目带动战略，培育文化骨干企业和战略投资者，打造具有核心竞争力的文化产品和文化品牌。大力推进文化与科技深度融合发展，推动传统文化产业不断向数字化、多媒体转型。

3. 积极鼓励和支持非公有资本进入政策许可的文化产业领域

“十六大”以来，相继出台了一系列政策规定允许和鼓励非公有资本进入演出、发行、网络游戏、影视制作、影院建设等领域。近年来，非公有文化企业发展迅速，已经成为文化产业的一支重要力量。要认真落实《中共贵州省委贵州省人民政府关于进一步加快全省民营经济发展的意见》文件精神，执行放宽民营经济发展限制、其他支持企业发展的专项资金用于支持民营企业发展的比例原则上不低于三分之一等意见，从人才培训、资金扶持、政策保障、扩大对外开放等方面支持和鼓励民营企业进入文化领域参与竞争发展，同时还要大力引进一批咨询、策划、创意、市场交易等方面的中介机构进入文化领域，全方位、多角度地为文化发展提供服务和支持。同时，还要不断完善管理办法、加强监管力度，正确引导非公有制企业健康有序地发展。

（五）建立文化开放的体制机制

推动文化开放发展是文化体制改革的重要出路和重要目标，也是推动文化改革和发展、增强文化软实力和竞争力的重要动力。为此，要着力打造代表贵州文化的系列经典项目、精品力作、知名品牌，推动贵州文化产品进入国内国际市场，不断增强贵州文化的国内国际影响。

1. 完善支持文化产品“走出去”的政策措施

建立以政府为主导、以企业为主体、以市场化运作为主要方式的工作机制，完善部门间联动机制，采取定期或不定期召开文化产业联席会议等形式，帮助解决文化企业和文化产品“走出去”过程中产生的具体困难；加强与企业的沟通联系，随时针对文化企业和文化产品走出去过程中遇到的新情况和新问题，研究出台新的解决办法；设立文化产业发展引导资金，用于人才吸引、培训、企业融资贴息、产品研发、推介等；积极推进省内市州区域间的合作，形成资源共享、市场共有、互利共赢的发展格局；改革文化外贸体制，这是促进文化产业跨越发展的重要方面。培育文化产品走出去的人才队伍，为贵州文化发展培育一批既懂文化又懂经营管理的专业人才。

2. 大力培育外向型文化企业和产品

大力培育以市场为导向的外向型文化企业，兴办多种形式的国际文化实体，鼓励文化企业加大产品研发力度，以民族文化为根基，以市场需求为导向，努力形成一系列既有文化内涵又有实用价值的文化产品。推进品牌建设，集中优势打造文化企业和文化产品走出去的龙头核心，继续培育和壮大现有的文化品牌，采取多种措施鼓励现有的文化品牌加大文化产品的研发力度，创作更加丰富、更具竞争力的文化产品。在“多彩贵州”项目的基础上，通过项目运作，继续在曲艺杂技、民间工艺品、红色文化等领域挖掘培育一批新的文化品牌。充分发挥贵州省作为我国物质和非物质民族文化遗产最为富集的省份之一的优势，挖掘民族元素，大力发展牛角雕、牙舟陶瓷、水晶、银饰、刺绣、土布、蜡染、傩面、木艺、大方漆器、玉屏箫笛、紫袍玉带石等具有原生态、珍贵性和稀缺性的民族民间工艺品，积极培育和开发满足国际市场需要的文化产品。

3. 文化交流与传播机制

加强贵州文化的宣传力度，拓展贵州文化宣传的形式和内容，全方位展现贵州旖旎的风光、多样的文化、良好的生态、丰富的资源，推介贵州高品位的旅游产品、文化产品，提升贵州文化的知名度，积极组织文化企业与国际市场接轨，学习借鉴优秀文化企业产品研发经验，了解掌握国际市场的需求变化，帮助文化企业规避国际文化冲突。拓展多渠道的文化交流活动，要以文化、政治、经济、教育、体育、旅游、生态环保、城市建设等各个领域的对外交流活动为载体，全方位传播贵州文化，增强贵州文化在国内外的吸引力感召力。积极利用贵州省的驻外资源，搭建促进文化企业和文化产品走出去的营销网络平台，采取多种形式带着文化企业和文化产品走出去。加大政府的支持力度，积极引导贵州省文化企业参与国内外知名的展洽活动。借鉴优秀省市做法，建立“政府引导、企业运作”的公共服务平台，帮助企业实现持续性的“走出去”。加强重点媒体国际传播能力建设，积极推动传播手段创新，充分运用先进科学技术拓展文化传播渠道，提高文化传播效率，提高贵州省文化传播能力。

（六）建立合理有效的文化创新机制

文化发展的创新机制是文化体制改革的重要方面，也为推动文化大发展大繁荣提供不竭的动力支持。要建立文化创新体系，激发人民群众的文化创造活力，推动具有民族性与时代性相结合的内容与形式的创新，积极探索使文化与旅游、科技及其他产业相融合的大文化发展之路。

1. 激发文化创造活力

要树立新的科学的文化发展观，不断创新文化发展理念，用科学发展观统领文化建设工作。建立健全以企业为主体、市场为导向、产学研相结合的文化创新体系，支持各类文化企业与科研机构、高等院校联姻，结成创新型组织，发挥文化创意成果对传统文化产业的拉动和提升作用。加强对文化创新的组织与管理，加大文化创新投入，推进理论创新。坚持百花齐放、百家争鸣的方针，激发人民群众文化创造活力，调动人民群众参与文化建设的积极性、主动性和创造性。要加强文化发展战略研究，树立明确的品牌意识、原创意识和产业链意识，通过文化品牌树立贵州形象。

2. 推动民族性与时代性相结合的内容与形式创新

要保持民族性、体现时代性，不断促进思想文化理论创新，形成具有现代化指向和浓郁的民族特色的新型思想理论和文化价值体系。一要积极推动内容创新。在内容上要求个性化、差异化，避免同质化，在质量上要求精品化、品牌化，避免低质化，力求出精品、出个性化产品，走品牌之路。要在继承民族优秀文化传统、积极吸收借鉴国内外优秀文明成果的基础上，以新的内涵来提升文化作品的艺术品格，注重内容的原创性、独创性、民族性，充分展现贵州特点的文化品牌，增强黔文化的竞争力。二要积极推动形式创新，通过不断实践探索和经验总结，催生新型文化产品，推动黔文化的生存、传播和发展，满足不同群体、不同层次的文化消费品位。

3. 促进文化与旅游、科技融合发展

积极探索使文化与旅游、工业、农业、科技等领域相融合的大文化发展的办法，走出一条具有贵州特色、富有生命力的文化发展路子。发挥科技的支撑作用，大力发展文化创意、软件开发、工艺美术、时尚设计、广告装潢、数字出版、动漫游戏等新兴产业，发展新兴文化业态和多种文化相关产业，拓展文化发展新领域。加快文化与科技的融合，积极利用高新技术改造传统文化产业，加强对文化领域新技术的研究。打破就旅游抓旅游的思维束缚，深入探索推进文化产业与旅游产业融合发展的管理体制、工作机制，形成协同发力、合作共推、相互支持、相互促进的体制机制。

（七）完善文化发展的要素保障机制

完善政策保障机制是文化体制改革的重要组成部分，也是文化大发展大繁荣的重要保障。要加强人才、投融资、土地等要素保障体系和文化要素市场建设，加快文化市场法律、法规建设，为文化事业和文化产业的发展和繁荣创造条件。

1. 完善人才政策

人才是文化发展的第一资源，建立公平、公正的人才培养和使用机制，是推动文化大发展大繁荣的重要支撑。一是加强各层次文化人才队伍建设。以高层次人才队伍建设为引领、中端人才队伍建设为骨干、基层人才队伍建设为基础，建设文化人才的培养、引进和使用体系。对于高层次领军人才队伍，注重发挥目前贵州省本土高端文化人才的作用，大力支持本土文学家、艺术家、创意人才等文化人才团队做大做强；对一些急需的又能够为文化事业作出突出贡献的高层次人才，应当打破常规，给予特殊的优惠政策，使之进得来、留得住、用得上，让他们在政治上有地位，经济上有保障，社会上有形象。将文化产业人才纳入全省高层次人才培养计划，培养造就一批具有较高文化素养和创新能力的文化产业专业人才和复合型人才。鼓励有条件的文化企业面向全国多渠道引进拔尖人才和领军人物。积极开展高层次论坛和文化产业会展活动，把贵州打造为全国文化产业信息交流的重要基地。对于中端人才，要利用现有文化阵地和师资力量对文化人才队伍进行经常性的培训与学习，提高他们的业务水平，开阔他们的视野，努力培养一批业务精、视野宽的骨干文化专业人才。在高校课程中有针对性地增设文化产业相关专业或课程，为文化产业人才队伍提供强大后备力量。对于基层文化人才，要着力培养和造就大量扎根基层的乡土文化、群众文化人才，通过开展各类文化艺术活动，从中发现有地方特色、民族特色的“草根艺术家”，并有针对性地对他们进行培养，发挥他们在基层文化建设中的重要作用。要抓好基层文化管理队伍、各类群众文艺创作、表演队伍和社会文化辅导员队伍以及民间文艺队伍建设，形成专群结合、以专带群、以群促专的文化大军。二是确立文化人才队伍建设的重点领域。针对贵州省文艺作品特别是影视剧创作、文化旅游、民族歌舞演艺、民间工艺品开发等具有良好基础、比较优势和前景广阔的领域，以及目前发展所需而又力量薄弱的领域重点培养造就人才。围绕这些重点领域，加强文化艺术精品的人才支撑，特别是文化艺术创作、舞台艺术表演、艺术设计等创意人才队伍建设；进一步加大创意人才、策划人才的培养和引进工作，着力打造高端创意园区，重点培育1～2 个在全国具有较高知名度和较强吸引力的创意人才聚集区；加强文化遗产保护、开发和利用人才，加大非物质文化遗产的保护、开发和利用人才队伍力度，大力培养能够有效利用和开发非遗文化的研究和经营人才；加强基层文化服务机构和管理机构的文化艺术骨干和文化管理人才建设；加强对外（港澳台）文化交往，培养一批既懂文化，又懂经济、政治等的复合型高级人才，推动贵州文化“走出去”；培育具有贵州特色的乡土文化人才，围绕民族民间文化、旅游文化资源、茶文化、红色旅游文化资源、非物质文化遗产保护与传承等领域，通过职业培训、师徒结对、技艺传承等方式，加大对各类文化人才的培养力度。把发展旅游业和对民族民间传统文化的开发保护利用结合起来，充分利用已搭建起来的旅游市场平台，吸引更多的人才往娱乐演艺、节庆会展等文化行业聚集。以“多彩贵州”歌唱、舞蹈大赛、“两赛一会”、“多彩贵州”原生态民族文化国际摄影大赛等重要活动为载体，为乡土文化人才的成长提供广阔的空间与舞台，加快文化产业基地和区域特色文化产业群建设。加强文化旅游、广播影视、新闻出版等方面的人才队伍建设。三是完善文化人才激励机制。营造推动文化人才发展壮大的良好氛围，进一步密切党委、政府同广大文化工作者的联系，加强文化队伍建设，对各级文化单位在政策倾斜、加强培训、设立激励机制、搭建创作和深入生活的平台等方面，给予切实有效的支持和帮助。深化文化事业单位人事制度改革，广泛推行聘用制和专业技术人员职务聘任制。打破学历、资历界限，以创新能力和工作业绩为主要考核标准。推行文化经营管理人员经营持股，文化艺术专业人才以智力、成果和品牌等入股，以及实行期股、期权等中长期激励措施。制订和实施文化产业人才教育培训计划，充分发挥高等院校、科研院所和各类教育机构的作用，设立文化产业专业院系，打造优势学科，培养文化产业人才。鼓励高等院校与文化企业创立文化产业人才培养、研发基地，大力培养引进优秀文化产业创新人才，采取请进来、送出去的办法，加快人才培养步伐。进一步提高文化人才配置的市场化程度，促进不同地区、不同部门、不同层次和类型的文化人才资源通过市场渠道流入贵州省。

2. 完善财政政策

创新财政投入和管理方式，完善财税政策和信贷手段，由单一的财政经费投入变为有偿制、借贷制、招标制等多种文化发展投融资方式，对于不同类型的文化生产领域进行不同方式的投入与管理。

对于公益性文化事业，政府必须确保每年对文化建设投入增幅不低于同级财政经常性收入增长幅度，确保中央、省级财政转移支付资金用于文化建设的比重逐年增加。对于改革以后保留的公共财政投入的事业单位，采取目标管理和绩效考核管理的制度，并逐步提高公共文化服务效率。设立相应的专项资金，加大对文化建设的财政投入。加大对公益性文化事业的经费投入，逐一完成县乡一级尚未建成的文化馆、图书馆等公共文化设施以及乡镇综合文化站、村文化活动室、社区文化活动中心（室）等文化设施的建设；对已竣工的建设项目，追加一定的启动资金，配置相应的内部设备设施，使其尽快投入使用。设立农村文化建设专项资金，保证一定数量的中央和省级财政转移支付资金用于乡镇和村文化建设，重点加强村文化室和社区文化中心建设，把公共服务延伸到村和社区。设立非物质文化遗产保护专项资金，加大对少数民族地区的投入。设立省文艺精品创作专项资金、省互联网发展专项资金、省动漫产业发展专项资金。省级文化产业发展资金、对外宣传资金、哲学社会科学规划资金在现有基础上，根据工作需要和财政收入增长逐年增加。鼓励民营企业通过收购、控股、参股等形式，参与国有文化企事业单位的改革，形成投资主体的多元化、社会化。对民办非营利性文化机构举办的公益性文化活动，各级财政可视情况给予适当补助。

对于经营性文化产业的投入政策实施分类管理。通过加大政府投入力度和完善财税优惠政策，支持一批有战略意义、有市场发展前景的文化资源项目产业化。以各类专项补助资金和政策性贷款的形式，以项目扶持形式，加大转企改制后竞争力仍较差的企业的扶持。完善文化产业发展专项资金的引导机制，采取项目补贴、贷款贴息、配套资助、奖励等方式，重点用于引导扶持一批文化产业骨干企业、文化产业基地、文化产业园区、文化产业项目等。鼓励相关政府资金向文化产业倾斜，对入驻贵州的文化企业和入驻文化产业园区的企业要实施专项补贴制度，对文艺创作优秀作品、文化企业重大项目研究开发和文化产业产品、服务方面获得省级以上重大奖项的，应按照资金管理办法，给予资助和配套资金支持，形成支持文化产业发展合力。

3. 完善工商政策

一是降低文化企业市场准入门槛。允许和鼓励文化机构、企业以及各类社会资金通过独资、合资、参股、特许经营等多种方式，进入国家未禁止的文化产业领域。积极吸收社会资本进入文化创意、影视制作、演艺娱乐、动漫、印刷、出版物分销等领域，鼓励非公有资本参与国有文化单位的转企改制和股份制改造，逐步形成多种所有制共同发展的文化产业格局。允许转制后的企业沿用原单位名称，允许转制后的非时政类报刊公司淡化行政区划概念，为转制文化企业延续原有声誉、扩大社会影响创造有利条件。二是放宽文化企业出资方式限制。支持、鼓励投资者用股权、债权和商标、专利等知识产权等无形资产评估作价出资，并放宽企业集团注册登记条件。

4. 完善税收政策

一是加大公共文化事业发展的税收支持力度。图书馆、博物馆（纪念馆、陈列室）、文化馆（站）、科技馆、群众艺术馆、美术馆等公益性文化事业单位在自有场所举办文化活动取得的门票收入，免征营业税，用于加强和改善公益性文化服务。建议省财政厅、省文化厅联合发文，每年核拨专项经费，对贵州省公益性文化服务设施免费开放实行财政补贴。文化事业单位可以对其享有使用权的土地、房产、建筑物依法进行经营、租赁、转让。鼓励公益性文化捐赠，捐赠企业在年度应纳税所得额 3% 以内的部分，经主管税务机关审核后，在计算应纳税所得额时予以扣除，捐赠款额可以税前列支、计入生产经营成本。二是加强文化产业发展的税收政策落实。继续贯彻落实国家、省关于文化产业发展的相关优惠扶持政策，确保文化产业企业享受增值税、所得税、营业税、出口文化产品退税等各项优惠待遇。

5. 完善金融政策

贯彻落实国家九部委《关于金融支持文化产业振兴和发展繁荣的指导意见》（银发［2010］94 号），建立多个部门信息沟通机制，细化金融扶持文化产业发展的办法措施，完善金融支持文化产业的配套机制。建立健全文化产业投融资体系，组建贵州文化产业投资集团有限公司，对重点文化产业项目建设和大型骨干文化企业上市等给予重点支持。建立文化产业投融资体制机制，研究制订著作权、版权、专利权、商标权、文化品牌等无形资产的评估和质押办法。积极支持符合国家产业政策、信誉良好、实力较强的文化企业按照国家有关规定，发行企业债券和短期融资券。鼓励和引导金融机构加大对文化企业的信贷投入，并在国家允许的贷款利率浮动幅度内给予一定的利率优惠，逐步提高文化企业中长期贷款的规模和比重。建立文化产权认定和评估机构，建设文化产权交易市场，推动文化产权的资产化和证券化，提高文化企业的融资能力。鼓励和支持构建文化产业担保和再担保制度，降低文化产业投资风险。支持鼓励文化企业依法以股权融资、项目融资、租赁融资等方式，筹集产业发展资金。积极支持符合国家产业政策、信誉良好、实力较强的文化企业依照国家有关规定，发行中长期企业债券和短期融资债券。积极推荐符合条件的文化企业上市。建立文化企业信用评价指标体系，鼓励金融机构适时开展知识产权权利质押业务试点，加大对文化产品生产和消费环节的有效信贷投放，建立多层次的贷款风险分担补偿机制和文化无形资产评估体系。大力培育和发展文化产业保险市场，根据文化企业的特点，开发适合文化企业保险产品。探索建立适应文化产业发展的投融资机制，鼓励组建文化产业投融资担保机构和知识产权专利评估机构，推进“银企联合”和“银文联合”。

6. 完善土地政策

将文化设施建设用地纳入土地利用总体规划和年度计划，对重点文化产业集聚区（基地、园区和实验区）、重大文化项目以及优势文化企业在土地供应方面予以优先支持。城市转型中退出的工业企业原有用地优先用于发展文化产业，允许文化企业在符合城市规划或不改变土地批准用途的前提下，在其原用地范围内提高土地利用率。支持以划拨方式取得土地的文化单位利用工业厂房、仓储用房、传统商业街区和历史文化保护街区等存量房地资源转型兴办文化产业。鼓励利用存量土地发展文化产业，加大对低效利用土地的盘活利用和闲置土地的清理处置力度，确保文化产业在内的转型升级项目用地优先供应。对于文化产业重点项目涉及占用耕地，在项目所在市县区域范围内无法完成耕地占补平衡的，由省土地行政主管部门组织省内易地补偿。加大土地使用监管力度，不断提高文化产业用地使用效率，促进集约用地。严格禁止以文化产业之名违规占地，搞房地产及其他产业开发。

7. 完善法律法规体系

健全的文化政策法规体系是推动文化大发展大繁荣的有力保障。现有的文化建设法规和政策主要以行政监管和限制为主，缺少硬性指标和详细规划，而且文化政策涉及部门多，协调难，容易造成政策棚架，流于形式。要加快文化建设立法，通过详细规划、合理布局，制定相应的法律法规，对公益性文化事业和经营性文化产业要采取符合各自实际和特点规律的改革路径，构建起有利于文化大发展大繁荣的法律法规体系，积极支持公共文化服务事业和经营性文化产业快速健康地发展。要加大知识产品的保护力度，建立健全文化产业知识产权的地方法规及政策体系，引导和保护文化企业的创新积极性，营造保护文化企业发展的良好环境，实现文化企业的可持续发展。

8. 完善文化市场体系

建立统一开放、竞争有序、规范发展的文化市场体系，首先，要积极发挥行政调控手段，大胆应用市场化运作机制，建立规范、有序、开放的文化市场体系，营造良好市场环境，打破条块分割、行业垄断和市场封锁。其次，利用政策杠杆，逐步缩小城乡差距，实现城乡互动双赢的良好局面。第三，建立和形成文化要素市场体系，遵循文化发展规律和市场规律，建立与物质市场配套互动的人才、资金、技术和知识产权市场，盘活文化资源存量，加大文化资源增量的有效投入，建立增强文化发展的物质基础。第四，整顿市场秩序，加大执法力度，坚持扫黄打非，切实保护知识产权。

主要参考文献

[1] 中共中央关于深化文化体制改革 推动社会主义文化大发展大繁荣若干重大问题的决定[R]. 2011, 10.

[2] 中共贵州省委关于贯彻党的十七届六中全会精神推动多民族文化大发展大繁荣的意见[R]. 2011, 10.

[3] 贵州省文改文产办. 贵州文化跨越发展体制机制保障研究报告 [R]. 2011, 9.
[4] 贵州省委政研室，贵州省政府发展研究中心. 贵州文化跨越发展的政策保障调研报告 [R]. 2011, 9.
[5] 贵州省文化厅. 贵州文化跨越发展调研材料 [R]. 2011, 9.
[6] 李媛媛. 试析当前文化建设的几个重点问题 [J]. 中共珠海市委党校 珠海市行政学院学报, 2011, 6.

文化产业园区发展模式及其启示

白雪冰*

摘　要

文化产业园区建设是文化产业发展的有效途径，通过对我国文化产业园区发展现状的描述，分析文化产业园区三种发展模式的利弊，探寻适合贵州文化产业园区和文化产业基地发展的道路和方法。

关键词

文化产业园区　发展模式　启示

一、我国文化产业园区发展概况

自党的“十七大”提出要大力发展文化产业，激发全民族文化创造活力，更加自觉、更加主动地推动文化大发展大繁荣以来，国内文化产业发展快速，建设文化产业园区成为推进文化产业发展的一大助力。我国文化产业园区包括国家级的文化产业示范（试验）园区和国家文化产业示范基地两类。

文化部2007—2012年，先后分四批将全国15个文化产业发展较好的园区命名为“国家级文化产业示范（试验）园区”。15个国家级文化产业园区，包括8个国家级文化产业示范园区（华侨城集团公司、西安曲江新区、沈阳棋盘山开发区、曲阜新区文化产业园、河南省开封宋都古城文化产业园区、上海市张江文化产业园区、湖南省长沙天心文化产业园区、四川省成都青羊绿舟文化产业园区）和7个国家级文化产业试验园区（广东省广州北岸文化码头、

* 白雪冰，贵州省社会科学院贵州文化产业发展研究中心助理研究员，研究方向为区域经济、文化产业。

黑龙江（大庆）文化创意产业园、河北省中国曲阳雕塑文化产业园、福建省闽台文化产业园、山东省台儿庄古城文化产业园、吉林省东北亚文化创意科技园、宁夏回族自治区石嘴山市星海湖文化产业园区）。据统计，截至2011年底，国家级文化产业园区已聚集各类文化企业近8000家，文化产业从业人员总和超过40万人。2011年，园区内文化企业实现总收入超过1200亿元，实现总利润168亿元，实现总税收90亿元[1]。其中，西安曲江新区2011年实现文化产业增加值25亿元，综合产值100亿元以上，融资达150亿元以上；曲阜国家级文化产业示范园区2011年实现文化产业经营收入28.7亿元；开封宋都古城文化产业园区2010年实现总产值69.05亿元；上海张江文化产业园2011年各种新型文化企业机构近400家，产值超过110亿元；长沙天心文化产业园区2011年文化产业总产值102.8亿元，年均增速达25%；成都青羊绿舟文化产业园区2011年文化产业产值约40亿元，实现税收约2亿元；等等。文化产业园区逐步成为地区经济发展的支撑和引擎，也成为文化产业发展的重要载体。

除了国家级文化产业园区，各省市积极建设文化产业园区，国内各类文化产业园区建设可谓如火如荼，在数量上出现井喷现象。据中国文化创意产业网统计，截至2012年4月，全国已建成1216个文化创意产业园区，广东、上海、江苏、浙江数量较多，其中，广东和上海文化创意产业园区已超过100个，贵州省为22个，[2] 还有一批文化产业园区项目正在兴建和规划中。在这些文化产业园区中，也不乏发展的亮点，如北京798艺术区、上海田子坊文化创意产业园区、横店影视城、杭州宋城、深圳力嘉创意文化产业园等。

二、文化产业园区发展模式探讨

我国文化产业园区发展起步较晚，有的园区是在摸索中发展，有的园区在模仿中发展，也有园区创新发展。文化产业园区类别不同，发展模式也会有区别，国内有学者根据资源类、创意类、生产制造类的文化产业构成体系，将文

---

[1] 苏丹丹：《国家级文化产业园区：区域经济发展新引擎》，《中国文化报》2012年10月12日第5版。

[2] 中国文化创意产业网：《2012全国各省市文化创意产业园区数量比较》，http：//www.ccitimes.com/redian/redian/2012－04－21/6247862478.html。

化产业园区从产业的角度划分为生产型、资源型以及创意型三种,[1] 本文借鉴这种划分方法讨论文化产业园区的主要发展模式。当然，由于文化产业本身的广泛性和互融性，这三种类型的文化产业园区并不是截然区分的，之间也存在相互的交叉和融合。一般来说，生产型文化产业园区和创意型文化产业园区主要聚集在较发达的区域，而资源型文化产业园区则更多分布在欠发达区域。

（一）以生产为主的文化产业园区

以生产为主的文化产业园区，主要涵盖文化制造业的行业内容，如文化用品生产、体育用品生产、乐器生产、印刷包装等。以深圳力嘉创意文化产业园为代表，这种文化产业园区一般采取跨业态发展，同时提升传统产业的发展模式。印刷产业作为传统产业，本身就存在转型提升的问题，力嘉国际集团也不能回避这个问题，在 2008 年国际金融危机中更受到冲击。这坚定了力嘉集团建造创意印刷文化产业园、培育新业态、带动企业转型升级的决心，希望通过园区建设实现三大战略转型，即通过数字网络技术改造工艺和管理流程，向高新技术产业转型；通过发展创意和电子商务，向现代服务业转型；通过发展绿色印刷，向绿色环保产业转型。[2] 力嘉创意印刷文化产业园一期工程是在力嘉原有生产厂房基础上改造的，已于 2011 年落成，主要由文化交流功能区、创意设计功能区、印刷包装项目研发和数据测试中心三大块构成。2012 年力嘉创意印刷文化产业园作为新增的深圳文博会分会场，举办了“2012 创印节”活动，达成第八届深圳文博会力嘉创意文化产业园分会场签约金额 10.9 亿元，吸引国际高端印刷设备制造企业海德堡、高宝、曼罗兰等 30 多家行业优秀企业、国内 20 多个印刷协会入驻。

（二）以资源为主的文化产业园区

以资源为主的文化产业园区，主要指资源依赖型文化产业园区，包括文化休闲度假、文化旅游产业园区，如一些民族民俗文化产业园区、生态文化产业园区等。横店影视城、西安曲江模式、杭州宋城是这类文化产业园区的典型代表，大多采取以文化资源为依托，促进文化体验式的休闲度假旅游向深度发展。

---

[1] 潘新红：《文化产业园发展模式探析》，《青年记者》2012 年第 7 期。

[2] 马伟武：《深圳力嘉：创意印刷文化产业园的转型探索》，《印刷经理人》2011 年第 11 期。

表 1　以资源为主的文化产业园区及其发展模式

文化产业园区	主要发展模式
横店影视城	在影城打造出的不同景区和演艺节目，成为该文化旅游产业园区的核心文化资源，主要有秦王宫景区、清明上河图、明清宫苑景区、江南水乡景区等 13 个景区、形成了《梦幻太极》、《神往华夏》、《梦回秦汉》、《清宫秘戏》等 13 台演艺节目，是集影视拍摄、旅游、演艺、休闲、餐饮、住宿、会务等为一体的大型文化产业园、国家 5A 级旅游区、国内首家“国家级影视产业实验区”、影视旅游主题公园，经营理念为“影视为表、旅游为里，文化为魂”
西安曲江模式	经营业务范围涵盖文化旅游、演艺、传媒、会展、出版等领域。“文化 + 旅游 + 城市”的模式
杭州宋城	依托“宋城千古情”经典演艺节目，打造宋城主题公园，被称为“主题公园 + 旅游文化演艺”模式。2010 年 12 月，宋城股份成功上市后，在三亚、泰山、石林、丽江、峨眉山、九寨沟、张家界等地复制宋城模式，拓展异地项目

（三）以创意为主的文化产业园区

以创意为主的文化产业园区，主要涵盖传媒、艺术、动漫、游戏、设计等领域，这类文化产业园区往往对艺术和技术要求较高，也是文化与科技相结合最密切的园区。以创意为主的文化产业园区很大一部分是利用废旧厂房，加以改造，导入文化产业活动，形成文化产业园区，这种模式在国外、国内及我国港澳台地区都较为普遍。

表 2　以创意为主的文化产业园区及其发展模式

文化产业园区	主要发展模式
中国台湾地区台北松山文化创意园区	由日治时期台湾总督府专卖局松山烟草工场遗址演变而来，对遗址保留原貌或修复，举办各类文化艺术演出和展览；由废弃仓库群转变而来的高雄驳二艺术特区注重设计和创意，以半年租期为限，吸引不同艺术家进入园区创作、表演和展览
美国好莱坞	由于影视业数字化发展的影响，好莱坞附近产生大量闲置的电影后期制作工作室和大型仓库，租金低廉，恰好契合画廊经营的需求，使该区域转变为充满艺术气质的艺术新区；荒废的罗素工业中心被私人买下后租给艺术家和文化创意相关从业者，逐步扩大影响力，实现了从传统工业向文化创意产业的转变
中国大陆地区	北京 798 艺术区的自发形成有一定历史和环境背景，其所在区域的 718 大院早在 20 世纪 90 年代就开始利用旧厂房进行艺术创作，在具有一定规模和影响力基础上，政府加强对其规划、引导和规范管理，引进符合园区定位的有影响力的文化产业机构，实现艺术区向文化产业园区的转型；集中了各类富含历史文化底蕴的历史建筑的上海田子坊，是发展文化创意产业和保护里弄建筑相结合、艺术与生活相融合的典范，坊内石库门保留一部分居住特性，将部分老建筑和开发厂房进行招租，坊内居民也自行改造住房招租，吸引文化创意企业入驻，使园区分为工厂区和居民区，2006 年被评为中国最佳创意园区

三、贵州文化产业园区建设的对策建议

通过上述模式的梳理可以得出，文化产业园区是一个大平台，是将文化、技术、创意、人才、生产、销售、研发等元素汇集、整合、融合起来的一个综合载体。虽然国内外一些文化产业园区在发展中探索出适合自己发展的模式，但这些模式本身也是在不断发展的，具体时期具体主体发展模式对另一时期另一主体的发展不一定起到积极作用，而且任何发展模式都会存在伴随发展所产生的问题和后遗症，贵州文化产业园区对这些发展模式不能全盘复制，要用辩证和发展的眼光对待之，理性借鉴，切忌盲目跟风。

（一）科学规划，目标合理

在园区建设之前，要做好相关调研、规划、论证工作。首先，在扎实调研的基础上，对文化产业园区的定位、特色、目标、市场前景、空间布局、产业布局、周边环境、基础设施建设等方面都要有一个科学的规划和评估，并在项目实施过程中对出现的偏差随时进行原因分析和采取修正措施，必要时对目标进行修正；而且，园区建设要符合项目建设相关的各方利益，特别是群众利益。如澳门望德堂区创意产业园规划实施中就有一项“检讨机制”，建议成立由政府主管部门人员、规划设计人员、居民代表及开发商组成的专责小组，组织公众参与讨论项目实施，并对实施进度、执行情况、效益回报等进行综合性评价，使园区建设符合群体利益。[1] 其次，文化产业园区建设要因地制宜，目标合理，不要盲目模仿，一味求大图多。文化产业园区一定要结合当地的经济文化水平，产业优势、文化特质来打造。无论是曲江模式、宋城模式还是798艺术区模式，都被很多地方模仿和复制，但是能否见成效还有待证明，而且这些模式本身也不是完美无瑕和万能的，也存在问题和潜在隐忧，比如，曲江模式就被诟病为圈地行为，且破坏文化资源和城市景观；798艺术区面临产业和业态升级问题等。所以，在借鉴的时候要考虑模式是否符合本地文化产业园区的发展，而且也要分析各种模式可能会带来的问题，并预先设置好规避问题的措施。

---

[1] 崔世平、韩佩诗、何卓锋：《澳门望德堂区创意产业园与旧区活动》，《中国名城》2010年第6期。

（二）紧紧围绕产业链发展园区

无论是以生产为主的文化产业园区、以资源为主的文化产业园区，还是以创意为主的文化产业园区，都要找到自己的核心产业，以核心产业为基础，纵横两个方向延长和拓展产业链，避免园区建设流于形式，产业雷同，造成同行业间的恶性竞争。比如，深圳力嘉创意印刷文化产业园把传统的印刷业与创意产业相结合，仍然以印刷业为核心，只是“换一种方式做印刷”，将文化和创意元素融入，形成新的产业形态，“不是不做印刷，而是要把印刷做得更好”。而杭州宋城，其核心产品是演艺节目《宋城千古情》，通过节目不断创新，“常演常新”来吸引游客，同时带动餐饮住宿等相关产业发展及茶叶、丝绸等旅游商品销售，形成了一个旅游演艺链条。但是，以演艺节目作为园区的核心产品也存在风险，虽然演艺节目可以通过版本提升来维持一段时间的新鲜感，但尚不足以成为产业长久发展的基础，“宋城模式”还应提升产业的文化内涵，培育新的业态，寻找旅游演艺产业新的增长点。另外，在吸引企业入驻时，园区对企业应有针对性地筛选，一是吸引符合园区定位的文化企业入驻，而不是与文化毫不相干的企业；二是围绕园区核心产业，以构建完整产业链为目标，选择符合要求的产业链上中下游的企业入驻。

（三）把握好文化产业园区建设中的政府角色

文化产业园区建设离不开政府的引导和推动，尤其是对于欠发达欠开发和欠开放的贵州，文化体制改革过程中企业改制后有些关系还没有理顺，更需要进一步明确市场主体，注意在打造文化产业园区时政府所扮演的角色，做到既不缺位，也不越位。综观国内外文化产业园区的发展，政府在其中扮演的角色主要是引导、规范和服务，主要体现在规划布局、文化资源和环境保护、基础设施建设、政策支撑、平台搭建、规范管理等方面。如美国及我国台湾等地的文化产业园区，特别是文化艺术创意产业园最初多为自发形成，形成一定规模后政府再介入引导，纳入整个区域进行规划布局，增强产业园区的集聚效应、专业性及孵化功能。对于以资源为主的文化产业园区，因其对资源的依赖性较高，主要为文化旅游园区，所以政府要特别重视文化资源和环境的保护，以及交通等基础设施的建设。对于以创意为主的文化产业园区，政府应重视产品的版权保护等。另外，针对文化产业园区不同的发展阶段，对政府扮演角色的要求也不同，政府出台的支持政策也需要相应调整。

贵州文化产业园区和基地发展情况分析

吴 杰*

摘 要

"十二五"以来，贵州省文化产业园和基地发展取得较大的进展。本文主要从贵州"十大文化产业园"和"十大文化产业基地"、国家文化产业示范基地、省文化产业示范基地、其他文化产业园区和基地等方面对贵州文化产业园和基地发展情况进行了分析，并对贵州文化产业基地从传统文化产业、新兴文化产业、民族特色文化产业，地区分布等方面进行了分析。

关键词

文化产业园　文化产业基地　示范基地

一、省级十大文化产业园区和基地

"十二五"以来，贵州省深入贯彻国发［2012］2号文件建立"文化旅游发展创新区"的战略定位和省委十一届二次全会提出的将文化产业培育成国民经济支柱性产业的精神，大力构建特色文化产业体系，加快文化产业转型发展。按照省委十届十二次全会关于重点实施好"六个一批"中规划和建设好一批文化产业园区、基地和重点项目的要求，加快文化产业园区和示范基地建设，实施"100个骨干文化企业"培育工程，实施"100个文化产业项目建设"工程，重点培育打造"100个文化品牌"，规划和实施了贵州文化出版产业园、贵阳数字内容产业园、贵阳阳明文化产业园、中国（遵义）长征文化博览园、中国（遵义）酒文化产业园、黔中国际屯堡文化生态园、中国（凯里）

* 吴杰，贵州省社会科学院区域经济研究所副研究员，研究方向为产业经济。

民族文化产业园、毕节大方古彝文化产业园、黔南平塘国际射电天文科普文化园、黔西南民族文化产业园等“十大文化产业园”，多彩贵州城、贵州文化广场、贵州日报报业集团印务传媒研发基地、贵州现代文化创意与数字出版产业基地、贵州广电家有购物集团电子商务文化产业基地、贵阳会展基地、遵义会展基地、六盘水会展基地、铜仁玉屏箫笛研发生产基地、贵州（贵阳）民族民间工艺品交易基地、贵州（凯里）民族民间工艺品交易基地等“十大文化产业基地”。到2012年底，十大文化产业园和十大文化产业基地的情况如下。

十大文化产业园中，贵州文化出版产业园项目的签约仪式于2012年11月在高新区举行，并于2012年12月开工。贵阳数字内容产业园已经投入使用，一期以科技金融创新中心大厦为建筑主体，总建筑面积37000平方米；二期将以朗玛信息软件中心、西部研发基地Ⅱ期等20万平方米作为产业园后续发展支撑。目前，朗玛信息、西渡网络、中星电子、黔程天力、中声传媒等企业（项目）已入驻贵阳国家数字内容产业园，形成了产业聚集发展态势，其中具有代表性的贵阳朗玛信息技术股份有限公司是贵州首家在创业板上市的公司。贵阳阳明文化产业园已经落实建设土地但尚未开工。中国（遵义）长征文化博览园制作了《中国（遵义）长征文化博览园项目建议书》，制定了《中国（遵义）长征文化博览园总体规划编制工作方案》，编制了《遵义市中国长征文化博览园总体规划》，制作了《中国（遵义）长征文化博览园项目商业投资意向书》，完成城区直达博览园项目地的道路拓宽和沥青表处工程，项目地实现“三通一平”，园区内道路管网等配套设施正在建设中。中国（遵义）酒文化产业园，其中酒文化体验园区区域路网工程、供水设施、安置区平场已基本建成，并启动了天然气输配工程、供电等相关配套基础设施建设。茅台国酒文化展示体验区已经完成项目报告编制及规划、功能结构、风格设计，完成投资4千万元，一期工程茅草祭台已竣工。其中“中心文化酒庄”已完成规划编制，投资2.78亿元，建设完成了形象进度90%。中枢三号区酒瓶、酒盖、飘带、纸箱等酒文化产业一条街已初具规模。黔中国际屯堡文化生态园的规划编制工作完成。中国（凯里）民族文化产业园，待《凯麻新城分区规划》经批准及《黔东南州下司古镇城市设计、概念建筑方案设计、概念景观方案设计》和《凯里—麻江城市规划区综合交通方案设计和城市防洪、排水方案设计》规划方案评审通过后，选址才能真正落实。毕节大方古彝文化产业园总的概念性规划已编制完成并通过专家组评审，2.26平方公里建设性详细规划方案正在完善中。黔南平塘国际射电天文科普文化园需500米口径球面射电望远镜，待贵州省配套设施建设总体规划经省政府批准后，才能启动相关工作。黔西南民族文化产业园目前已完成一期工程，入驻企业20余家。

十大文化产业基地的建设情况比较滞后，除贵阳会展基地（会展中心）已经建成并投入使用外，多彩贵州城、六盘水会展基地、铜仁玉屏箫笛研发生产基地、贵州日报报业集团印务传媒研发基地均是已经开工但尚未完工，贵州文化广场落实了建设土地但尚未开工，遵义会展基地已完成编制规划，落实了项目建设土地，正在开展征地拆迁工作，贵州现代文化创意与数字出版产业基地、贵州广电家有购物集团电子商务文化产业基地、贵州（贵阳）民族民间工艺品交易基地、贵州（凯里）民族民间工艺品交易基地进展较为缓慢。

二、国家文化产业示范基地

到2012年底，贵州已有包括多彩贵州文化艺术有限公司、安顺市开发区兴伟文化发展有限责任公司、平坝县天龙旅游投资开发有限公司、雷山县西江千户苗寨旅游发展有限公司4家获得国家文化产业示范基地称号的企业，其中多彩贵州文化艺术有限公司是第二批国家文化产业示范基地（2006年），2011年公司营业收入7000万元，利润总额1100万元，下属有全省最大的民营剧团——多彩贵州艺术团和多彩贵州艺术学校，公司打造的《多彩贵州风》已成为贵州省标志性文化品牌。安顺市开发区兴伟文化发展有限责任公司是第三批国家文化产业示范基地（2008年），2011年营业收入1000万元，利润总额300万元，公司由兴伟石博园、兴伟旅游商品市场、兴伟奇石交易市场、兴伟工艺品市场部门和机构组成，填补了贵州古生物化石及石文化旅游资源利用的空白。平坝县天龙旅游投资开发有限公司是第四批国家文化产业示范基地（2010年），2011年营业收入870万元，利润总额4.5万元，公司采用政府+公司+旅行社+农民旅游协会的屯堡文化经营模式，带动了屯堡文化的保护、传承、开发，提高了村民的收入。雷山县西江千户苗寨旅游发展有限公司是第五批国家文化产业示范基地（2012年），2011年营业收入3848万元，利润总额838万元，公司由雷山县人民政府出资，经营范围包括：景区门票管理，景区车辆运营管理，经营性国有资源的开发、经营和管理，旅行社，旅游产品，景区基础设施建设，景区旅游产业招商引资等，改善了景区基础设施，优化了群众生产生活条件，为景区群众提供了越来越多的就业和创业机会（见表1）。

表 1 贵州省国家文化产业示范基地

文化产业示范基地名称	获得时间	2011 年营业收入（万元）	2011 年利润总额（万元）	文化产业内容
多彩贵州文化艺术有限公司	第二批国家文化产业示范基地（2006 年）	7000	1100	文艺演出
安顺市开发区兴伟文化发展有限责任公司	第三批国家文化产业示范基地（2008 年）	1000	300	奇石文化
平坝县天龙旅游投资开发有限公司	第四批国家文化产业示范基地（2010 年）	870	4.5	屯堡文化旅游
西江千户苗寨乡村旅游有限公司	第五批国家文化产业示范基地（2012 年）	3848	838	苗族文化旅游

数据来源：根据贵州省文产办提供的 2012 年第一批省文化产业示范基地的 24 个基地企业资料整理而成。

三、省级第一批省文化产业示范基地

2012 年 7 月，贵州省委宣传部联合 16 家省直部门正式印发了《贵州省文化产业示范基地申报评选管理试行办法》，明确了凡在省内境内登记注册的各类所有制文化企业，只要是经营范围、经营规模、经济效益和社会效益等方面符合基本条件的，都可以申报。每年 6 月省文改文产办将在省级报刊发布申报公告，开始受理申报材料，9 月底截止申报；10 月开始评审及公示；年底正式命名。2012 年，在贵州省第一批省文化产业示范基地申报中，来自 9 个市州的 128 个文化产业示范基地通过省直部门、市（州）提交了申报材料，经过组织申报、行业初审、专家评审等程序，24 个表现突出的文化企业被命名为第一批省文化产业示范基地（包括多彩贵州文化艺术有限公司、安顺市开发区兴伟文化发展有限责任公司、平坝县天龙旅游投资开发有限公司、雷山县西江千户苗寨旅游发展有限公司 4 家已经获得国家文化产业示范基地称号的企业）。

24 个基地既涉及传统的新闻出版等文化产业，也有新兴的网络、数字动漫文化产业，还有具有贵州特色的生态、民族旅游的特色文化产业，其中超过 70% 的企业都是新兴文化产业和民族特色文化产业。24 家基地 2011 年企业营业收入总计 330249 万元，利润合计 29543.5 万元。

从地区分布来看，贵阳市作为省会城市，文化产业发展比较快，成为第一批文化产业示范基地的企业也比较多，包括贵州省建筑设计研究院、贵州醉苗乡餐饮投资管理有限公司、多彩贵州文化艺术有限公司、贵州天马传媒有限公司、贵州省广播电视信息网络股份有限公司、贵州人民出版社有限公司、贵州日报社（集团）黔森影视基地、贵阳日报传媒集团经营有限公司、贵州永吉印务有限公司、贵阳国际会议展览中心有限公司、贵阳朗玛信息技术股份有限公司、贵阳数字内容产业园等 12 个基地，安顺市有平坝县天龙旅游投资开发有限公司、贵州关岭化石群国家地质公园、安顺市开发区兴伟文化发展有限责任公司 3 个基地，毕节市有贵州百里杜鹃旅游开发投资有限公司 1 个基地，铜仁市有贵州大明边城旅游开发股份有限公司、松桃苗族自治县苗王城旅游开发有限责任公司 2 个基地，黔东南州有雷山县苗族银饰刺绣文化产业发展有限公司、西江千户苗寨旅游发展有限公司、贵州省台江县施洞刺绣农民专业合作社 3 个基地，黔西南州有兴义市泓鑫玉石加工有限公司 1 个基地，遵义市有遵义市杂技歌舞艺术有限责任公司、遵义红色旅游集团 2 个基地，而六盘水市和黔南州都没有基地企业（见表 2）。

从各类文化产业企业发展情况来看，示范基地中的传统文化产业企业如贵州省广播电视信息网络股份有限公司、贵阳日报传媒集团经营有限公司等，通过改制转型，企业发展加快，盈利能力增强。新兴文化产业发展不断加快，如贵阳数字内容产业园，2011 年企业营业收入 42000 万元，利润 14000 万元。民族特色文化产业基地不断增加，并且带动农民增收致富，如台江县施洞刺绣农民专业合作社，2011 年营业收入 6380 万元，利润 1914 万元，带动施洞镇专门从事刺绣等商贸活动的人员达 2000 多人，年产值 6000 万元以上。组建刺绣合作社已成为扶贫成功模式，成为台江县、黔东南州当前转变农业发展方式、调整农业产业结构、实现农民增收的重要手段。

表 2 贵州省第一批省文化产业示范基地基本情况

文化产业示范基地	所在市（州）	2011 年营业收入（万元）	2011 年利润总额（万元）	文化产业内容
贵州省建筑设计研究院	贵阳	33644	1219	综合性勘察设计
贵州醉苗乡餐饮投资管理有限公司	贵阳	8247	3240	原生态餐饮品牌
多彩贵州文化艺术有限公司	贵阳	7000	1100	文艺演出
贵州天马传媒有限公司	贵阳	12804	2688	广告

续表

文化产业示范基地	所在市（州）	2011 年营业收入（万元）	2011 年利润总额（万元）	文化产业内容
贵州省广播电视信息网络股份有限公司	贵阳	100205	18620	电视传播
贵州人民出版社有限公司	贵阳	8715	861	出版
贵州日报社（集团）黔森影视基地	贵阳	5804	-2101	影视作品
贵阳日报传媒集团经营有限公司	贵阳	21391	10258	传媒
贵州永吉印务有限公司	贵阳	40063	12786	彩印
贵阳国际会议展览中心有限公司	贵阳	5300		会议展览
贵阳朗玛信息技术股份有限公司	贵阳	11218	6842	软件开发和网络社区文化运营
贵阳数字内容产业园	贵阳	42000	14000	数字动漫
平坝县天龙旅游投资开发有限公司	安顺	870	4.5	文化旅游景区
贵州关岭化石群国家地质公园	安顺	400	160	化石主题公园
安顺市开发区兴伟文化发展有限责任公司	安顺	1000	300	奇石
贵州百里杜鹃旅游开发投资有限公司	毕节	5000	1500	景区旅游
贵州大明边城旅游开发股份有限公司	铜仁	1200	350	景区
松桃苗族自治县苗王城旅游开发有限责任公司	铜仁	2000	600	景区旅游
雷山县苗族银饰刺绣文化产业发展有限公司	黔东南	2500	510	银饰刺绣
西江千户苗寨旅游发展有限公司	黔东南	3848	838	景区
贵州省台江县施洞刺绣农民专业合作社	黔东南	6380	1914	刺绣
兴义市泓鑫玉石加工有限公司	黔西南	3250	585	石文化
遵义市杂技歌舞艺术有限责任公司	遵义	410	240	文艺演出
遵义红色旅游集团	遵义	7000	1700	文化旅游产业

数据来源：根据贵州省文产办提供的2012 年第一批省文化产业示范基地的24 个基地企业资料整理而成。

四、其他文化产业园区和基地

（一）其他文化产业园

除“十大文化产业园”外，作为文化产业发展的有效途径，全省其他文化产业园也不断开始规划和建设。例如，到2012年底，遵义市规划了习水土城红色文化产业园区，娄山关高端红色文化产业园区已完成项目地勘工作，一期170亩土地已报批，正在开展征地拆迁等前期工作。遵义仡佬文化产业园已于2012年9月试营业，现已形成了“仡佬石头城”、“仡佬文化博物馆”、“大吉符母洞天坑”、“瀑布群落”和景区380多处摩崖石刻、15处大型雕塑、几十处仡佬六和民俗景点，以及多个仿古仡佬洞穴居、仡佬民俗祭祀场、表演场等。安顺市的民族文化风情园、现代休闲产业园、安顺特色饮食文化园、工艺博览产业园、印刷包装产业园、工业旅游产业园、数字文化研发产业园等“七大文化产业园区”布局规划已完成编制。毕节市的大方县乌鸦洞航空文化旅游产业园和织金洞苗乡彝街文化园已基本建成，毕节市民族文化产业园、赫章夜郎文化产业园、百里杜鹃花卉文化产业园已启动规划编制。黔东南州的天柱三星岩文化产业园区已完成投资4800万元，三星岩文化苑项目中的文昌阁、孔子广场建设接近尾声，即将开工建设凤山书院。丹寨县民族文化体育特色产业园已完成投资1450万元，斗牛场、牛棚、民族文化艺术展示台、餐饮部、看台、公厕、门市部、园区大门、停车场、蓄水池等一期工程已完工，第二期的体育训练中心、产业办公用房、原生态摄影基地、苗药养生、斗鸟斗鸡斗狗场等正在施工。黎平侗族大歌实景展演项目累计完成投资5200万元，完成征地、房屋拆迁、停车场建设等前期工作。台江施洞民族文化产业园已完成投资1500万元，完成项目规划，部分基础设施正在施工。雷山西江旅游文化产业园区完成投资1.4亿元，完成了规划初审并启动村寨整治建设工作。黔西南州的晴隆24道拐抗战文化遗产园场地平整、道路建设等基本完成，有关工作正在加快推进。贞丰双乳峰母亲文化园已经完成了景区绿化、水池、观景台、雕塑、水电路等基础设施建设，投入资金65万元。万峰林文化旅游产业园州级文产资金直接投入50余万元，撬动资金投入2000余万元。

（二）其他文化产业基地

除命名为省级的文化产业示范基地的24个外，贵州省通过对传统文化产业改制转型，大力发展以文化旅游、民族民间演出、民族民间工艺美术等为代表的民族特色文化产业，大力发展以休闲娱乐、艺术创意设计、动漫网游等为代表的新兴文化产业，其他各级各地区文化产业基地建设也取得了比较大的发展，128个申报第一批省文化产业示范基地的企业中，其他104个基地企业发展情况良好，104个企业2011年营业收入总计2901743万元，利润合计41220万元，并且90%的企业都属于新兴文化产业和民族特色文化产业，新兴文化产业2011年营业收入总计196638万元，利润合计33542万元。民族特色文化产业2011年营业收入总计85844万元，利润合计8164万元（见表3）。

表3　其他104个文化示范基地申报企业统计情况

文化产业示范基地类型	企业数量（个）	2011年营业收入（万元）	2011年利润总额（万元）
1. 传统文化产业	6	7692	614
2. 新兴文化产业	36	196638	33542
3. 民族特色文化产业	62	85844	8164
合计	104	290174	41220

注：数据根据贵州省文产办提供的2012年申报第一批省文化产业示范基地的128个基地企业资料整理而成。1. 传统文化产业，包括广播、影视、图书、报刊、印刷、数字出版企业。2. 新兴文化产业，包括休闲娱乐业、文化艺术创意设计网络业、新媒体与动漫网游业的企业。3. 民族特色文化产业，包括文化旅游业、民族民间演出业、民族民间工艺美术业、会展广告与民族节庆业的企业。

贵州文化旅游产业集群化发展研究

王　彬　宋　明*

摘　要

贵州作为文化旅游资源大省，如何将资源优势转化为经济优势，快速做强做大文化旅游产业，是一个亟待解决的难题。本文立足于贵州省文化旅游产业集群化的发展基础，深入剖析旅游产业集群化发展过程中存在的问题，在此基础上，提出了贵州文化旅游产业集群化发展战略构想和发展的对策建议。

关键词

文化旅游产业　集群化　贵州

贵州是一个文化旅游资源大省，丰富的原生态文化和生态文化、厚重的红色文化及多民族文化活动成果，为文化旅游集群化发展奠定了坚实基础，但还存在一些基础设施不够完善等问题。贵州省要想实现由文化资源大省向文化旅游强省的跨越式发展，必须走集群化发展的道路。

一、文化旅游产业集群的重要性

文化旅游产业集群是指由文化旅游要素企业、关联企业以及辅助企业和相关机构，围绕优势文化旅游资源或区位条件优越的旅游目的地而形成的空间地域集聚体，它是文化旅游产业适应经济全球化和集群化发展的必然趋势。从国内外成功的实践经验来看，文化旅游产业集群发展，一般可分为两种类型：一

---

* 王彬，贵州省社会科学院区域经济研究所、贵州文化产业发展研究中心助理研究员，研究方向为区域经济、产业经济；宋明，贵州省社会科学院副院长，贵州省社会科学院贵州文化产业发展研究中心主任，研究员，研究方向为区域经济、产业经济、发展经济学。

是资源型文化旅游产业集群，二是专业市场型文化旅游产业集群。所谓资源型文化旅游产业集群，主要是依托文化旅游景区及景点而形成集游、娱、吃、购、行等为一体的产业集群。所谓专业市场型文化旅游产业集群，实际上就是文化旅游接待服务为重点而形成集住、吃、行、娱、购等为一体的产业集群。

文化产业集群化发展是文化产业组织的先进方式。贵州文化旅游产业的规模和层次，一方面关系到贵州旅游的可持续发展，另一方面关系到贵州多彩文化的传承和发扬。因此，推进产业集群化发展是贵州文化旅游产业发展的一种必然选择。具体表现如下：一是有利于迅速壮大文化旅游产业规模，促进规模经济效益提高，从而有利于降低文化旅游产品生产的成本；二是助推贵州城镇化发展，通过文化旅游产业集群化发展，能够促进贵州农村人口向文化旅游资源地聚集，从而对加快贵州城镇化发展有重要作用；三是文化旅游产业集聚过程中带来就业机会。文化旅游产业集群化发展过程中创造出更多新的就业岗位。[1]

二、文化旅游产业集群化发展的基础条件

贵州旅游资源丰富，具有核心旅游骨干企业，旅行社、饭店、餐馆、交通供应者、旅游商店、休闲娱乐等重点基础设施逐步完善，与文化旅游产业相关水电、交通、通信、环保、教育培训辅助效应明显。因此，贵州已经具备发展文化旅游产业集群的基础条件。

（一）贵州省文化旅游产业集群化发展的有利条件

1. 资源丰富，集聚程度高

贵州省具有独特优势的文化旅游资源，其中，文化遗产资源以苗、布依、侗等 17 个世居民族的民间传统文化为代表；“红色文化”资源以“遵义会议会址”为代表；以及屯堡文化、土司文化、夜郎文化等。据统计，全省有世界自然遗产 2 个，国家历史文化名城 2 个，国家 5A 级旅游区 2 个，国家 4A 级旅游区 18 个，中国优秀旅游城市 6 个，黄果树等国家级风景名胜区 18 个，梵净山等国家级自然保护区 9 个，百里杜鹃等国家森林公园 21 个，织金洞等国家地质公园 8 个，六枝梭戛等国际性民族生态博物馆 4 个，青龙洞等全国重点文物保护单位 39 个。自然旅游资源集聚特征明显，主要分布在贵阳、遵义、

[1] 郭美斌：《四川文化旅游产业集群发展的思路与对策》，《企业经济》，2012 年第 11 期。

安顺、铜仁、黔南自治州、黔东南自治州等地。丰富而又集中的旅游资源为贵州省发展旅游产业集群提供了有利的资源条件。

2. 文化旅游产品市场需求强劲

贵州目前处在国际旅游和国内旅游快速发展阶段，市场需求旺盛。据统计，2012年旅游总人数21401.18万人次，比上年增长25.8%，其中国内旅游人数21330.68万人次，增长25.8%。文化旅游收入从2009年的74.27亿元增长到2011年的141.5亿元。贵州省独特的生态民族文化必然会吸引更多的游客，从而为贵州省文化旅游业的发展开拓广阔市场。

3. 文化旅游相关产业具有相当规模

贵州文化旅游基础设施建设取得明显成效。此外贵州省文化旅游市场的开拓、文化旅游景区开发建设、旅游培训教育等方面都取得了较大的成绩，这些都为文化旅游产业集群化发展奠定了物质基础。

4. 政府的支持力度大

贵州政府通过召开旅游产业大会的方式，大力支持对贵州文化旅游业发展，对文化产业集群化发展具有重要意义。第七届贵州旅游产业发展大会明确提出了“坚持规划引领，依托项目带动，加快建设文化旅游发展创新区”的主题，明确了“十二五”、“十三五”全省旅游业发展思路、原则、空间布局、战略举措、重点建设工程、政策支撑等。按照省委省政府的决策部署，2012年发布了《贵州省生态文化旅游发展规划》，根据规划，贵州将在10年内通过投资数百个项目打造旅游强省，投资总额约3万亿元。因此，政府的支持成为贵州省旅游产业集群发展的主导力量。

（二）构建贵州省文化旅游产业集群化的制约因素

贵州民族文化旅游资源丰富，具有发展潜力，但贵州省文化旅游业发展还存在一些制约因素。

（1）产业集群发展缺乏整体规划和引导，区域资源整合力不强。文化旅游业规划层次较低，全省旅游景区景点管理缺乏有效性，对文化旅游资源的开发内容单调，形式单一。区域合作薄弱，对有的跨区域分布的文化旅游资源各自开发，影响和制约了文化旅游资源的整体开发。

（2）文化旅游产业链条短，文化旅游集群发展的基础设施差，文化与旅游之间的契合点不佳。产业机构层次低，多数文化旅游仍为初级形态的观光旅游。文化与旅游融合度低，游客存在走马观花、消费水平低甚至无可消费的现象。文化旅游区基础设施和服务跟不上，购物、娱乐、休闲、餐饮、住宿、交通等方面还较落后。精品文化旅游线路不多，文化旅游商品缺特色和创意，文化消费吸金能力弱。文化旅游服务人员整体素质有待提高，缺乏专业培训。

三、贵州文化旅游产业集群化发展的战略构想

（一）思路

基于贵州省目前还处于文化旅游产业集群初级阶段，按照产业聚集的要求，充分发挥各地区位、资源、产业等优势，依托高速公路和铁路网络体系，以风景名胜区为载体，以市场为导向，以企业为主体，发挥比较优势，突出区域特色，全力推进大企业、大项目聚集，打造20个文化旅游产业集群。

（二）大力建设文化旅游产业集群

1. 贵阳文化旅游产业集群

以贵阳中心城区为核心，以花溪、乌当、白云、开阳、修文、息烽的旅游景区为支撑，着力推进贵阳文化旅游产业集群发展。对此，一是加强花溪文化旅游产业聚集区建设；二是加强乌当生态旅游产业聚集区建设；三是加强开阳体验旅游产业聚集区建设；四是加强修文观光旅游产业聚集区建设；五是加强息烽红色旅游产业聚集区建设；六是重点实施白云特色旅游工程。

2. 遵义红色文化旅游产业集群

以遵义市区为中心，大力培育发展红色文化旅游系列产品，辐射到周边遵义、桐梓、绥阳、湄潭、凤冈、仁怀，并延伸至习水、赤水等县（市）。

3. 黄果树民族文化旅游产业集群

以黄果树、龙宫、天生桥、夜郎洞风景区等国家和省级风景名胜区为龙头，以镇宁华石哨布依族风情旅游景点、六技坝湾布依族民族风旅游点、安顺屯堡文化、普定梭筛湖风景名胜区、六技梭嘎箐苗族文化等为支撑，以六技、镇宁、关岭、普定、西秀、平坝在建文化旅游重点项目为节点，强化文化旅游交通网络建设。重点加强黄果树国家公园、黄果树国家度假区、龙宫景区深度开发、格凸河景区综合开发、关岭化石群国家地质公园开发、九龙山国家森林公园开发、花江大峡谷景区开发、夜郎湖中心景区开发、黄鹤营旅游区综合开发和斯拉河景区及黔中国际屯堡文化生态园、安顺广播电视文化旅游产业园建设、屯堡文化产业基地建设，推进黄果树民族文化产业集群化发展。

4. 斗篷山旅游产业集群

依托贵广、沪昆高速公路和高速铁路，以斗篷山—剑江国家级风景名胜区

为龙头，结合周边贵定、福泉、麻江等县市的旅游景区，强化景区之间、城际之间快速便捷通道连接，着力构建精品名牌旅游景区、旅游商品制造、旅游配套服务、宣传推介等旅游产业发展配套体系。重点加快开发建设斗篷山、四方潭、螺丝壳、凤啭河漂流等景区，完善斗篷山景区、凤啭河漂流景区、阳和峡谷景区基础设施建设，加强黄河、清塘布依族茶文化村寨、马蹄岸村寨、榔木水寨和潘洞水寨的建设包装工程，加快完成螺丝壳高山草场生态休闲旅游项目、青云溪休闲度假中心项目，推进斗篷山旅游产业集群建设。

5. 遵义赤水河文化旅游产业集群

以赤水为中心，依托习水、仁怀文化旅游资源和赤水市的十丈洞大瀑布、燕子岩、桫椤自然保护区、丙安古城镇、竹海景区和红石野谷景区，以习水县的飞鸽景区、丹霞谷景区、杉木王景区、长嵌沟景区、二郎滩景区及土城古镇，结合举世闻名的“四渡赤水”和青杠坡战斗遗址，以及仁怀酒文化产业园区建设，整合仁怀、赤水、习水三地旅游资源，积极引导旅游企业及要素向赤水聚集，提高赤水河旅游在川、黔、渝旅游金三角中的核心竞争力，推进赤水河文化旅游产业集群加快发展。

6. 遵义芙蓉江仡苗民族文化旅游集群

围绕道真、务川、正安世居的仡佬、苗等少数民族文化资源及民族村寨，依托习水—新站—正安—务川—德江和武隆—道真—湄潭—瓮安—福泉高速公路建设，面向重庆市场，发挥道真大沙河银杉自然保护区的品牌优势。对此，一是要结合道真仙女洞风景名胜区、野人谷景区、三桥雷家坝、华山生态园、的开发，三桥雷家坝、洛龙磨盘山、洛龙大塘民族村和洛龙古镇的开发建设；二是要结合务川的仡佬丹砂古寨及米家山古街、大坪古镇、龙潭古村、九天母石古寨建设和其仡佬族圣母节、仡佬族吃新节的纵深推进；三是要结合正安县的文化建设标志品牌工程、公共文化服务体系建设工程、文学艺术精品工程和文化遗产保护突破工程；四是要利用务川、道真的仡佬民族身份和正安尹珍文化的优势，结合集山峻、谷险、洞奇、石美、园阔、泉特、水秀为一体的自然资源优势和“冬无严寒，夏无酷暑”的宜人气候，以仡佬文化、尹珍文化为核心的文化旅游主题，加大挖掘、宣传仡佬文化和尹珍文化的工作力度，着力打造“小说之乡”、“群众文化之乡”的称誉，着力办好“仡佬文化旅游节”和“仡佬族吃新节”等活动，确保仡佬文化、尹珍文化能在这里得到世代传承和发扬。重点加快建成“人文旅游新区、仡佬文化中心”，加快民族文化旅游业发展，强化文化旅游景区、自然保护区和民族村寨与高速公路的联结，并逐步形成“重庆—武隆—北部三县—遵义—贵阳—重庆”旅游节点，积极融入黔渝湘“金三角”精品旅游线，推进芙蓉江仡苗民族文化集群建设。

7. 遵义大乌江文化旅游产业集群

依托余庆大乌江风景名胜区为中心，以余庆县城及周边的湄潭县、瓮安县、黄平县、施秉县和石阡县文化旅游资源为支撑，强化旅游景区间的交通网络建设，着力推进大乌江文化旅游产业集群发展。对此，一是加强余庆文化旅游集群区建设，重点进一步加强大乌江风景名胜区、飞龙湖风景区、回龙场战斗遗址、万丈坑红军烈士墓和他山摩崖景区道路及旅游基础设施建设；二是加强黄平文化旅游集群区建设，重点加强重安江景区、飞云大峡谷景区和浪洞森林温泉景区的道路及旅游服务基础设施建设；三是加强瓮安旅游集群区建设，重点加强江界河景区、穿洞瀑布景区、朱家山原始森林景区、草塘景区的道路及旅游服务基础设施建设；四是加强石阡文化旅游集聚区建设，重点加强佛顶山自然保护区的道路及旅游服务基础设施建设，积极推进风神洞、太虚洞的旅游开发，重点打造温泉海；五是加强黄平文化旅游集聚区建设，重点加强黄平旧州古建筑群、黄平飞云崖古建筑群、野洞河景区、重安三朝桥景点、飞云崖景区的道路及旅游服务基础设施建设。

8. 铜仁梵净山文化旅游产业集群

以梵净山景区为核心，以梵净山环线旅游公路为纽带，以江口黑湾河、印江团龙、松桃冷家坝为支撑，辐射铜仁市、江口县、松桃县和印江县，构建梵净山文化旅游产业集群。把梵净山景区建成5A级国家重点景区，打造成为国际知名国内著名的旅游目的地。

9. 铜仁乌江下游民族文化产业集群

依托沿河、德江、思南、印江的土家族、苗族族等少数民族文化资源，以思南—德江—沿河乌江沿岸风景为支撑，以沿河乌江山峡国家级风景名胜区为龙头，以国家级麻阳河黑叶猴自然保护区为主体的自然风光为重点，着力培育发展以沿河为重点的乌江下游民族文化产业集群。

10. 北盘江民族文化旅游产业集群

围绕水城、六枝、普安、晴隆、盘县和关岭等县布依、苗、彝等世居少数民族文化资源及民族村寨，依托六枝特区的梭戛长角苗风景区、牂牁江风景区、回龙溪景区和月亮河夜郎布依文化生态园，水城的花戛溶斗、北盘江野钟大峡谷和营盘景区，晴隆的二十四道拐、龙洞瀑布和光照湖等风旅游风景区，普安北面主要有白沙乡红寨河谷桫椤树原始群落、红寨河峡谷风光、白水瀑布、白沙古驿道、吟河阳风光、崧岿寺、南京桥水库风光和窝沿蚌河风景，以及普安中部的城东森林公园、新碧云寺、月亮田草场、大湾林场、镇胜高速公路普安境洞桥奇观、细寨万亩茶场、南山坡蜡烛山死火山遗迹、十里观音洞、野毛箐九龙山叮咚窑龙溪砚遗迹、莲花山莲花台、岗波横山敞坝歌场、盘水云盘溶洞、文笔塔、碉堡和大龙潭天坑，普安南部的下厂河桃花谷、罗汉蜂洞、青山铜鼓山古夜郎遗址、青山云山水倒流奇观、青山明朝四合院、青山清真寺、普白森林公园、泥堡红军长征遗址、楼下温泉、雪浦格界河风光和德依田园风光等，结合光照旅游景区、六枝牂牁江、普安龙咏"中国苗族第一镇"的打造，发挥水黄公路交通条件，突出区域及周边布依、苗、彝等世居民族文化元素，加强对区域内现有的旅游景区和民族村寨建设，积极推进六枝、晴隆、普安、盘县、水城等县在建和拟建民族文化旅游重点项目建设，推进北盘江民族产业集群发展。重点推进北盘江牂牁河旅游景区、凉都森林公园、水城县百车河度假休闲旅游区、玉舍国家森林公园、盘县坡上草原旅游区开发。

11. 草海民族文化旅游产业集群

围绕威宁、赫章世居的彝、回、苗等少数民族文化资源及民族村寨，发挥草海享有世界十大湿地最佳观鸟区之一、黑颈鹤之乡、鸟的天堂、草的世界、鱼的王国、水下草森林和水上鸟乐园之美誉，以及威宁被列为《国家首批非物质文化遗产名录》享有戏剧的活化的石彝族傩戏"撮泰吉"，被国内外专家学者誉为"东方金字塔"的彝族向天坟，"2005 年度中国十大考古新发现"之一的"中水文化"和百年石门砍等的资源优势，结合威宁、赫章在建和拟建民族文化产业重项目，强化旅游景区及彝、回、苗等民族村寨与县城的交通网络体系建设，推进草海彝回苗文化旅游产业集群建设。

12. 洪家渡文化旅游产业集群

洪家渡电站是国家西电东送拉开帷幕的地方，电站建设形成贵州最大人工湖——支嘎阿鲁湖（原水西湖），蓄水量为清镇红枫湖的 8 倍及威宁草海的 30 倍，是贵州省最大的"高峡平湖"。因此，充分发挥洪家渡水体旅游为主的旅游开发优势，以黔西、织金和大方为中心，以修文县、纳雍县和七星关区为腹地，推进以洪家渡为中心文化旅游产业集群化发展。对此，一是加强大方文化旅游聚集区建设，重点加快油杉河风景区、移山湖风景区、星云宫溶洞风景区和仙宇洞（歹殊洞）景点、千岁衢摩崖石刻景点、九层衙遗址景点、阁鸦古驿道景点、落脚河大桥景点、西溪大桥景点的配套服务设施建设，强化旅游景区与景点的交通网络体系建设。二是加强织金旅游聚集区建设，重点加快百里杜鹃国家森林公园旅游区、东风湖旅游区、支嘎阿鲁湖旅游区、索丰湖旅游区、六广湖旅游区、沙坝河旅游区、柯家海子天然岩溶湖泊群旅游区、沙井观音洞旧石器古文化遗址旅游区、大海子旅游景点、凤凰穿洞新石器古文化遗址旅游景点、撞钟山古柏旅游景点、九龙山古象祠旅游景点、英雄桥红军战斗遗址景点、大箐坡林海旅游景点、李世杰墓陵旅游景点、碧上园度假村旅游景点、金洲园度假村旅游景点及县城的水西公园旅游景点、回龙河玲珑洞旅游景点、观农台旅游景点、武庙旅游景点建设和三楚宫戏楼旅游景点建设，完善配套服务设施。三是加强织金文化旅游聚集区建设，重点加快完善织金的国家级风景名胜区织金洞、织金洞恐龙谷、洪家渡、引子渡和东风水电站等风景区的服务设施建设，强化景区间的交通网络体系建设。

13. 兴义民族文化旅游产业集群

以马岭河峡谷、万峰林、万峰湖等国家和省级风景名胜区为龙头，以兴义鲁布格风景名胜区、兴义奇香园、安龙昭堤、安龙苗族板板凳舞、兴义、兴仁、贞丰和安龙等县市在建民族文化重点项目为节点，强化文化旅游交通网络建设，培育发展环兴义民族文化产业集群。

14. 望谟民族文化旅游产业集群

依托“一纵一横”高速公路和铁路建设，发挥望谟、册亨及周边地区民族文化旅游资源优势，着力培育以望谟为中心，以册亨、紫云、贞丰为支撑的民族文化旅游产业集群。

15. 樟江水瑶文化旅游产业集群

以三都、荔波及周边县市的水族、瑶族等少数民族的民族风情、民族工艺、民族歌舞、民族村寨等为主打元素，以荔波樟江景区—小七孔国家风景名胜区和喀斯特世界自然遗产品牌为龙头，以三都县城“一江两岸”风情、中国水族文化博物馆、水族风情街、“水王城”、姑鲁产蛋崖、中国西部赛马城、凤凰公园、尧人山国家森林公园、百里林海、怎雷民族村寨、都江古城垣等景点和民族风情支撑，精心打造“水王城”。加快把大型水族原生态歌舞史诗画卷《远古走来的贵族》推向市场，培养一批上规模、上水平的乡村民族歌舞演出团队，并与旅游业相融合，强化荔波——三都国际化专业旅游城市建设，重点打造以荔波——三都为中心的樟江水瑶文化产业集群。

16. 平塘民族文化旅游产业集群

以平塘县风景名胜区为核心，依托规划的“一纵一横”铁路和“一横”高速公路，以周边的罗甸、独山民族文化旅游资源及风景名胜区为支撑，着力推进平塘民族文化旅游产业集群化发展。重点加强平塘“藏字石”景区、龙塘景区、甲茶—燕子洞景区、大窝凼景区、甲青—六硐景区、拉安景区和“玉水金盆”等景区基础设施建设。加快世界最大500米口径球面射电天文望远镜的“科技文化产业园区”建设。

17. 舞阳河民族文化旅游产业集群

围绕世居在镇远、施秉、黄平、台江、三穗的苗族、侗族等民族文化资源和民族村寨，以舞阳河风景区为龙头，依托镇远、施秉、黄平、台江等县区域的民族文化旅游资源。重点打造以镇远古城、施秉杉木河漂流为中心的贵州东南部历史文化、生态和休闲旅游经济增长的支撑点。

18. 清水江侗苗文化旅游产业集群

以天柱、锦屏世居的侗族、苗族等文化元素，依托天柱的民族风情古朴浓郁、独特的家祠文化和民族歌会，以及金山溶洞、金凤山、三门塘、鱼塘水库等自然景观，结合锦屏的省风景名胜区——三板溪—隆里古城风景名胜区的深度开发建设，发挥锦屏的瑶白“摆古节”和“大戏”、平秋“鞍瓦节”、裕河“青山界四十八苗寨歌会”、文斗“招龙节”、隆里“元宵龙灯节”以及九寨北侗服饰、银饰、歌舞等优势。为此，一方面借清水江流域内形式多样、特征鲜明的文化符号，以打造“山、水、歌、舞、乐”为主线，助推清水江民族文化旅游业发展；另一方面充分挖掘民族民间手工艺，扶持一批以民族服饰和民族手工艺品开发销售为重点的旅游商品开发、生产、销售企业，推进清水江民族民间工艺美术、民族服装业发展，推进清水江北侗民族文化旅游产业集群发展。

19. 都柳江文化旅游产业集群

发挥黎平、从江、榕江的侗族文化资源和侗族大歌世界文化遗产品牌优势，以贵广高速公路、贵广快速铁路为主干线，依托榕江的《珠郎娘美》文化品牌和空申超短裙苗寨、榕江苗王庙、摆贝苗寨、孔明山、五榕山风景区、七十二寨侗乡、三宝千户侗寨、红七军军部旧址等风景名胜区，依托从江县的“最后一个枪手部落”——岜沙苗寨、被列为世界非物质文化遗产的原生态侗族大歌之乡——小黄、“神秘的人口生育文化”——占里侗寨、“神奇的洗浴文化”——瑶族药浴，以及黎平县的侗族古楼、花桥、戏台和民居建筑和享有世界之最的天然室拱桥——天生桥、“黎平会议”会址、绕街明清古建筑群、两湖会馆、古城门、南泉山、杉阴沉木等人文景观。因此，按照“大分散、小集中、组团式”的旅游发展布局，大力支持“黎从榕”合力打造以世居民族文化为主元素的都柳江民族文化产业集群。

20. 雷公山民族文化旅游产业集群

依托凯里中心城市，发挥雷山素有“中国苗族文化展示中心”、“中国苗族银饰之乡”、“世界文化遗产预选地”等民族文化品牌，充分挖掘、保护当地丰富的多民族文化资源，强力推进民族文化与旅游产业深度融合发展，推进凯里等区域性旅游商品交易中心和会展中心建设。重点打造“中国·雷山苗年”、“中国·雷山苗族鼓藏节”、“中国最美小城”，大力实施西江苗寨、麻江下司、剑河温泉及环雷公山、巴拉河沿线等休闲度假区建设，切实推进西江旅游产业园区、雷公山蚩尤苗族文化园区、陶尧民族文化展示区、郎德文化产业园区和丹江苗族文化产业园区建设，大力推动乡村旅游示范带建设，积极发展观光农业，完善文化产业链，提升文化产业结构，努力把雷山建设成为以“苗文化”核心的民族文化旅游产业集群。

四、文化旅游产业集群化发展的对策建议

（一）加强组织领导，强化政府的引导作用

在贵州省培育和发展文化旅游产业集群的过程中，政府应在以下三个方面做好相关工作：一是加强对产业集群工作的宏观指导；二是加大对产业集群政策支持力度。统筹政府相关部门政策手段，形成共同扶持产业集群发展的合力；三是推动重点文化旅游产业集群示范建设。推动一批重点文化旅游产业集群示范建设，支持一批产业集群环境建设项目，促进文化旅游产业集群做强做大。[1]

（二）加大文化旅游资源整合，形成产业集群化发展合力

在推进贵州省文化旅游产业集群过程中，主要从三个方面整合文化旅游资源：一方面加强和深化区域联合与合作。可从加强国际合作、省际合作、省内区域合作出发，着重建立健全综合协调机构和机制，形成无障碍旅游区；二方面要加强联合宣传促销，着重深入整合旅游、宣传、文化、体育、经贸、企业、航空、媒体等方面资金、渠道、人力资源力量，强化宣传促销合力；三方面要整合科研、教育、文化资源，实施一批区域文化旅游整合工程。

---

[1] 国家发展改革委网站，http：//www.sdpc.gov.cn/zcfb/zcfbtz/2007tongzhi/t20071205_176934.htm。

（三）完善文化旅游基础设施建设，夯实产业集群化发展基础

结合贵州快速铁路体系和高速公路体系规划建设，加快旅游产业集群重点区域和重要旅游城市的旅游通道建设，建立起旅游集群核心景区景点达到高等级以上公路连接。加速开辟更多的国内外旅游航线，争取开辟 1 ~2 条贵阳至境外主要客源地航线，对暂时不具备开辟直航航线的客源地，可通过北京、上海、广州、昆明等中转枢纽建立与客源地的空中桥梁；加快完善提高已建支线机场配套设施，鼓励开辟支线机场到目标城市航线；加快遵义新舟机场、六盘水机场和毕节机场建设；加快形成干线机场和支线机场相结合的旅游航空运输网。进一步加快旅游码头和航道建设，发展内河航运，为文化旅游产业聚集化发展提供多样性交通条件。

主要参考文献

[1] 郭美斌. 四川文化旅游产业集群发展的思路与对策[J]. 企业经济，2012（11）.

[2] 国家发展改革委网站. http：//www. sdpc. gov. cn/zcfb/zcfbtz/2007tongzhi/t20071205_176934. htm.

[3] 贵州省统计局. 2012 年贵州省国民经济和社会发展统计公报.

[4] 贵州省统计局. 贵州省统计年鉴(2011)［M］. 中国统计出版社，2012.

[5] 贵州省统计局，贵州省文改文产办. 2011 年贵州省文化产业统计公报.

贵州文化产业“走出去”对策研究

王 前*

摘 要

贵州要建设成为文化大省、文化强省，就要有效地推动贵州省文化产业走向世界，积极参与国际经济合作和竞争，提升贵州省的国际形象，大力拓展国际市场，寻求贵州文化产业“走出去”的路径与对策。本文通过分析贵州省文化产业现阶段“走出去”的现状、特点及存在的问题，进而提出贵州文化产品“走出去”的路径与贵州文化产业“走出去”的对策建议。

关键词

文化产业　走出去　贵州

为把中国建设成为世界文化大国及文化强国，国家“十二五”文化产业发展规划中提出实施振兴文化产业发展八大战略，其中一项重要战略就是实施文化产业“走出去”战略，这意味着发展文化产业不仅必须充分发展国内市场，而且要大力拓展国外市场。2012 年党的“十八大”报告也明确提出在“十二五”期末把文化产业发展成为国民经济支柱产业，中华文化走出去要迈出更大步伐；在加快完善社会主义市场经济体制和加快转变经济发展方式中也要全面提高开放型经济水平，要适应经济全球化形势，必须实行更加积极主动的开放战略。对于贵州而言，2012 年 1 月 18 日，国务院颁发了《关于进一步促进贵州经济社会又好又快发展的若干意见》2 号文件，明确提出将贵州发展成为“文化旅游发展创新区”的战略定位，并具体要求把文化和旅游产业发

* 贵州省社会科学院区域经济研究所、贵州文化产业发展研究中心助理研究员，研究方向为区域经济、产业经济、文化产业。

展为贵州经济的支柱产业。一系列文件和精神给贵州文化产业的发展带来了前所未有的良好机遇。我们要抓住这一阶段良好的发展机遇，积极参与国际竞争与合作，提升贵州省在国际中的形象，有效地推动贵州省文化产业走向世界，力争把贵州建设成为文化大省文化强省。

一、贵州文化产业“走出去”现状及特点

总地来说，2010、2011 年贵州文化产业开始尝试“走出去”，但是面还不广，层次不深，其现状与特点如下。

（一）文化产品出口总值小，对文化产业的贡献较弱

根据贵州省文改文产办文化产业资料汇编显示：2010 年贵州省文化产业收入为 321.65 亿元（含文化旅游收入 126.29 亿元），比 2009 年增加 134.94 亿元，增幅超过 40%；2010 年其增加值达 112.21 亿元（含文化旅游增加值 36.30 亿元），比 2009 年增加 49.98 亿元，增幅超过 44%，增加值占 GDP 的比重为 2.44%，比 2009 年增加 0.85%。如按 40% 的年增长速度计算，2011 年文化产业总收入可超过 400 亿元，2012 年可超过 500 亿元；2011 年文化产业增加值可达到 150 亿元以上，2012 年可超过 200 亿元。

虽然贵州省文化产业具有一定的规模，但其出口总值偏小。据贵州省商务局统计，2010 年贵州文化产品出口总值 45 万美元，以 1 美元兑换 6.5 元人民币计算，合人民币 292.5 万元人民币。据贵阳海关统计，2011 年贵州省文化产品进出口总值 137 万美元，同比增长 179.6%。其中，出口总值 134 万美元，同比增长 175.6%；进口总值 3 万美元，同比增长 102.7%。以 1 美元兑换 6.5 元人民币计算，出口总值 2011 年为 871 万元人民币。可见，2010、2011 年出口总值占当年文化产业总收入的比重微乎其微。

（二）境外游客走进来潜力大

至 2011 年末，贵州旅游总人数 17019.36 万人次，比 2010 年增长 31.8%，其中国内旅游人数 16960.85 万人次，增长 31.9%；旅游总收入 1429.48 亿元，比 2010 年增长 34.7%，其中国内旅游收入 1420.70 亿元，增长 35.0%。2011 年接待境外游客 58.51 万人次，收入 8.78 亿元。随着贵州进一步加大旅游投入，境外游客到贵州旅游人数将不断增多。

二、贵州文化产业“走出去”存在的问题

总地来说，贵州是欠发达、欠开发和欠开放地区，长期较为封闭，加上文化产业在全国起步较晚，存在着诸多问题，如产业基础薄弱，结构不合理，观念落后，区位偏僻，科技含量低，资金匮乏，具有创意并且熟悉国际市场与市场营销战略人才极其匮乏等，文化产业难以走出去是其中一大困难。

（一）贵州与发达国家和我国发达地区相比差距很大

首先，贵州文化产业产值总量过小。美国、法国、英国、韩国、德国、日本、加拿大等经济发达国家的文化产业早已成为国民经济中的支柱产业和经济增长动力。以美国为例，它是世界文化产业强国，1998 年的文化产业产值已达国民生产总值的 18% ~25%，至 2001 年，其文化产业产值突破 1 万亿美元，而我国 1999 年的国民生产总值也仅仅是这个数值。值得关注的是全美前 400 强企业中，文化产业企业就占了 72 个。据有关资料显示，2005 年美国文化产业出口总额为 2000 多亿美元，占全美出口总额的 70% 左右，收入占整个外贸的 38. 5%。以亚洲发达国家日本为例，1993 年日本文化产业产值超过了汽车制造业，位居第二大产业（第一大产业为制造业），其产值占国民生产总值的 18%。日本前 400 强企业中，文化企业占了 81 家，日本生产的动画片占全球播放量的 60%。2002 年，日本出口美国市场相关文化产品约 90 亿美元，高于日本对美国钢铁出口额的 4 倍。可见，文化产业已成为文化强国的支柱产业及新的经济增长点 。据有关资料显示，在近 20 年发展中，国际贸易中的文化商品交易额呈几何级数增长，但是进行交易主体是很少一部分国家。以美国为例，美国控制了全球 75% 的电视节目生产和制作并拥有全球文化巨无霸企业的 50% 以上。美国影片占据了全球总放映时间一半以上，但它电影产量只占全球的 6. 7%。

目前，我国上海、北京、湖南、云南、浙江 5 个省市文化产业已成为支柱性产业，其文化产业产值都在千亿元以上。其中，上海总量最大，接近 3000 亿元，北京总量接近 2000 亿元，位居第二。而 2010 年贵州文化产业总收入为 321. 65 亿人民币，按 1 美元兑换 6. 5 元人民币汇率计算，总计 49. 48 亿美元。

其次，贵州文化产品科技含量低，缺乏观赏性、娱乐性、知识性，难以赢得世界认同。尽管贵州近年推出一些在国内黄金时段播放的影视作品，但缺乏创意，很快就被市场忽略，影响力有限。

（二）缺乏文化产品的产业化、市场化意识

贵州是内陆省区，自古以来较为封闭，外来文化特别是世界文化对我们冲击不大，我们的文化企业缺乏世界市场观念，没有世界受众意识，只满足内部市场，对于一个省甚至一个国家相关企业来说，再大的市场相对国际市场来讲都是小市场，要想文化企业全面和可持续发展，没有世界市场的支撑，难以走远。贵州大的文化产业公司基本上都是国有公司，甚至是全省垄断企业，比如新闻出版、版权、广播、电视、网络公司等，由于一些原因，它不可能冒险去“闯江湖”；而一些诸如工艺品制作小公司，对世界市场缺乏了解，走出去的成本又“太高”。贵州老干妈企业走出去的成功例子应该给贵州文化企业以启示，不能坐等别人来欣赏、购买，应该主动出击。

（三）文化产业走出去的层次较低、影响力较弱

一般来说，文化产业“走出去”有文化产品走出去、版权走出去、资本走出去三个层次，“走出去”的最高层次为“资本走出去”。贵州省文化产业走出去还停留在第一个层次，主要是以传统民族工艺品为主，如苗绣、银饰等；而版权、动漫、文化资本基本上处于空白。文化产业走出去的层次较低、影响力较弱，尚处在学步阶段。

三、贵州文化产业“走出去”的条件和机遇

（一）良好的经济社会发展环境

贵州总体经济积极发展的态势为文化产业提供了良好的发展环境。2011年是“十二五”开局之年，2012年是提速发展期，贵州省委、省政府提出工业强省、城镇化带动战略并制定贵州总体经济发展要高于历史、高于西部平均水平、高于全国平均水平“三高”目标。贵州经济发展速度在“十二五”期间将以12.5%高增长速度发展，贵州经济总量将快速提升，经济结构将得到积极调整，居民收入将有较大提高。文化产业在GDP的比重也将快速上升，贵州“十二五”文化产业发展规划提出的“十大文化产业”、“八大工程”将顺利实施。城镇化带动战略快速推进，城镇人口快速增长，居民教育文化娱乐消费总量将会较大增长，为文化产业提供了良好的发展环境。文化产业是新兴的朝阳产业，同时也是高端产业，只有经济发展到一定程度，文化产业才能迅速发展壮大，文化产业才能更好地走出去。

（二）不断改善的文化产业投融“资”环境

贵州省文化产业发展专项资金由2010年的2000万元增加到2011年的5000万元，2012年以来继续加大了对文化企业的扶持力度。另外，贵州省相关文化产业主管部门还与有关商业银行签署《支持文化产业发展战略合作协议》，在未来五年，重点支持符合《文化部文化产业投资指导目录》鼓励类行业的优质企业，国家级、省级文化产业示范园区、基地，文化产业集聚区和重点文化项目建设等，支持文化企业“走出去”，全面提升省文化产业的竞争力。同时，将优先给予融资支持发展潜力大、市场前景好，且有融资需求的中小型文化企业和项目。

（三）丰富多样的资源禀赋

1. 生态、文化旅游资源极为丰富

贵州省处于北纬27度上下，气候宜人，冬不寒冷，夏不酷热，年平均气温约10度左右，生态较好，自然风光秀美，具有公园省之美誉。加上贵州独特地形、地貌，形成了一批高品位旅游资源。贵州省现有世界自然遗产2个，国家历史文化名城2个，国家5A级旅游区2个，国家4A级旅游区18个，中国优秀旅游城市6个，黄果树等国家级风景名胜区18个，梵净山等国家级自然保护区9个，百里杜鹃等国家森林公园21个，织金洞等国家地质公园8个，六枝梭戛等国际性民族生态博物馆4个，青龙洞等全国重点文物保护单位39个，侗族大歌等国家级非物质文化遗产项目73项125处，民族文化旅游村寨1.8万个。丰富的生态、文化旅游资源为扩大境外游客走进贵州旅游奠定了坚实基础。

2. 丰富的历史文化资源

贵州历史文化资源较为丰富，全省各地都有文物古迹。具有一定价值的文物古迹达4000多处，岩画、石刻185处，古建筑73处，各类古遗址58处。被列为全国重点文物保护单位的19处，列为省级文物保护单位的285处。比较著名的历史文化有阳明文化和红色文化。贵州目前保留下来的红色文化资源有“黎平会议会址”、“遵义会议会址”、“四渡赤水”赤水胜地、息峰集中营旧址等。遵义市已经被国家旅游部门列入全国范围内重点建设的10个“红色旅游基地”之一。

3. 多彩的民族文化资源

贵州共有48个少数民族，17个世居民族，是一个名副其实的多民族省，其中，少数民族人口数占全国少数民族人口数的比重为12.4%。少数民族人口占全省总人口的比重为37.8%，居全国第五位。少数民族节日丰富多彩，仅传统节日就有400多个。在全国较有影响的有苗族的“四月八”、“芦笙节”、“龙舟节”、“姊妹节”、“苗年”；侗族的“歌酒节”；布依族六月六的“查白歌节”；土家族和仡佬族的“吃新节”；彝族的“赛马节”、“火把节”；水族的端节、卯节等。目前全省各地纷纷利用民族节日推介当地，如黔东南的“苗年文化周”、黔西南的“六月六布依族风情节”等。少数民族歌舞品牌已成为当地文化旅游的亮点，如黔东南的苗族歌舞、锦鸡舞、苗族飞歌、苗族反排木鼓舞、侗族大歌、侗戏、侗族琵琶歌，黔西南布依族的八音坐唱，安顺的地戏，黔南独山的花灯、荔波的打猎舞等。

（四）走出去的产业禀赋

1. 民族工艺美术业

贵州著名的民族工艺主要有：贵州安顺、镇宁、黄平、丹寨、织金等地的蜡染，三都马尾绣，贵阳花溪、乌当等地的挑花，台江、凯里的苗绣，黎平的侗锦，镇宁的布依锦，独山的缎贴绣，大方的漆器，玉屏的箫笛，遵义的棕竹手仗，平塘的牙舟陶器，织金的砂器，岑巩的石砚，赤水、榕江的竹制品，三穗的竹编，荔波、沿河的竹凉席，从江的民族竹编器具，思南的棕编，桐梓、湄潭、都匀的藤编，安顺地戏傩戏面具，贵阳彩扎等，均各具特色。其中最著名的是大方漆器、思州石砚、玉屏箫笛，俗称“贵州三宝”。苗绣、水族马尾绣、苗族蜡染技艺、玉屏箫笛制作技艺、苗族银饰锻制技艺、苗江千户苗寨吊脚楼营造技巧、苗族芦笙制作技艺被列入“国家非物质文化遗产”名录。

2. 广播电影电视业

2011年1~10月，贵州广播电视（不含电影）产业收入22.3亿元，全年收入31亿元左右，与2010年的29.51亿元相比，增长了5%，比2009年的16.74亿元增长了85.2%，比2008年的12.83亿元增长了141.6%，比2007年的10.46亿元增长了196.4%；贵州省影视通过市场运作获得的投资高达85%以上，比全国高25%。无论是电影还是电视剧，都在口碑和票房收入上取得不错成绩。

首先，从电影制作来看，2011年由贵州日报报业集团黔森影视文化工作室、中国人民解放军八一电影制片厂、中共铜仁地委、铜仁地区行政公署、中共思南县委、思南县人民政府、中共蓬溪县委、蓬溪县人民政府、贵州天盛能源投资有限责任公司联合拍摄的数字电影《旷继勋蓬遂起义》在央视电影频道播出，这是央视电影频道《共和国名将》栏目首次播出贵州出品的电影，并获第23届全军电视剧金星奖电视电影二等奖。由贵州日报报业集团·黔森影视文化工作室出品的电影《幸存日》和《云下的日子》同日登陆全国各大院线，上映当天，两部影片在全国放映近1000场次，共放映了12天。其大胆首创的“双片互销模式”营销思路（即不同院线、影院在两部片子中选择一部上映），既节省了成本，也整合了宣传力量，不仅在业内引发了讨论，同时也吸引了《人民日报》、《光明日报》、中央电视台等全国近50家媒体采访。由中影集团、贵州日报报业集团·虎子传媒、北京艾美思特影视文化有限公司联合出品的亲情励志影片《炫舞天鹅》，在美国洛杉矶第16届国际家庭电影节获得最佳外语片、最佳儿童片表演和最佳新人导演奖三项重量级奖项提名，并最终荣获“最佳新人导演大奖”。贵州本土的“大爱文化公司”新出品的展现海南黎族原生态黎歌的电影《黎歌》入围第20届金鸡百花电影节的“民族电影特展”和“国产新片展”两个单元。

其次，从电视剧生产来看，《奢香夫人》、《和平村》、《风雨梵净山》、《青山绿水红日子》等影视剧2011年在中央电视台一套黄金时段、八套黄金时段和多家省级卫视黄金时段播映。尤其是我国第一部以彝族历史文化为题材的大型电视连续剧《奢香夫人》在央视综合频道黄金时段播出，取得了很好的反响。而在中央电视台第八套电视剧频道播出的长篇电视连续剧《青山绿水红日子》，以贵州遵义地区开创社会主义新农村建设的“四在农家”创建活动为蓝本创作，是首部反映中国西部新农村建设的电视剧。

第三，从电影放映来看，随着人民收入水平不断提高，贵州影院票房收入迅速增长。2011年达到1.1亿元，比2010年的7700万元增长了42.9%，比2009年的4900万元增长了124.5%。

第四，从发展态势看，贵州省“十二五”文化产业发展规划中的6部重点电视剧《伟大的转折》、《二十四道拐》、《磅礴乌蒙》、《蓝色乌江》、《大歌》、《春晖》等，也于2011年5月签约投拍，总集数达176集，总投资金额达1.18亿元。贵州影视业作品激增，在全国甚至国外的影响力进一步扩大。

3. 新闻出版业

至2011年末，贵州省共出版全国性和省级报纸3.56亿份，杂志1301.77万份，图书9100.58万册，比2010年增长12.8%；新闻出版业资产总额达294.97亿元，主营业务收入219.65亿元，全行业产业增加值增长68亿元。其中：《重温马克思主义经典》丛书等5种图书入选“十二五”国家重点图书项目；贵州人民出版社出版的《中国贵州民族民间美术全集（共 5 卷）》分别荣获第二届中国出版政府奖的“图书奖”和“装帧设计奖提名奖”，当代贵州杂志社获第二届中国出版政府奖的“先进出版单位奖”，当代贵州杂志社社长赵宇飞获第二届中国出版政府奖的“优秀出版人物奖 ”。

4. 文化演艺业

至 2011 年末，贵州省共有文化艺术服务单位 1692 个，其中艺术表演团体 50 个，艺术表演场所 7 个。很多艺术表演团体走出去到境外进行多次文化交流，其中近年出访较多比较盛名的是多彩贵州艺术团和遵义杂技团。

5. 文化创意产业

2011 年，贵州省人民政府出台了“动漫、网络游戏创制出版管理办法”，使贵州文化创意产业在原有的基础上得到了进一步发展。至 2011 年末，贵州省有动漫企业 30 家。总体上看，贵州文化创意产业发展有以下特点：一是文化创意产业质量不断提高。在北京举办的第六届中国国际设计艺术博览会上，贵州省民营企业贵州天海规划设计有限公司两件参评作品《贵州博物馆创意设计方案》、《云南丘北城市规划项目》获得国际环境艺术创新设计华鼎奖规划方案类二等奖，作品中民族符号与时尚元素结合得体，很好地宣传了贵州的规划设计和民族文化。二是一批文化创意项目建设稳步推进。如黔东南州签约的凯里经济开发区立昌民族动漫项目，总投资 1.2 亿元，项目建设内容涉及动画节目策划、动画制作、动漫衍生产品、动漫旅游产品策划、动漫软件、动漫游戏音像制品等研发、生产、销售，项目分为二期建设，建成后能够提供 500 个以上就业岗位。另外，安顺市组织研发了贵州省第一部 4D 影片《石龙绝恋》，影片站在发展安顺生态旅游的高度，深度挖掘关岭地区三叠纪古海洋生物化石群的人文价值，力图通过三维建模和 4D 影片效果，让观众产生身临其境的感受，实现了文化、科技、旅游的融合。三是通过连续举办亚洲青年动漫大赛打造贵州特色动漫产业。亚青赛是目前国内乃至亚太国家和地区举办的唯一一场以青年为主题的国际动漫赛事，是中国三大国际动漫赛事之一，被誉为中国目前专业化程度最高、国际影响力最大、内容覆盖面最广的国家赛事。2011 年第五届亚青赛组委会收到了来自国内外的参展参赛动画 1510 部，漫画、插画作品 12110 余件，国外、国内参展参赛作品共计 13600 余件。该届亚青赛的活动内容包括颁奖典礼、优秀作品展、动漫嘉年华、衍生产品展、全国电子竞技联赛、俄罗斯主题动漫日活动、动漫主题晚会、动漫高峰论坛、国际版权交易及经贸洽谈会、COSPLAY 大赛等活动。亚青赛特展占地面积超过

7000 平方米，展示了包括南非、伊朗、印度、英国、西班牙、巴西等 71 个国家和地区超过 1200 幅（部）动漫作品。来自世界 30 多个国家和地区的 200 名专家和艺术大师齐聚贵阳，对动漫业的未来进行了展望，凸显了动漫产业发展的强劲势头。其中，俄罗斯动漫主题日活动首次在中国开展，全方位多角度地展示了俄罗斯动漫近年来动漫无边际产业的发展态势；贵州熠动漫公司《侗寨寻歌》获得大赛最佳剧本创意奖动画类作品奖。

6. 文化旅游业

省委、省政府高度重视旅游业发展，近年来制定出台了一系列加快旅游业发展的政策措施，成功举办五届旅游产业发展大会，狠抓旅游基础设施建设，强化旅游宣传促销，全省旅游行业紧紧围绕把旅游业培育成为国民经济的重要战略支柱产业和人民群众更加满意的现代服务业目标，抢抓发展机遇，狠抓工作落实，努力开拓创新，旅游业保持了持续健康快速发展的良好态势。

（五）已有的文化品牌优势

至 2011 年，贵州省 9 个市、州均创立了自己的旅游文化品牌。贵阳市“爽爽的贵阳·中国避暑之都”、黔西南自治州的“山水长卷·水墨金州”、铜仁市的“梵天净土·桃源铜仁”、六盘水市的“中国凉都·六盘水”、安顺市的“壮美大瀑布·神秘屯堡”、遵义市的“会议之都·转折之城”等已在全国乃至世界享有盛誉，吸引了数以千万计的游客畅游多彩贵州。

另外在文化产业上，先后被评为“国家文化产业示范基地”的有多彩贵州文化艺术有限公司、安顺兴伟文化发展有限公司、天龙旅游投资开发有限责任公司，被评为省级文化产业示范基地有铜仁玉屏箫笛厂等，这些产业基地对推进全省文化产业的发展起到了较好龙头示范作用。特别是目前还在靠租用贵阳大剧院作为演出场地的多彩贵州文化艺术有限公司，其创作与经营的大型民族歌舞《多彩贵州风》，从 2005 年公演以来，创造了贵州演出市场前所未有的业绩，在海内外持续演出 1700 余场，观众逾 150 万人次，得到中央和省领导的高度评价和国内外观众的广泛认可。近年，多彩贵州文化艺术有限公司被商务部、文化部、广电总局、新闻出版总署评为“国家文化出口重点企业”。2010 年，《多彩贵州风》再攀高峰，荣登文化部、国家旅游局颁布的《国家文化旅游重点项目名录——旅游演出类》名录，成为宣传贵州省文化旅游的标志性品牌。与此同时，《多彩贵州风》还担当起贵州近年来的重大外宣演出任务，已经成为展示贵州美好形象的一张亮丽名片。经过多年运作和推动，“多彩贵州”文化品牌的运营越来越成熟，取得了一定的社会效益和经济效益，塑造了贵州形象，使贵州的知名度和美誉度得到一定提升，增强了文化自觉和文化自信。

四、贵州文化产业走出去的路径建议

（一）文化演艺业

整合民族特色文化演艺，打造几台如“多彩贵州风”具有国际影响力的精品歌舞节目，融入世界文化演艺，积极加强与世界各国旅游名胜区合作，让贵州歌舞能在国际旅游名胜区驻场表演。建议以侗族大歌与遵义杂技团为先期试点，市场建议以欧美、日韩、东南亚、港澳台为主。

（二）文化旅游

加强旅游与文化深度融合，优先把黄果树风景区、荔波“中国南方喀斯特”风景区 、黎从榕民族风情旅游打造成有国际影响力精品旅游区，积极吸引国际游客。市场建议以欧美、日韩、我国港澳台地区游客为主。

（三）广播电影电视业

建议与国际著名电影电视厂商、导演、演员合作拍摄贵州题材影视作品投放国际市场，借助亚洲青年动漫大赛汇集优秀作品通过全世界观看贵州卫视播放。

（四）新闻出版业

出版业方面积极与先进地区出版社、著名作者合作，推出一批精品海外版作品到国际市场销售与参展。建议报业方面可先创办半月、月报贵州海外版到东南亚国家试点发行。

（五）民族工艺美术品

利用现代工艺、现代设计加上世界各国的文化喜好制作出一批具有贵州元素工艺品投放国际工艺品市场与旅游景点。如三都马尾绣、苗族刺绣、苗族银饰、玉屏箫笛、平塘陶瓷、思州砚台、大方漆器等。市场建议先以欧美、东南亚为主。

五、推动贵州文化产业走出去的对策建议

（一）加大文化交流力度，全方位提高贵州文化企业对世界的认知

政府主导进行文化宣传及文化旅游推介同时，应积极引导文化企业参与对

外交流，寻求贵州文化企业对世界的认知，具备世界市场观念和世界受众意识，增强走出去的动力。具体做法，一方面支持和鼓励文化企业走出去，加强对外协作和交流，争取与世界品牌文化企业合作生产文化产品，大力扶持具有创意潜能的文化企业设计人员到文化强国培训、学习他们先进技术；另一方面，依托贵州特有的生态文化旅游资源优势，举办国际会展、国际文化节、国际文化及文化产业发展论坛、国际文化创意活动、国际文化产品博览会等多种形式活动，增进贵州文化企业与国际间的交流。

（二）尽快编制《贵州文化产业“走出去”发展规划》

规划是指引，规划中要明确“走出去”的目标、步骤，评估能够“走出去”的文化资源产品，确立“走出去”的市场定位，谋划文化产品市场布局，创建出口型文化产业园区等具体方案，特别是要规划创建好出口型文化产业园区，在政策、资金上给予支持与优惠，大胆地探索创建文化创意产业免税区，以便贵州文化产业更好地分区域、分步骤、分重点地“走出去”。

（三）加快推进文化产业与科技对接融合

科技是企业的强大生命力，文化产业要“走出去”参与国际市场竞争，必须具有较高的科技含量。要拓展文化产业的“空间链、产业链和价值链”、突破空间局限、延长产业链、创造更多的衍生产品、深度挖掘价值链、追求和实现高附加值，就必须发展科技并与文化产业有机结合，增加文化产品的科技含量。文化与科技融合才能产生文化创意产业。

建议贵州省尽快制定对高科技文化企业发展的产业、财税优惠政策。

（四）加快推进文化产业与其他产业的融合

文化产业与其他产业具有共生性、融合性，文化与其他产业的融合既能提升产业的经济效益，又能彰显文化的社会效应。具体做法：一是激活处于沉睡状态的文化资源。根据贵州省文化资源的优势，着眼于当前和未来的消费特点，面向国际国内市场，发展不同层次、不同形式的文化产品，把文化资源转换为文化产品。比如，把侗族大歌、奢香夫人等文化资源转换成不同形式的具有贵州特色的文化产品。二是产品通过打下文化的烙印来提升价值。比如，六盘水的农民画内容丰富活泼、色彩大胆独特，在全国多次获奖。可以通过产品文化化，把六盘水的农民画作为围巾、服装的图案；可以动漫故事为主题设计全套儿童房间布置，推动家具制造业发展等。通过本土元素大胆创新、设计出口产品包装。

（五）加快推进贵州省文化企业与资本市场对接

由于贵州省文化企业普遍规模小，盈利能力较弱，以经营无形资产为主，缺乏可用于担保的固定资产；加上作为文化企业核心财富的文化创意及知识产权价值评估具有不确定性，文化项目和文化企业缺乏科学公正的评价机制，金融支持文化产业尚未达到规模化和成熟化，多数金融机构仍处于探索、尝试阶段，不可避免地会面临融资的难题。因此，拓展资本市场是突破文化产业资金短缺瓶颈的重要途径。目前，利用资本市场获得文化产业发展资金的条件已经形成，文化行业在进行文化产品生产、经营与服务的商业化、市场化、产业化进程中必须寻求与资本市场对接。建议贵州省借鉴北京市经验，从以下三个方面加快实现文化产业与资本市场有机对接。

（1）尽快建立适应文化产业投资发展的投融资体系，加大文化产业的投资规模和扶持力度，建议贵州省及有关部门设立较大规模的“贵州文化产业发展基金”、“贵州文化产业创业投资基金”、“文化产业风险投资基金”，另外还可以采取其他有效方式，吸引更多社会资本参与文化产业发展，逐步建立多元化、社会化、公共化的投融资服务体系。[1]

（2）加快文化企业上市融资的速度，鼓励利用资本市场融资。支持符合条件的文化企业到创业板上市，并探索建立宣传文化部门与证券监管部门的项目信息合作机制，加强适合于创业板市场的中小文化企业项目的筛选和储备。[2]

（3）创新担保模式，精心打造“创意贷”品牌。北京银行针对文化创意企业有形资产少的特点，创新推出以版权质押作为核心质物，同时还接受传统担保、知识产权等无形资产担保、应收账款质押、未来收益权质押、法人无限连带责任、中小企业联保等组合担保方式，并结合影响企业特点设计多个影响项目打包贷款模式，针对优质的文化创意企业推行信用贷款方式等。

（六）着力培养一批有文化创意与熟悉国际市场与市场营销战略人才

文化产业是高端产业，文化产品必须具有创意才具有生命。文化产品的策划、生产、营销、创新要求从事文化产业的生产、管理、销售人员必须具备较

---

[1] 《加快文化产业与现代服务业发展研讨班培训资料》，第 151 页。（编印单位：国家发展和改革委员会培训中心，2012 年 4 月）

[2] 《加快文化产业与现代服务业发展研讨班培训资料》，第 153 ~ 155 页。（编印单位：国家发展和改革委员会培训中心，2012 年 4 月）

高的综合素质。文化产品大多是无形产品，对人才的素质要求较高。文化产品的竞争，就是文化人才的竞争。具体做法为：（1）现有人才的培养：选拔一批具有潜能的民间工匠大师、文化创意设计制作人员、文化企业管理与营销人员，分类别到中国文化产业先进省市甚至到先进国家去系统学习信息技术、科技应用、文化产品贸易展销、创艺设计、文化企业营销管理等先进技术与经验。（2）后继人才的培养：一是要做好民间工艺的继承与发扬，用强有力的资金支持民间工艺大师传承技艺，培养传承人；二是在贵州有条件的大学开设文化产业相关学科，造就一批文化产业专业人才队伍。

（七）尽快出台支持贵州文化企业“走出去”的优惠政策

发达省市越来越重视促进文化创意产业和文化贸易发展。北京市出台的扶持政策就达20多项。以世博会、文博会为窗口，“魅力首都”的形象被推向世界，文化产业“走出去”的形势良好。建议贵州省委、省政府参照发达国家与发达地区扶持外向型文化企业好的做法，尽快出台对贵州省外向型文化企业在财政贴息、项目扶持、出口退税等方面的优惠政策，增强贵州文化企业“走出去”的积极性。

贵州旅游商品产业发展思考

蔡　伟*

摘　要

文化产业是民族凝聚力的重要源泉，是综合国力竞争的重要因素，是经济社会发展的重要支撑，是全省实现后发赶超、2020 年与全国同步建成全面小康社会的具体要求。旅游商品产业作为文化产业的重要组成部分，大力助推旅游商品产业发展对壮大贵州文化产业具有积极作用。本文从贵州旅游商品产业现状入手，分析加快全省旅游商品产业发展的有利条件和不利因素，提出加快全省旅游商品产业发展对策建议。

关键词

贵州　旅游商品产业　发展　战略思考

发展壮大文化产业对推动整个国民经济发展具有重大作用，这是已被众多理论研究和经济实践活动所证明的事实。近年来，从中央到地方，各级政府都十分重视文化产业发展，但贵州省文化产业发展依然较慢，与“文化产业增加值占 GDP 比重 4% 以上”的全面小康目标存在着一定差距。因此，旅游商品产业作为文化产业的重要组成部分，研究和探讨旅游商品产业发展，既对推进全省文化产业发展具有较大作用，同时又对顺利实现全面小康社会目标有着重要意义。

一、旅游商品产业发展现状

近年来，全省上下抢抓国家深入实施西部大开发的历史机遇，按照国发

* 蔡伟，贵州省社会科学院区域经济研究所助理研究员，研究方向为区域经济、产业经济。

[2012] 2 号文件提出的“建设成为世界知名、全国一流的旅游目的地”的要求，高度重视发展旅游商品产业，对旅游商品产业不断发展和壮大起到了一定的推动作用。具体来讲，主要表现在三个方面：一是旅游商品产业快速发展，商品种类快速增加。2012 年，全省商品综合产值达到 360 亿元左右，同比增长 25%，各种刺绣、银器、雕刻、陶瓷、蜡染、编织、漆器、珠宝等传统工艺品，以及采用现代新型材料生产的各种工艺品等，初步统计旅游商品已有 70 多个种类。二是旅游商品产业发展平台建设全力推进。以旅游商品为重要内容的特色产业园区或旅游商品功能园区发展加快。目前湄潭绿色食品产业园、织金食品药品产业园、毕节第一第二小微企业创业园、贞丰特色轻工园区、余庆松烟返乡农民工创业园、镇宁水晶产业园等一批新建和在建产业园区建设正全力推进。三是旅游商品生产组织化程度提高。成立了省旅游商品协会，推动旅游商品产业跳出工艺品和一般小食品的小圈子，大胆创新，形成“小商品大产业”、“小企业大集群”的良好发展格局。目前已培育出黔艺宝公司、凯里苗妹银饰公司、赫章赫之林公司等一批旅游商品生产销售龙头企业。

二、有利因素和不利因素

总体上看，未来相当长一段时间仍然是贵州旅游商品和工艺品产业发展壮大的黄金时期，突出表现在四个方面：一是政策环境进一步优化。国务院《关于进一步促进中小企业发展的若干意见》、《关于促进西部地区特色优势产业发展的意见》和《中共贵州省委贵州省人民政府关于大力推进个体私营等非公有制经济又好又快发展的意见》以及《贵州省中小企业促进条例》出台，尤其是省政府专门将旅游商品产业列为“十二五”期间重点发展的特色产业，出台了《贵州省“十二五”民族医药和特色食品及旅游商品特色产业发展规划》，为贵州旅游商品产业进一步发展营造了良好的政策环境。二是全省旅游业发展的迅猛势头，为旅游商品产业化发展提供了巨大发展空间。省委、省政府作出大力实施工业强省战略和城镇化带动战略，加快全省民营经济发展的重大部署，交通、水利、信息等基础设施硬环境加速改善，工业化、城镇化快速发展，全省旅游基础设施不断完善，旅游接待能力不断提升，人民群众生活水平不断提高，全省旅游业得到了较快发展。2012 年全省旅游总人数 21401.18 万人次，旅游总收入 1860.16 亿元，分别同比 2010 年增长 65.73% 和 75.28%。旅游业的迅猛发展，必将给旅游商品产业发展带来巨大的市场空间。

三是丰富的自然资源和得天独厚的景点资源优势，是全省旅游商品产业发展的基础优势。拥有金、银、铝、锑、钛等金属材料，紫袍玉带石、水晶石、大理石、朱砂、各类玉石、石英等矿产资源，各类粮油、水果、蔬菜、土特产、中药材、农产品、畜牧产品、水产品及林产品等，各类矿物晶体天然形成的奇石、古生物化石等，以及黄果树、织金洞、西江苗寨、万峰林、大明边城等5A、4A级景点景区。四是传统工艺得到保护和传承。全省大多数大中专院校均开设了旅游专业，部分民族地区中小学也开设了传统工艺课程，为旅游商品和工艺品生产提供了重要支撑。但我们也必须清醒地看到，还存在一些问题和不足，严重阻碍了全省旅游商品产业的发展壮大。具体来讲，主要包括五个方面：一是对旅游商品产业在致富、创业、创新、经济社会发展、城镇化进程中的作用认识不足。二是小作坊式的生产厂家较多，缺乏龙头企业。目前形成规模并开发为旅游商品主要是各类粮油、水果、蔬菜、土特产、中药材、畜牧产品、水产品及林产品等，还有很多旅游商品资源未得到充分利用和开发。三是市场建设滞后，布局不合理，主要分布在景点景区和市区的店面、购物点和酒店专柜，缺乏优质商品综合集中展示交易平台。四是创新能力不足，缺乏设计、创新、生产、管理和经营人才，文化内涵挖掘不够，产品设计雷同，原创设计不多，商品地方特色缺乏，制作水平较低，档次较低，附加值不高。五是缺乏统一配套的支持和鼓励政策，管理体制机制有待完善等。

三、对策建议

贵州应抢抓国家支持民营经济做大做强、实施新一轮西部大开发，以及东部产业加速向西部转移的战略机遇，依托全省多彩的民族文化和丰富的旅游资源，用活各项优惠政策，并在不违反相关政策的范围内，针对地方经济社会发展的实际要求，制定出更加灵活的政策，克服劣势和不足，营造出更加宽松的发展环境，助推全省旅游商品产业加快发展、做大总量。具体来讲：

（一）加强领导、改善服务，为旅游商品生产企业发展营造良好环境

一是调整、充实省文化改革发展小组及其办公室职能职责，明确相关成员单位职责任务。领导小组在督促各有关部门认真贯彻落实中央、省关于促进旅游商品产业发展有关政策措施的同时，充分借鉴兄弟省（市）好的经验做法，制定和完善支持旅游商品产业发展的配套政策。二是办公室作为文化改革发展小组日常办事机构，要做好联络、协调、指导和服务工作，协调相关成员单位

对旅游商品生产企业进行指导和管理，特别是帮助一些重点旅游商品生产企业解决在发展中遇见的困难和问题，结合进一步加大万户小老板创业行动计划的实施，以旅游商品产业为主体，加大创业辅导和创业培训力度，成功孵化出一批旅游商品生产企业和品牌产品。三是各成员单位要根据职能，为旅游商品生产企业发展搞好服务，对工作开展得力、呈现突出的干部和部门，要给予隆重的表彰和奖励；对向企业“吃、拿、卡、要”、乱罚款、乱收费等侵犯企业权益，影响全省旅游商品生产企业发展氛围的，要坚决追究责任。市（州）以及各县（市、区、特区）也应相应调整充实工作机构，负责旅游商品产业发展工作。此外，各级政府要利用公共财政引导社会中介机构为旅游商品生产企业提供管理、信息、法律、财务、人才培训等方面的服务，帮助企业发展壮大。

（二）针对全省旅游商品生产企业多以民营中小企业为主的特点，完善金融管理服务体系，着实解决企业普遍存在的融资难、担保难问题

一是要引导鼓励银行贷款重点向有实力和发展前景广阔的旅游商品生产企业倾斜。二是鼓励支持金融机构根据旅游商品生产企业经济发展特点，拓宽用于申请贷款担保的财产范围。凡不违反现行法律规定、财产权益清晰、风险可控的各类动产、不动产、应收账款、仓单、存单及未来现金流等，都可用于贷款担保。三是支持符合条件的旅游商品生产企业上市融资和上市旅游商品生产企业再融资。四是鼓励加快小额贷款公司、村镇银行建设，鼓励小额贷款公司和村镇银行的资金重点投入旅游商品生产企业，积极探索适合旅游商品生产企业特点的投融资方式，多渠道地解决企业融资难、担保难问题。

（三）“多予少取”，全力助推旅游商品企业加快发展

一是将新创办的旅游商品生产企业安排到当地的创业园中，向业主提供房租低廉的生产经营场所的同时，还为入园企业提供展销、洽谈、培训等方面的服务，同时在企业投产后的2～5年里对企业实行全部或部分免税，帮助旅游商品生产企业成长。二是各级财政资金向旅游商品产业倾斜，每年应预算安排一笔资金，主要用于对民营企业技改项目的贴息、科技创新项目资助、品牌建设、人才引进及培训资助，以及对纳税大户、吸纳下岗职工和社会人员较多的民营企业和其他先进民营企业的奖励。三是对旅游商品生产企业通过厂房加层、老厂改造、合理控制绿地面积、内部整理等途径提高土地利用率和增加建设强度的，不应再增加土地价款，并且对投资强度、年税收额达到一定标准的企业，采取“一事一议”的办法，按照用地最低限价给予优先供地。

（四）通过“比赛推产业、展销促发展”，着力培育旅游商品市场体系，把贵州旅游商品品牌推向世界

一是把旅游商品两赛一会作为一年一度的旅游商品业界盛会固定下来，并积极争取升格为国家级的大展，将能工巧匠、手工艺传承人、高级设计师、旅游商品企业、营销团体、服务平台等形成合力，推进旅游商品产业化发展的同时，推介旅游商品。二是针对海内外市场，结合差异化旅游需求，深度挖掘民族民间文化资源，策划和设计制作民族民间传统工艺品、旅游商品画册、地图等宣传品、宣传手册。三是积极利用各种国际国内会议、展览、文化经贸等活动，组织开展旅游商品和民族民间工艺品推介。四是加强旅游商品销售平台和网点建设，大力发展旅游商品连锁经营、电子商务、专业店等现代流通业态；鼓励有条件的商品流通市场及超市、商店兼营旅游商品。

（五）加快推进旅游商品品牌建设

一是大力打造“贵州名匠”品牌，创建旅游商品全省性品牌，组织好商标注册。二是培育旅游商品区域品牌，推进各地申请地理标志或集体商标、证明商标。三是推进旅游商品生产工艺的创新和传承，开展旅游商品公共设计、研发、试验、分析、检验检测、质量认证、信息、培训、咨询等公共服务。四是加强旅游商品知识产权保护，支持开展自主品牌建设，着力推出一批国内外有影响力的品牌，按照集中与分散相结合原则，加快旅游商品小企业创业基地和产业聚集区建设，重点扶持一批有条件的地区建设旅游商品生产加工基地、创业带动就业基地、传统工艺传承人培训基地和批发贸易专业市场，基本实现一县一品牌。

发展壮大贵州县域文化产业思考

蔡 伟*

摘 要

文化产业是民族凝聚力的重要源泉，是综合国力竞争的重要因素，是经济社会发展的重要支撑。因此，贵州省要实现后发赶超、2020 年与全国同步实现全面小康，必须大力发展文化产业。本文从贵州省文化产业现状入手，分析加快贵州省文化产业发展的有利条件和不利因素，提出加快贵州省县域文化产业发展的战略重点。

关键词

县域 文化产业 发展

发展壮大文化产业对推动整个国民经济发展具有重大作用，这是已被众多理论研究和经济实践活动所证明的事实。近年来，从中央到地方，各级政府都十分重视文化产业发展，但从总体上看，贵州省各县（市、区、特区）文化产业发展依然较慢，大多数县（市、区）和特区与贵州省委、省政府《关于以县为单位开展全面建设小康社会统计监测工作的通知》中提出的“文化产业增加值占 GDP 比重 4%”的目标值存在着较大差距。因此，研究和探讨加快贵州各地的文化产业发展，既对推进各地顺利实现全面小康社会目标有意义，同时也对各地实现加速发展、加快转型和推动跨越发展有着十分深远的意义。

一、县域文化产业发展现状

近年来，我省各县（市、区、特区）党委、政府，抢抓国家深入实施西

* 蔡伟，贵州省社会科学院区域经济研究所助理研究员，研究方向为区域经济、产业经济。

部大开发和促进贵州又好又快发展的历史机遇，认真贯彻落实贵州省委、省政府提出的“两加一推”主基调，以承接东部产业转移为动力，高度重视发展文化产业，对文化产业不断发展和壮大起到了一定的推动作用。具体来讲，主要表现在三个方面。

一是文化产业快速发展，文化产业增加值占 GDP 的比重稳步提升。2012 年贵州省文化产业增加值可达到 180 亿元（测算），与第一次开展全省文化产业统计的 2004 年相比，文化产业增加值总量翻了近 3 番，年均增速达到 28% 以上；文化产业增加值占 GDP 的比重约为 2.6%，较 2004 年提高了 1.52%；从业人员 16.56 万人，较 2004 年的 7.06 万人增长了 134.56%。

二是新兴文化产业从无到有，从小到大，正成为新的经济增长点并呈现出强劲发展势头。文化旅游业取得重大突破，2011 年贵州旅游总人数 17019.36 万人次，旅游收入达到 1429.48 亿元，分别比 2010 年增长 31.8% 和 34.7%；动漫产业发展强劲。至 2011 年末，全省动漫企业达到 30 家，动漫产品的数量和质量都有了较大提高；民族民间手工艺品制作、网络文化服务、会展、文化艺术商务代理等文化业态得到较快发展，正逐步发展成为文化产业的重要组成部分。

三是文化产业园区建设快速推进。贵阳数字文化产业园区建成并已投产，大方彝族产业园区的贵州宣慰府二期装修工程业已完成；此外中央新影花溪影视文化产业园、贵州好花红文化旅游产业园、凯里民族风情园、三星岩文化产业园、“动漫村”以及贵阳国家高新技术产业开发区民族文化产业园等一批文化产业园区正在紧锣密鼓地建设中。

四是民间资本向文化产业汇聚。一方面在动漫、游戏、图书、影业等文化领域，已经培育出贵阳熠动漫文化传播有限公司、贵阳朗玛信息技术股份有限公司、贵州青年影视文化中心、西西弗文化传播有限公司、贵州永吉印务有限公司等一批富有活力和影响力的民营文化企业；另一方面扶持和鼓励民营资本投资文化产业，如黔西南州就引进民营资金先后开发建设了黔西南州黔山皇冠酒店、赵庄度假村和金州溶洞温泉、万峰湖未央半岛、双乳峰、晴隆 24 道拐抗战文化遗产园等项目，提高了景区游客接待量和质量。

尽管贵州各地文化产业近年发展取得了一些成就，但也存在一些需要及时化解的问题，如各（市、区、特区）文化产业保持快速发展，但各地之间的发展不平衡问题十分突出，截至 2012 年，南明区、云岩区、西秀区、遵义县等县（区）已实现文化产业增加值占 GDP 比重 4% 的目标，而开阳县、盘县、仁怀市、汇川区等县（市、区）文化产业增加值占 GDP 比重不到 1%；通过文化体制改革，组建起来的一批文化产业企业大多数管理机制都不完善，尚未建立起现代企业制度；文化产业与相关产业还未能得到较好的渗透融合发展，比较具有本土特色的民族文化开发利用目前就仅集中在民族文化旅游和附加值不高的民族民间工艺品加工上，民族演艺业虽初步与旅游结合，但主要还是靠政府埋单，还未形成市场，民族文化对制造业、影视业、餐饮业、医药业、建筑业、文化创意业的渗透程度还很低；一些地方盲目建设文化产业园区，使得园区建设规模远远超出了当地文化产业企业的发展需要，于是将一些不相关的企业也装进了文化产业园区，削弱了园区地域文化特色，杂乱无序发展问题突出。

二、面临的有利条件和不利因素

总体上看，未来相当长一段时间发展壮大贵州县域文化产业的黄金时期，突出表现在三个方面。

一是《中共中央关于深化文化体制改革、推动社会主义文化大发展大繁荣若干重大问题的决定》、《国务院关于进一步促进贵州经济社会又好又快发展的若干意见》（国发［2012］2 号）、《中共贵州省委关于贯彻党的十七届六中全会精神推动多民族文化大发展大繁荣的意见》、《中共贵州省委贵州省人民政府关于进一步加快发展县域经济的意见》（黔党发［2012］4 号）和《中共贵州省委办公厅贵州省人民政府办公厅〈关于以县为单位开展全面建设小康社会统计监测工作的通知〉》（黔党办发［2012］35 号）等一系列文件的出台，对全省文化产业发展作出了重大决策和全面部署，明确了文化产业的发展目标和战略地位，制定了一系列有利于文化产业又好又快发展的具体措施，给全省文化产业发展营造了良好的政策环境。

二是随着全省经济总量的增长、居民收入的不断提高，居民对精神文化娱乐的需求进一步增大，加之公共文化服务基础设施建设的加强、群众对消费习惯的转变，将使得城乡居民的文化消费需求大幅增长，为文化产业发展进一步拓展市场空间。

三是贵州省文化厅与中国工商银行贵州省分行签署的《支持文化产业发展战略合作协议》的正式生效，省工商银行将对发展潜力大、市场前景好、且有融资需求的中小型文化产业企业和项目优先给予融资支持，长期以来抑制我省文化产业发展的资金瓶颈将有所突破。尽管有这些有利条件，但我们也必须清醒地看到，要加快文化产业发展，必须克服文化产业发展中存在的一些不利因素。具体来讲，主要包括五个方面：一是尽管居民收入不断提高，但是由于房价过快上涨，医疗、教育、养老等一系列社会福利由国家统包逐步改为由国家和个人共同负担，导致居民在扣除衣食住行、医疗、养老和教育等必要支出后，可用于文化消费的收入较少，消费能力受到严重抑制。二是发展文化产业所需的经营、管理、创意、市场推广型人才匮乏，特别是高层次、高技能、复合型、外向型人才更为缺乏，使得文化资料和高技术相结合的高附加值文化产品难以涌现，拥有核心版权和自主创新产权的文化产品和服务匮乏。三是扶持文化产业发展的相关政策落实不到位，文化产业发展专项资金按规定应逐年递增，但多数市（州）、各县（市、区、特区）所得的预算经费没有变化；支持文化产业发展的政策缺乏实施细则，可操作性不强，相关配套措施还有待进一步明确。四是行政管理上多头管理、职责不清，管理缺位、错位、越位现象仍然存在。五是绝大多数县（市、区、特区）没有专门的文改文产办结构和人员具体抓文化改革发展工作。

三、发展壮大县域文化产业的对策

针对贵州各县（市、区、特区）文化产业发展存在的问题，各地必须以邓小平理论和“三个代表”重要思想为指导，深入贯彻落实科学发展观，围绕奋力后发赶超目标，深度挖掘当地民族和地域文化资源，以着力培育一批文化产业企业、开发一批文化产业项目为路径，努力实现各地文化产业规模和质量快速提高，不断提高文化产业对国民经济的贡献度和拉动作用，推动各地经济社会又好又快、更好更快发展。

一是出台一份支持县域文化产业加快发展的文件，调动各方力量凝聚到文化产业发展上来。省委、省政府应根据《贵州省“十二五”文化事业和文化产业发展专项规划》提出的发展导向出台一份支持县域文化产业发展的文件，主要内容包括：发展县域文化产业的指导思想、基本原则和主要目标，明确各地文化产业加快发展的工作重点和相关优惠配套政策措施等，对县域文化产业发展作出全面的安排。同时建立和完善各县（市、区、特区）文化产业发展的指标体系和评价办法，对于完成考核目标任务的县市和表现突出的有关部门及个人给予奖励，对工作实绩突出的干部在工资待遇、政治待遇等方面实行特殊政策，从而全方面调动各方面积极性和主动性投入到文化产业改革发展之中。

二是要按照“抓两头促中间”的路子，统一推进全省各地文化产业发展。抓两头，就是一方面要抓好文化产业发展较好县（市、区、特区）工作，采取切实措施，大力推进文化产业发展较好县（市、区、特区）率先发展，打造成为全省文化产业发展的“高地”，为各地如何发展文化产业树立“样板”；另一方面要抓好文化产业发展困难县工作，对具有较强发展后劲、潜力大的文化产业发展困难县，要加大扶持力度，深度挖掘和开发当地特色文化资源，突破抑制当地文化产业发展的瓶颈，让当地文化产业走上健康发展道路；而对一些发展潜力小、地域文化特色模糊、文化资源匮乏的县市，应采取“共建产业园区”模式，将自己具有和引进的文化产业项目转移到其他县（市、区、特区）进行落地，这些项目所产生的生产总值和税收除增量部分外，仍归原县市所有，增量部分则以一定比例双方共同分享。促中间，就是通过文化产业发展较好县带动和文化产业发展困难县跟进，推动处于中间位置的县市，找准自己的突破口，奋力实现突破性发展。

三是加强文化产业服务体系建设，在优化文化产业发展环境上实现突破。我省各地文化产业发展缓慢最重要因素就是服务体系不完善，因此，首先各县（市、区、特区）要设立文改文产发展专项资金，不断加大对文化产业发展资金的财政投入，在加快公共文化服务体系建设的同时，帮助转企改制走向市场的文化企业顺利实现过渡。其次实施优惠的税收政策，对新成立的文化企业，给予低税率，企业用实现利润进行再投资的，视同新成立的文化企业，通过差别化政策，促进文化产业加快发展。

四是加大金融支持力度，放宽信贷审批和业务创新权限，优先审批文化产业项目的融资申请，在政策许可的前提下鼓励支持金融机构根据文化产业发展特点，拓宽可用于担保的财产范围。四是要保障用地供给，由省国土资源厅每年直接向各县（市、区、特区）安排一定量的土地指标，确保各地重点文化产业项目的建设需要，在文化产业园区（基地）建设上，按相关优惠政策给予扶持。

五是各市县（市、区、特区）要设立专门的文改文产办结构和人员具体抓文化改革发展工作，切实加强对县域文化产业的组织领导。

六要在充分利用已有文化产业人才的基础上，大力培养优秀文化创意人才、文化产品创新人才和文化经营人才，建立健全培养人才、留住人才、吸引人才的制度体系，为文化产业发展提供人才保障。

主要参考文献

[1] 李建国. 2012 年贵州文化产业发展报告 [M]. 贵阳：贵州人民出版社出版，2012.
[2] 王礼全. 贵州省情研究报告 [M]. 贵阳：贵州人民出版社出版，2008.
[3] 贵州省人民政府发展研究中心，贵州省人民政府研究室. 贵州县域经济发展报告 [M]. 贵阳：贵州人民出版社出版，2010.
[4] 贵州省“十二五”文化事业和文化产业发展专项规划.

行业与案例篇

贵州出版集团公司发展报告

周际岗[*]

摘　要

贵州出版集团公司把深化改革、完善公司治理结构作为重点，坚持正确的舆论导向，积极推进文化体制改革，大力实施精品工程和适应新技术发展，开展数字出版工作，以多元化业务的发展反哺主业发展，提升集团整体效益，实现各种经济指标翻番，国有资产保值增值率实现了每年两位数以上的增长，并朝着全国范围内有区域特点和影响力的文化出版集团方向发展。

关键词

出版集团　2013 年　发展报告

一、贵州出版集团公司发展概况

（一）积极推进文化体制改革

贵州出版集团公司按照中央和省文化体制改革的时间表和路线图，于 2009 年 12 月 8 日完成整体转制并挂牌。转制后，公司党委继续把深化改革、完善公司治理结构作为重点来抓，制定完善法人治理结构的相关方案，完成改制单位的员工全部进入社保并签订劳动合同、企事业两种身份员工社保的接续、子公司考核管理方式的转变、绩效薪酬制度的完善等工作。按照省委、省政府要求，2011 年开始谋划股改上市等工作，成立专门的工作班子，在省委、省政府的大力扶持下争取在“十二五”期间成功上市。目前，利用新华书店

---

* 周际岗，贵州出版集团公司。

（集团）平台重组作为拟上市主体的贵州出版传媒有限公司已设立，并开始资产划转等相关工作。

（二）坚持正确的舆论导向，大力实施精品工程

贵州出版集团公司立足市场和自身优势，不断强化精品意识，调整优化图书出版结构，注重出版工作与贵州多彩的民族文化、丰富的人文历史资源相结合，重点出版了一批精品图书，逐步构建“贵州文库”精品出版工程，培育黔版图书的优秀品牌。出版的图书荣获中国出版政府奖图书奖 4 项、中宣部“五个一”工程奖 1 项、“中华优秀出版物”提名奖 4 项，入选国家新闻出版总署首届“经典中国国际出版工程”3 项，进入国家“十二五”出版规划 4 种，省部级图书奖数十项。版权贸易有新突破，所属出版社 47 种图书版权输出到韩国、美国等国家及我国台湾地区。

（三）狠抓经济发展

依靠加强内部管理、资源整合，集约经营实现利润较大幅度增长。先后对教材教辅、本版图书的出版资源、印刷物资等业务进行了整合。经过强力整合，教材市场份额从成立时不到 40%，上升到 2011 年的义务教育阶段 50% 以上、高中阶段 70% 左右。同时，整合规范教辅出版，避免了重复出版、恶性竞争和资源浪费。为谋划公司的多元发展，寻找新的经济增长点，着眼于地方文化事业建设和文化产业发展，积极寻找战略伙伴，实现资源互补，做强做大文化产业。所属人民社与民营文化公司合作组建的经典远流公司在新机制下，充分利用了北京这一平台，出版了一批既有社会影响又有不俗市场表现的图书，取得了较好的效益。所属省新华书店开办的贵州新华图书城于 2008 年 12 月 28 日开业，成为贵阳市最大的图书卖场。投资 2 亿多元在金阳会展中心新建办公楼 3.7 万余平米，2013 年将整体搬迁到金阳。在省政府“十二五”重点文化产业项目“贵州文化出版产业园”建设中，贵州出版集团公司作为重点企业正抓紧产业园区建设工作。

（四）适应新技术发展，开展数字出版工作

突破传统出版产业业态形式，跟上新技术发展步伐，将数字出版作为可持续发展的战略之一，积极探索适合公司发展的数字出版道路。2009 年，组建了贵州闻通数字传媒有限公司，从手机出版入手，开始数字出版产品项目的开发经营。数字出版工程“出版资源数据库系统项目”通过验收并开始试运行，“（贵州）亚洲青年动漫复合型新媒体数字出版运营平台”已列入新闻出版总

署“新闻出版改革发展项目库”。2011年，成立了数字制版分公司，数字制版印刷起步，新印厂数字印刷设备升级，得到省政府500万元专项资金扶持。

经过六年的发展，2011年，贵州出版集团公司实现汇总销售25亿元，利润1.3亿元，资产总额43亿元，净资产15亿元，累计纳税1.9亿元（剔除减免因素），国有资产累计保值增值率为115%，实现了每年两位数以上的增长，同时积极履行社会责任，树立企业社会形象，扩大了社会影响。

二、发展思路

（一）2013年主要任务

一是继续把深化改革、完善公司治理结构作为重点来抓，确定“以股改为基础、以上市为目标”的思路，将股改工作作为全年的工作重点，在省委、省政府领导下，争取中宣部文改办、新闻出版总署核准设立股份公司。

二是积极拓宽主业发展路径，提升市场竞争力。

三是强化管理，提升企业竞争力。

四是积极落实集团“十二五”项目库建设，大力推进现有大项目建设工程并取得实质进展。在省政府“十二五”重点文化产业项目“贵州文化出版产业园”建设中，抓紧数字出版印刷产业园项目建设工作。

五是积极谋划贵州出版集团公司的多元发展，寻找新的经济增长点。

（二）主要政策措施、实施的重点项目

贵州出版集团公司未来五年总体战略：以“十八大”、国发［2012］2号文件精神为指导，抢抓机遇，加速发展，以出版为核心、以教材教辅业务为基础、以数字出版为方向，最终形成出版特色化、印刷及印刷物资规模化、发行稳定化，以发展多元化业务反哺主业发展，提升集团整体效益，实现各种经济指标翻番，发展成为全国范围内有区域特点和影响力的文化出版集团。

一是通过完善法人治理结构、股权多元化改革等措施，实现企业股改上市。“十二五”期间将进一步深化改革，引进战略投资者，设立“贵州出版传媒股份有限公司”，力争在“十二五”期间完成股改上市。

二是稳定核心业务的发展，构建基于产业链的相关多元化业务。狠抓现代出版数字印刷产业项目（包含数字印刷及印刷新技术应用、高清晰制版技术的应用、精美包装设计、发行、现代物流、印刷材料供应及文化旅游创意产品

设计与制作、动漫制作等）和贵州图书出版中心项目以及《贵州文库》和数字出版项目落实，提高产业集中度、产业升级、结构调整、承接产业转移，形成集群和规模效应。并按照能力、资源、业务链等多个维度，进行文化地产、连锁酒店、广告等相关产业多元扩张。

三是通过资本运作进一步壮大公司的产业发展。通过资本运营和上市取得资本优势，在各项业务上进行资本运作，在不同的业务上进行并购整合、引入战略投资者进行合作扩张，用资本运营促进产业扩张。

三、关于文化产业园建设的思考

2012 年 11 月 13 日，贵州文化出版产业园贵州出版传媒有限公司数字出版印刷产业园项目签约仪式在贵阳高新区举行。该项目占地 285 亩，建设面积约 21 万平方米，投资 8 亿元人民币，预计 2015 年建成。建成后，可承接数字出版、数字印刷、绿色印刷、商标包装、动漫创意制作、数字化图书配送中心和文化产业培训服务，年产值达 20 亿元，并打造成为全省出版产业的示范性基地。

（一）建设目标

将产业园建设成为以包装印刷为主导，集印包服务、物流配送、物资供应、工业旅游于一体的现代印刷包装产业园。

（二）规划原则

1. 共创性原则

贵州省出版印刷产业主要是基于中小学教材及关联企业构成的企业联盟共同完成的，因此，产业园区规划应按照资源禀赋，以战略联盟共创性为主、关联企业差异性为辅进行规划。

2. 整合、利用现有资源原则

充分整合并利用现有资源和设施，减少用地结构调整和资金投入，加快园区规划和建设。

3. 统一规划原则

从工业强省的角度，针对贵州烟酒、民族医药、特色食品及旅游商品等特色产业，以推进印刷包装产业协同发展为目标对园区进行统筹规划和布局。

4. 循序渐进的原则

结合实际，合理预留发展空间规划园区。

（三）规划布局

形成印刷生产、印包服务、物流配送、物资供应、产品展示五大功能区；以标准化厂房为依托，分期开发建设；以园区道路和通透式隔墙，有序分隔各功能组团。

四、对策建议

一是贵州出版集团公司为大一型企业，目前正着手股改上市。区别于省内其他大一型文化企业，贵州出版集团公司核心业务将全部注入拟上市的出版传媒股份公司。请求得到省委、省政府有关部门的大力支持和帮助，并参照湖南省为中南传媒股改上市的经验，明确拟上市的出版传媒股份公司为大一型企业，以保证公司管理人员的整体平移。对原进入事业社保尚未退休人员，解决工资控调挂档问题并同意转制企业购买企业年金解决社保标准偏低等问题。

二是改制期间新成立的贵州新华文轩股份有限公司、印务公司、出版物资公司和数字出版公司应列入减免税目录，给予减免税扶持政策。

三是希望出台相关文件，使市、县一级进一步落实改制文化企业土地变性评估作价转增国有资本的政策更具操作性。

四是书店作为文化企业具有很强的公益性，应布点在人流密集的地方。各级政府在旧城改造和新城建设中，应将书店网点建设纳入规划，布点在闹市区，确保用地指标和选址不被边缘化，保证构建图书发行销售网点。

五是加大地方财政、工商、物价等对文化企业的产业扶持政策力度，增强各地印刷、发行企业的技术升级、产业转型、承接产业转移、参与全国市场竞争的能力。

六是借鉴外省经验，采取行政措施、市场手段等留住本地印刷业务，扶持本省出版印刷发行企业尤其是国有企业发展壮大。鉴于目前贵州出版集团公司主要利润点是教材和相关产品，为保证股改上市持续盈利，建议协调教育部门进一步加大支持力度，以稳步提升出版集团公司教材产品的市场占有率。

七是按照国办发［2008］114 号和黔党发［2011］16 号文件精神，对文化企业国有资本收益实行先征后返政策，建议相关部门制定具体措施，即征即返，并参考中央文化企业按 5% 征缴的现状，建议对贵州文化企业国有资本收益按 5% 征收返还。

八是省委、省政府应加大对文化企业发展的金融支持力度，对符合产业政策的应给予贴息贷款和财政扶持。应加强行业领导和协调，大力支持“十大文化产业园”特别是“文化出版产业园”建设。

贵州广电产业发展报告

贵州省广播电影电视局

摘　要

在当前国家大力支持文化产业发展的背景下，在贵州前所未有的重大历史机遇中，贵州广电以加快发展为主题，以体制机制创新为重点，以满足人民群众文化需求为出发点和落脚点，坚持事业、产业协调发展，全面推进文化改革发展，新兴产业开发初见成效，产业经营稳步增长，重点项目建设稳步推进，上市融资筹备工作有序开展，为贵州广电事业产业发展奠定了坚实基础。贵州广电局将抢抓机遇，实现自我突破，力争到“十二五”期末，发展成为全省首家传媒行业百亿集团。

关键词

广电产业　发展报告　贵州

一、贵州广电产业发展现状

近年来，贵州广电以体制机制创新为重点，从增强活力、竞争力和舆论引导力出发，深化干部、人事、劳动、分配等内部机制改革，建立舆论导向正确、经营活力充沛、竞争优势明显的运行机制。广电产业发展已逐步从事业兼产业的经营管理模式向市场化转变，从单一的经营业务范围向多元化发展，从产业优势出发向上下游产业链延伸。目前，部分企业已取得初步效益，并呈现广阔的发展前景。

（一）产业经营保持稳步增长

贵州广电传媒集团公司成立之初，即明确了自己的职责使命。按照中央和省关于文化体制改革的精神和要求，整合贵州省级广播电视资源，在产业投资布局、战略规划实施、重大投融资计划和项目审定等方面发挥主导作用，旨在提高广电产业集中度和市场竞争力，培育合格市场主体，打造主业突出、特色鲜明、综合实力较强的大型国有文化企业集团，以期实现产业升级扩张与规模化运营的集成优势反哺广电事业发展的格局，进而为助推贵州多民族文化大繁荣大发展作出积极贡献。

贵州广电传媒集团公司成立以来，2011 年实现经营总收入 27.4 亿元。2012 年集团公司经营创收目标：确保完成 33 亿元，力争完成 35 亿元，1～8 月实现营业总收入 25.23 亿元，完成年度经营创收目标任务的 76.5%，超额完成约 10%。集团下属多家公司经营业绩较上年同期同比增长超过 25%。

（二）新兴产业开发初见成效

贵州广电传媒集团公司在巩固和加强传统媒体产业竞争优势的同时，注重探索发展文化创意、多媒体广播影视、数字娱乐等具有比较优势的战略性新兴产业，走传统媒体与新媒体融合发展的路径，取得了初步成效。

家有购物集团利用覆盖全国的数字电视频道作为媒体平台，面向全国开展电视购物业务，利用传统媒体构建网络销售。公司自成立至今，营业额不断攀升，2010 年经营总额较前一年增长 100%，2011 年达到 8.5 亿元。家有购物集团已被列为贵州省文化产业龙头企业之一。

中广传播公司是省内唯一一家开展移动多媒体广播网络建设和业务运营的企业主体。公司成立以来，不断挖掘市场机遇，积极发展新媒体业务，大力开展移动多媒体广播（CMMB）建设，积极开展市场推广、网络覆盖等工作。公司现已建成覆盖全省 9 个市、州、地及 37 个县的网络。

贵州广电网络公司已完成全省广电网络整合，并对网络实施了数字化、双向化改造。在主抓基本业务建设的同时，抢抓机遇，积极与移动通信、电信及其他新兴媒体探索研究新业务合作，在广电新媒体、新技术运用中开辟新的产业，将逐步涉足增值电信业务、基础电信业务、互联网接入和数据传输业务等，拓展新的发展空间。

（三）重点项目建设稳步推进

贵州广电传媒集团公司在培育核心竞争力的同时，通过拓展新兴产业和逐步实施重点项目建设，不断延伸产业链，丰富产业结构，力争改变产业构成单一、抗风险能力较弱的局面。

家有购物集团为加速实现产业升级，拟定了大力推动电子商务文化产业基地建设的目标。项目所在地属贵阳市金阳新区，拟打造以电子商务为主导，以呼叫服务、现代物流、影视制作、文化教育、加工贸易为支柱，布局合理、功能齐全、设施完备、环境优美的示范性新型电子商务文化产业基地。该项目已列入贵州省“十二五”规划，项目一期232亩物流用地申请已经国土部门批复，进入“招拍挂”程序。

贵州星空影业有限公司为更好地抓住国内电影业蓬勃发展的良好机遇，并持续扩大省内已初具规模的电影市场，以电影产业的繁荣增强贵州广电的影响力、竞争力和发展力，拟采取新建、收购、加盟等方式整合省内电影市场资源，争取组建贵州城市电影院线公司。为实现这一目标，星空影业公司积极创造条件，努力加快发展步伐。星空影业公司现已建成影城4座，总银幕数27块，总座位数3110个，营业额占全省市场份额的20%，成为贵州最大的电影放映实体。

（四）上市融资筹备工作有序开展

按照省委、省政府要求，贵州广电“十二五”期间的融资目标是力争实现1~2个公司上市。根据集团公司经营实体发展的实际，计划从以下方向培育上市主体：一是依托家有购物集团公司，扩大运营规模，丰富运营内容，提升赢利水平，培育上市主体。二是依托广电网络信息股份有限公司，提升产业运营规模与加强增值业务开发力度，丰富产业赢利链条，打造上市主体。已成立的贵州广播电视信息网络股份有限公司筹备上市工作领导小组，在省政府的统一领导下，正强力有序推进申报上市的各项前期工作。

二、贵州广电产业发展存在的主要问题

一是广播电视产业整体发展水平不高，市场化程度较低，单个企业一般产业规模小，没有形成有较强影响力的市场主体，基本没有较强影响力的品牌或产品。

二是改制后的企业体量小、资金少、融资难、竞争力弱，市场运营能力和创新能力有待进一步提高。

三是资金短缺，广电传媒集团公司虽然资产总量大，但可用于再投资的资金量少，开发大型项目时的资金压力大。

四是领军人才匮乏，急需大量复合型人才。

三、加快贵州广电产业发展的对策措施

（一）五个“统筹”推进广电事业产业协调发展

1. 统筹城乡广播电视协调发展

继续按照“公益性、基本性、均等性、便利性”的要求，努力构建农村广播影视公共文化服务体系，广播影视事业建设向基层倾斜。着力开展广播电视“村村通”、“户户通”、农村公益电影放映、乡镇综合服务站建设等工程，逐步实现广播电视“户户通”，稳步推进有线电视县乡联网和数字化整体转变，快速推进乡镇广播影视综合服务站建设，统筹城乡广播电视协调发展。

2. 统筹事业、产业协调发展

在重视广播影视事业的发展、创新机制、增强广播影视事业的服务能力、打造广播影视产业核心竞争力的同时，大力推进产业发展，以产业经营收益反哺事业，促进广电事业产业全面发展。

3. 统筹渠道和内容协调发展

立足于内容产业，继续把创新内容、树立品牌、培育核心竞争作为广播影视产业今后一段时期的战略重点。在市场经济环境下，充分考虑市场需求，兼顾上游下游产业，统筹考虑事业产业协调发展。

4. 统筹广播影视多种技术综合运用

广播影视应统筹规划，将制作、播出、传输、新媒体开发等环节有机统一，以产业经营的思路，充分利用资源，多种技术综合运用，搭建统一的经营管理平台、生产制播平台、运营发布平台和集成分发平台，发挥技术优势，发展高清电视、互动电视、网络电视、手机电视、移动电视和互联网电视等多种媒体，不断延伸广电产业链。

5. 统筹广播影视行业内部搞活和对外开放

进一步更新观念，以体制机制创新为重点，锐意创新，理顺生产关系、激活生产力，优化现有资源配置。做到人才引进渠道畅通、节目生产机制灵活、事业与产业互补、内外部资金融合。按照标准高、眼界高、机制活、市场广的思路，积极拓展事业产业发展渠道，实施多元发展战略。

（二）确立发展战略，大力推进广电产业发展

1. 实施投融资渠道拓展计划，着力突破资金“瓶颈”

通过积极参与建立贵州文化产业发展基金，进一步创新和完善文化投融资

体制，支持企业面向资本市场融资发展，吸引社会资本进行股份制改造。有重点地选择改革到位、成长性好、竞争力强的贵州广电网络公司、家有购物集团公司做好筹备上市的相关工作，力争“十二五”内实现上市。

2. 实施资源互通与产业融合发展计划，着力提升运营规模

以协作兼容的团队意识和利益共享的包容精神，促进资源互通共享，产业互补配套，资源设施全面整合，市场开拓联动共赢，最终实现集团利益的最大化。加快广电资源与其他文化资源，特别是与旅游资源的嫁接合作步伐，通过产业融合发展，探寻新的产业路子，累积融合发展经验，壮大发展规模，丰富利润增长点。积极谋求与全国范围内的关联企业集团建立战略合作关系，通过资本、资源、人才优势互补的方式携手联合，以打造新型文化产业园区等规模性项目为合作方向，壮大集团运营实力与产业规模。

3. 实施基础性产业升级计划，深度发掘资源潜力

以“创新驱动，内生增长”为理念，深挖资源潜力，创新营销手段，升级专业运营水平，开辟基础性产业发展的新空间，实现基础性产业全面升级。加大卫视频道机制体制改革创新力度，不断提升频道内容传播力、品牌影响力和市场竞争力，确保频道收视率与收视份额的不断提升。加快电视地面频道在各自定位和现有基础上的升级步伐，创新盈利模式，确保频道收入年增长幅度超过同行业平均水平。创新广播频率经营模式，在 2012 年实现广告经营收入过亿的基础上，继续保持较高增长幅度。进一步升级以天马传媒非频道广告代理类业务、有线网络广告为代表的综合广告服务业，培育新的增长点。通过科学规划与稳步推进，力争到 2015 年末，全省有线电视用户达到 450 万户，初步建成覆盖全省的下一代广播电视网（NGB），实现有线电视网络由单向变双向、用户看电视向用电视的转变，将广电网络公司打造成为集智能化、多功能、全业务于一体的综合信息服务企业。

4. 实施扩张性产业倍增计划，努力提升产业空间

针对已有且具备扩张性发展条件的产业实体，通过倍增计划的实施，壮大产业规模，为总体发展目标提供有力支撑。积极挖掘广电资源潜力，整合人才资源、平台资源、品牌资源，努力拓展会展经济、影视创作、影音视听服务等市场领域，丰富业务构成。进一步加大家有购物集团频道覆盖推广力度，实现电视购物业务倍增，通过电子商务平台建设与物流产业园区建设扩大经营规模，力争“十二五”期间实现上市目标。鼓励星空影业公司以新建、收购、加盟等方式，整合贵州电影市场资源，加快市、县级影城建设，组建成立贵州

省城市电影院线公司，实行统一品牌经营的放映模式。

5. 实施布局性产业提速计划，奋力开拓产业领域

着眼长远发展，积极开发新媒体、动漫、影像视觉艺术等新兴产业，丰富和完善广电传媒集团产业布局。依托贵州电视文化传媒有限公司，全力培养大型演艺项目运作能力。加快新媒体业务拓展步伐，积极开展移动电视业务。整合网站资源，提高团队网络运营管理的专业化水平，力争实现网站资源产业化发展。加快发展文化创意、数字娱乐等具有比较优势的战略性新兴产业，培育新的经济增长点。

四、广电文化产业发展思考

2013 年，贵州广电传媒集团公司将进一步发挥体制机制优势，乘势而上，拓展产业空间，努力实现“十二五”发展目标。

1. 进一步完善现代企业管理制度

继续加大集团公司建章立制力度，从行政管理、部门职责、财务、人事等方面为集团公司建立符合现代企业的制度架构，在搭建 NC 财务系统和 OA 办公室自动化系统的基础上，根据《中华人民共和国公司法》的有关规定和经营需要，建立和完善法人治理结构，依法设立董事会、监事会、经营班子，并根据党章规定设立党委会和纪检监察机构，根据业务及管理需要设立办公室、人力资源部、财务部、产业发展部等职能部门，逐步建立完善的法人治理结构。

2. 产业发展和项目开发取得新成效

在文化创意、多媒体广播影视或数字娱乐、广电与旅游融合发展、传统媒体与新媒体共生发展、广播影视企业和教育融合发展等方面取得新进展。按照股改上市工作方案积极推进各项工作，上市融资可行性渐趋明朗。启动家有购物电子商务文化产业基地建设。加快电影院线建设步伐，影城数量和市场份额明显增加。三网融合试点改革有新进展。广电传输数字化、网络化程度进一步提高，新业务开发取得初步成效。促使贵州广电产业经营朝规模化、多元化的方向发展，经营总收入突破 40 亿元。

贵阳数字内容产业园发展报告

魏 霞*

摘 要

贵阳数字内容产业园自2007年成立以来，产生了巨大的社会效益、经济效益和文化效益，在自主知识产权产品研发和生产、服务外包、衍生产品加工、人才培训等方面取得了长足的进步，打造了园区的自身特色，形成了“一大平台、双管齐下、三方驱动、四大内容”为主要内容的整体推进策略。在规划定位、政策体制、市场运作、品牌建设、人才培养等方面有许多启示。为加快数字内容产业发展，作者从加大园区企业的生产、研发、品牌管理能力和市场营销能力、整合资源推进数字内容产业园二期建设项目、打造“民族动漫”特色品牌、加快人才培养步伐等方面提出了对策建议。

关键词

数字内容园区　动漫产业　文化产业

近年来，贵州省委、省政府高度重视文化产业发展，下发了《关于深化文化体制改革的意见》，明确提出要依靠改革创新，建设文化强省，促进历史跨越，努力培育文化产业并使其发展成为贵州省国民经济支柱性产业的总体思路。贵阳市委、市政府认真贯彻落实省委、省政府的战略部署，按照“政府引导、市场化运作、公司化管理”的方式，不断加快贵阳数字内容产业园建设步伐，形成了动漫创意产业链，实现了以动漫产业为核心的数字内容产业的跨越发展。

* 魏霞，贵州省社会科学院区域经济研究所、贵州文化产业发展研究中心副研究员，研究方向为区域经济、产业经济、文化产业。

一、基本情况

贵阳数字内容产业园位于贵阳市白云经济开发区中心，由贵阳市信息产业局与贵阳市白云区人民政府合作建立，于2007年7月12日正式挂牌成立，是贵州省首个以动漫产业为主导，涵盖网络、手机、游戏开发、动漫衍生产品设计、计算机软件服务和动漫人才培训等的特色产业园区。贵阳数字内容产业园区占地30亩，建筑面积2.2万平方米，基础设施较为完善，内设综合楼、孵化楼、公寓楼、健身楼等，经过五年多的发展，现已形成以动漫为主导产业，集物业管理、商务、技术、资本为一体，孵化、培训、服务、研发、测评、产业化基地等功能较为齐全的数字内容产业园区和贵阳市知识产权保护示范基地。截至2012年底，贵阳数字内容产业园区入驻了27家企业，其中13家动漫企业、8家数字集成与软件开发企业、4家网络游戏企业、1家衍生产品开发企业、1家动漫及软件培训机构，企业员工400余人，创作的优秀作品100余部，被贵州省科学技术厅、贵州省信息产业厅、贵州省经济和信息化委、贵州省新闻出版局和贵州省文化厅等五家单位联合授予“数字动漫科技产业示范基地”。

二、园区发展历程及取得的成绩

贵阳数字内容产业园建立初期提出了整体推进策略，即“按照政府引导、市场化运作、公司化管理的方式，在园区尽快形成产业聚集，形成自主知识产权产品研发和生产、服务外包、衍生产品加工、人才培训等产业链”，并提出了分阶段的发展目标：2007—2008年，以完善园区基础设施和企业入园创业为先导，积极推进园区正规化、集约化生产和管理，形成产业园基本运作模式，完善园区的后续建设，组建园区培训机构，引进入园企业5~10家，年产值争取达到5000万~8000万元。2009—2012年，实现园区科技研发、企业成长、项目投资、园区内部的技术交流及合作、外地引入企业的属地化培养等主要功能，大力加强园区整体品牌建设，形成具有鲜明个性特色和优势凸显的西南地区一流的数字内容产业园区，进入园区企业达到30~50家，园区年实现产值5个亿以上。2013年以后，扩大数字内容产业园用地和建设规模，加快相关产业和周边行业的发展，形成布局合理、核心突出、分工明确、聚集企业群的产业链，构筑教育培训、研究创作、项目孵化、产品展示和交易、信息交流和动漫游戏体验等六大中心，为产业发展提供完备的配套服务。园区以数字内容为基础，整合软件及系统集成企业，推进云计算研发应用，大力发展下一代互联网和物联网技术，将贵阳市打造成为西部卡通动漫文化产业中心，带动和促进贵阳市经济社会快速发展，力争到2020年建成“国际先进、国内领先、西部第一”的数字动漫内容原创基地、外包业务基地、核心技术平台和运营服务枢纽。

2007年7月贵阳数字内容产业园揭牌仪式举行时，只有5家企业入驻。为了更好地适应产业的发展，贵阳市信息产业局和白云区人民政府与相关部门协商，不断加大和完善园区基础设施建设，为企业入驻创造了良好的条件，到2007年底，园区入驻企业已达到了12家，其中有2家动漫工作室入驻，当年产值达到6400万元。

2008年，园区在各级部门特别是在白云区政府的关心、帮助和支持下，取得了快速发展。2008年4月，第二届省、市、区三级联席会议在园区召开，省、市、区共25个相关部门的领导和部分专家出席了会议。会议明确了将贵阳数字内容产业园定位为全省唯一的动漫和网络游戏产业专业园区，由贵州省和贵阳市多家部门联手给予产业园大力扶持，做到了资源整合、关系协调、信息沟通、联手推动。2008年底，16家企业入驻，各级部门共向产业园区20余个项目投入引导扶持资金800余万元。园区当年实现产值9550万元，比2007年增长了48%，其中，动画游戏企业完成产值4610万元，占园区总产值的49%，增幅为280%。

2009年初，贵州省政府办公厅在下发了《关于推动贵州省动漫产业发展的意见》（黔府办发［2009］1号）。2009年2月27日，在园区召开了第三届省、市、区三级联席会议，讨论如何贯彻落实《关于推动贵州省动漫产业发展的意见》精神，并出台各项具体措施。由于受到2008年冰冻灾害和全球经济危机的影响，省、市、区各级部门投入引导园区的扶持资金有所减少，全年共投入300余万元。在此情况下，贵阳市信息产业局和白云区科技局仍然多方筹集资金，建设园区公共技术服务平台，为企业提供技术支撑，降低制作成本，实施并完成了园区公共服务平台的数码录音系统、园区宽带改造、园区网站建设等项目。园区还引进了东北、上海、西安等实力较强的3家动漫企业入驻；贵州青年影视文化中心、天授卡通影视有限公司获得了国家广电总局颁发的《动画制作机构许可证》；贵州阿往数码科技有限公司得到上海雷傲普文化传播有限公司 1000 万元资金开发体育类网站游戏，成为贵州省网游行业首获风险投资的企业。

2010 年 1 月 5 日，国家科学技术部下发《关于认定 2009 年度国家高新技术产业化基地和现代服务业产业化基地的通知》（国科发高［2009］695 号），在全国仅授予北京、青岛、杭州、成都、常州、福州、广州、上海和贵阳等 9 家基地为国家现代服务业产业化基地。在全国现代服务业产业化基地竞争激烈的状况下，贵阳数字内容产业园区取得了一席之地，并发展成为西南地区与成都同级别的产业化基地。2010 年 8 月 7 日，贵阳数字内容产业园新项目签约仪式在园区隆重举行，贵州恒力天和科技发展有限公司等 8 家软件游戏类企业入驻园区，进一步增强了园区的综合实力。园区还与广州动漫城签署了战略合作协议，扩大了本土企业对外的合作与交流渠道，为企业的发展创造了良好条件。2010 年，园区产值达到 2. 4 亿元。

2011 年，在省、市、区各级部门的指导下，贵阳数字内容产业园发展顺利。云计算服务平台等设施设备安装调试完毕，正式投入运营，此平台的建设不仅为动漫企业提供了丰富的应用资源，还进一步推动了企业信息化的发展。在贵阳市工信委和白云区政府的强力推动下，贵阳动漫展播平台在第五届亚洲青年动漫大赛期间正式挂牌运营，此平台的建设为贵州本土动漫游戏企业提供了展示企业形象和作品的良好载体。2011 年 9 月，贵阳数字内容产业园区顺利通过国家科技部对现代服务业基地的复核，并在全国专业性园区评审中获得第二名的好成绩。2011 年，园区企业共完成产值 3. 61 亿元，圆满地完成了既定目标。

2012 年 1 月，贵阳数字内容产业园被贵州省商务厅评定为“贵州省省级服务外包示范基地”，园区企业进入了快速发展时期。贵州恒力天和科技发展有限公司、贵阳四度空间传媒有限公司、贵州柯雅通讯技术有限公司等企业逐步发展壮大。当年，园区还引进了贵州苍点动漫创意有限公司、北京风云汇软件技术有限公司贵阳分公司、贵州金洋信息产品销售有限公司、白云区工业设计创意生产力促进中心、贵阳知行文化产业投资有限公司等 5 家企业入驻，使贵阳数字内容产业园的企业类型不断增加，产业链不断完善。2012 年 12 月，贵阳数字内容产业园区被贵州省文改文产办命名为“贵州省第一批文化产业示范基地”，园区实现产值 5. 1 亿元。

贵阳数字内容产业园自 2007 年成立以来，园区产值从成立之初的 6400 万元上升到 2012 年的 5. 1 亿元，产生了巨大的社会效益和经济效益。五年来，贵阳数字内容产业园区的企业不断开拓创新，创作优秀作品100余部，一些公司和个人及作品获得了殊荣及奖项，成绩斐然，其中：熠动漫制作的原创水墨电脑动画片《西岭雪》荣获了2007年亚洲青年动漫大赛评委会大奖，并获得第四届金龙奖最佳动画短片提名和2007年中国动漫游戏行业金手指奖、最佳教育动画片等七项国内外大奖；《森林小英雄》分别获2009年第三届亚洲青年动漫大赛和2010年第四届亚洲青年动漫大赛最佳平面设计奖和最佳插画奖，并获得了2010年韩国首尔动画节最具商业开发潜力大奖和日本TBS动画大奖赛中国区金奖；《贵州的笑声》、《蝉之歌》分别获2010年第四届亚洲青年动漫大赛平面组大奖和"金龙奖"优秀作品奖；《侗寨寻歌》荣获2011年第五届亚洲青年动漫大赛最佳剧本奖和贵州省第十二届"五个一"工程奖，并在中央电视台电影频道爱电影栏目全集播出；少儿画册绘本《蓝色鸟》荣获第六届中国杭州动漫大赛"金龙奖"最佳绘本提名；《救赎》在中纪委主办的全国廉政电视短片大奖赛上获得银奖。此外，《沿着歌声走贵州》等一批民族特色鲜明的动画系列片上线播出；与国外联合制作的动画连续剧《森林小英雄》同丹麦、芬兰等欧洲国家签订了预售合同；《三字经》、《弟子规》等系列漫画在报刊进行连载；手机动画项目在联通网络进行商业运营；园区企业开发的数字校院综合信息服务平台在贵州省4000所学校进行推广使用，园区的知名度不断提升。

三、园区发展特色

贵阳数字内容产业园自2007年7月成立以来，始终按照"政府引导、市场化运作"的方式，以整体推进策略为重要抓手，五年来，园区在自主知识产权产品研发和生产、服务外包、衍生产品加工、人才培训等方面取得了长足的进步，打造了园区的自身特色，形成了"一大平台、双管齐下、三方驱动、四大内容"为主要内容的整体推进策略。

一大平台：即充分利用亚洲青年动漫大赛这一国际交流合作平台，加大对本土动漫的宣传力度，扩大园区企业与外界的合作与交流，推进贵阳市数字动漫产业向产业化方向发展，从而使贵阳动漫产业的视野及进程、创意思维、管理模式及生产销售流程等随着历年举办的亚洲青年动漫大赛逐步趋向国际化，这是贵阳数字内容产业园借助亚洲青年动漫大赛在资源、市场、人才优势等方面快速融入全球动漫产业市场的路径，也是贵阳动漫产业融入市场的必经之路。自2007年以来，亚洲青年动漫大赛已在贵阳连续举办了六届，多项贵阳数字内容产业园区企业的原创优秀作品不仅在六届大赛中获得大奖，同时还获得国内外专业机构奖项和贵州省"五个一"工程奖。与此同时，园区还利用亚洲青年动漫大赛这一国际交流合作平台，搭建了亚洲青年动漫复合型数据库新媒体运营平台、贵州电视展播平台、少数民族动漫素材资源库、动漫制作渲染公共服务平台等，找到了与国外企业合作的机会，其中，贵州青年影视文化中心创作的52集动画片《森林小英雄》就是园区企业与丹麦动画艺术家共同制作的原创作品。作品以国际普遍认可和接受的动物形象，以贵州少数民族地区独特而美丽的山区为背景，以此充分表现文化的丰富性和多样性，被誉为中外艺术家合作的成功典范。此外，贵阳数字内容产业园还通过亚洲青年动漫大赛这一平台，与美国、丹麦、日本等32个国家动漫专业机构建立了合作关系，实施了项目合作，积累了来自76个国家和地区的动画、漫画、插画优秀作品6万余部（件），《西岭雪》、《森林小英雄》等动漫卡通产品，还成功地打入国内、欧美和亚太市场，实现了"请进来、走出去、促发展"的构想。

双管齐下：一是内部挖潜。充分利用贵州少数民族资源，开发具有本土特色的动画片，如园区内企业创作的《沿着歌声走贵州》系列剧，既弘扬了本土文化，又使企业实力得到提升。二是外部招商。吸引国内知名动画企业如中国美术学院林超动画工作室入驻园区，使园区知名度不断增强。

三轮驱动：为切实解决贵阳市动漫及软件企业散、小、弱的不利局面，尽快缩短企业的孵化与成熟周期，加快形成产业规模和产业聚集步伐，贵阳数字内容产业园实施了三轮驱动战略：一是政策驱动。园区认真贯彻落实贵阳市政府《关于发展贵阳数字内容产业的实施意见》，制定了相应优惠政策，为招商引资和企业发展提供有力保障。二是环境驱动。贵阳数字内容产业园区采取一站式服务为入驻企业办理相关手续并免收物业费及宽带费等相关费用，减轻了入园企业的负担。同时，还不断完善园区基础设施建设，设立了园区食堂和超市，使园区企业员工有一个舒适的生活和工作环境。三是科技驱动。即充分调动园区企业的自主创新积极性，贵阳数字内容产业园先后建立了贵阳空间地理信息工程技术中心和贵阳手机动漫工程技术中心，为企业的自主研发和业务拓展搭建了较好的平台。

四大内容：经过五年多的发展，贵阳数字内容产业园的企业涵盖动漫及其衍生产品、软件研发和软件服务外包、手机游戏产品和网络、人才培训等四个方面的业务，产业链正逐步延伸。其中，贵州恒力天和科技发展有限公司是致力于云计算应用服务、动漫公共服务、广播级视频服务、智能手机 APP 程序开发、物联网、信息安全及系统集成的高科技企业，为用户提供世界领先的高科技产品和服务，公司与 IBM、CISCO、HP、Microsoft、Autodesk、Adobe、腾讯、新浪、淘宝网等国内外高新科技企业保持着紧密的合作关系，拥有丰富的行业资源并挂牌成立了贵州第一家云计算应用服务公共平台，公司还为企业提供全面仿真模型、三维数字动画以及 IT 服务，从视频到动画、从核心到边缘、从 IT 基础建设到业务应用、从物理安全到内容安全、从业务咨询到流程再造，经营城市及工业建筑三维数字模型、虚拟成像技术以及软件开发和系统集成等方面；贵州柯雅通讯技术有限公司主要致力于为企业客户提供完整的互联网应用服务，包括域名、主机、企业邮箱、网站建设、网络营销以及高端的企业电子商务解决方案和顾问咨询等服务项目。2010 年，贵州柯雅通讯技术有限公司成功获得中华人民共和国增值电信业务经营许可证，成为西南地区为数不多的同时拥有第二类增值电信业务因特网接入（ISP）与信息服务（ICP）经营资质的增值电信运营服务提供商；贵阳四度空间传媒有限公司是一家提供房地产 3D 动画、城市规划三维动画、三维虚拟演示、数字影视宣传片、效果图制作等服务的专业性公司，该公司与省内多家房地产企业建立了良好的合作伙伴关系，赢得了业界的广泛好评，缔造了良好的信誉与口碑；贵州鼎天世纪科技有限公司是一家专注于行业信息化领域的系统和服务提供商，在行业信息化领域具有突出的行业优势，在大型应用软件开发、复杂系统集成和先进软件架构等方面占据领先地位，专业的 IT 服务获得了微软、思科、AUTODESK、华为、H3C 等著名公司的认可，该公司在行业信息化的实践中以应用为核心，以服务为基础，以业务为驱动，面向政府、事业单位、大中专院校、动漫设计及培训等行业，确立了行业应用软件、专业 IT 服务和整体解决方案三大主营业务；贵阳知行文化产业投资有限公司主要致力于动漫衍生产品和民族手工艺品的开发与制作，该公司以水书文字为主开发的水书手工艺品受到了国内外游客的欢迎，销售成绩喜人。目前，贵阳数字内容产业园主要以发展文化软件业、动漫游戏业、新媒体与信息服务业、数字出版业、高端印刷业、创意设计业等六大产业为主，园区内以前沿软件开发为主的国家级高新技术企业——贵阳朗玛信息技术股份有限公司是贵州首家在创业板上市的企业。

四、存在问题

一是产权归属问题。由于贵阳数字内容产业园是租赁贵州人民出版集团公司培训中心场地建立起来的，每年需要承担260万元的租金和该培训中心出租产生的相关税费45.63万元，共计305.63万元。因此，进入园区的企业在建设投入方面会有所顾忌，影响了园区平台建设的进行和基础设施的改善。

二是园区企业发展不均衡。园区内仍然有近半数的企业发展滞后，影响了园区整体实力的提升。经过五年多的发展，贵阳数字内容产业园先后引进50余家企业，经过优胜劣汰，现有27家企业入驻园区。在现有的27家企业中，由于一些企业自有资金不足、存在“等、靠、要”的思想以及企业市场开拓能力不强、缺乏专业市场营销推广人员，致使生产的产品不能转换成商品，有的只能成为样品被搁置；此外，园区个别企业缺乏合作意识，存在恶意竞争的情况；一些企业尚未建立完善的人才引进机制，导致人才难请进、请进后留不住的现象时有发生。

三是资金缺乏。目前，贵阳市设立了每年1000万元的数字内容产业发展专项资金，但由于此项资金是面向全市数字内容企业的，真正落地贵阳数字内容产业园的资金不多。白云区政府每年划拨的140万元园区建设专项资金主要用于支付园区的物业管理、水电补贴及相关设施设备的维修与维护，而直接用于支持园区内企业发展项目的专项资金仅有白云区科技局和白云区工信局两部门的几十万元资金。资金短缺严重制约了园区内企业的发展。

四是产业发展空间不足。白云区现有园区容纳企业的程度已经接近饱和，而园区又处于白云区和金阳片区开发的红线范围，影响了园区招商引资工作。

五、启示

产业园区的特质是将集中于一定区域内特定产业的众多具有分工合作关系的不同规模等级的企业及其发展有关的各种机构、组织等行为主体，通过纵横交错的网络关系联系在一起，并成为提供空间集聚的载体，代表着介于市场和等级制之间的一种新的空间经济组织形式。从五年来的发展情况看，在贵阳市政府和白云区政府的主导以及市场为主体的强力推进下，贵阳数字内容产业园借助亚洲青年动漫大赛“一大平台”，通过内部挖潜、外部招商“双管齐下”，实施政策驱动、科技驱动、环境驱动的“三轮驱动”策略，依托省城贵阳的区位优势和人才资源，以孵化、研发、培训、交易、生产的专业性文化产业为目标，努力打造以动漫为主导，集网络游戏制作、计算机软件开发、衍生产品设计开发为一体的专业园，使动漫及衍生产品、网络和手机游戏产品、软件研发和软件服务外包、人才培训等方面的业务得到不断拓展。五年来，园区规模不断壮大，园区建设逐步向内涵提升阶段发展，园区管理也渐趋规范化，呈现出多元化发展模式，现已发展成为贵阳数字内容企业加快成长的孵化器和骨干企业不断发展与壮大的助推器，成为贵州文化产业提升核心竞争力的策源地和文化产业持续发展的加速器。贵阳数字内容产业园的发展对贵州省文化产业、文化企业包括文化事业的发展都起到了很好的示范作用。从贵阳数字内容产业园的发展来看，给了我们以下启示：

启示一：合理规划，准确定位。贵阳数字内容产业园在建初期，首先进行了科学的论证与合理的规划，充分遵循数字内容产业园区形成、演进及升级的内在规律，准确把握数字内容产业园区的基本内涵及不同发展阶段的特征，充分估测市场需求与现实条件，结合区域优势和特色，科学规划，合理布局，统筹区域协调发展，编制出了一个高水平、高起点、能落地的规划。其次，园区定位准确。贵阳数字内容产业园按照贵州省和贵阳市关于文化产业发展的实施意见，依托本地资源，突出特色优势，进行准确的产业定位和市场定位，充分发挥贵阳作为全省文化中心的示范作用，把贵阳数字内容产业园定位为以孵化、研发、培训、交易、生产的专业性文化产业为目标，着力打造以动漫为主导，集网络游戏制作、计算机软件开发、衍生产品设计开发为一体的专业园，并打造成为布局合理、特色鲜明的专业文化产业示范基地。由于定位准确，贵阳数字内容产业园建立五年以来，园区产值由2007年的6400万元增加到2012年的5.1亿元，实现了园区的既定目标。

启示二：政策扶持，路径明确。首先，贵阳市及白云区政府各职能部门建立健全政策支撑体系，加大对园区企业的政策扶持力度，探索园区运营管理模式，在制定园区的相关政策时，创造宽松的政策环境。在入园企业的门槛设置等方面，界定准确，把握好既明确又统一的尺度，避免了园区内企业鱼龙混杂、良莠不齐，杜绝了因不符合条件的企业入驻而挤占园区文化企业发展的空间，形成了共同扶持园区发展的合力，为园区企业研发和创新提供了公共支撑。在加快推动园区快速发展方面，贵阳数字内容产业园以引进网络游戏开发、软件开发等企业为重点，制定相关优惠政策，吸引国内知名企业入驻园区，增强了园区的实力和综合竞争力，带动了园区其他企业的共同发展。同时，园区还不断完善各项管理制度，制定了企业激励和清退机制，最大限度地利用园区资源，创造最大的经济效益。在加快园区主导产业及培育骨干企业方面，园区确定了一批发展潜力较好、发展速度较快、产品市场前景较好的数字游戏动漫企业，按照“一企一策”的方式给予政策支持，促进了这类企业的超常规发展。同时，积极鼓励企业开展自主创新，提升原创能力。鼓励和支持园区企业创建国家级和省、市级创新型企业和高新企业，鼓励园区积极申报国家、省、市示范产业园，贵阳数字内容产业园先后被评定或授予“国家现代服务业产业化基地”、“贵州数字动漫科技产业示范基地”、“贵州省第一批文化产业示范基地”、“贵州省省级服务外包示范基地”和“贵阳市知识产权保护示范基地”，大大提高了园区的知名度和美誉度。其次，整体推进园区发展水平。在园区建设方面，不仅注重园区的规模扩张，更注重园区的内涵提升，注重发挥园区集聚效应，使园区功能不断完善、门类更加齐全、产业要素渐趋集聚，不断向内涵提升方向迈进。第三，在准确定位目标市场的基础上，选择具有自身特色的发展路径。以动漫为主导的贵阳数字内容产业园区具有原创型知识孵化和促进区域经济增长及结构调整的双重功能，其开发的创意产品贵在原创性，然而市场前景通常又难以预知，为此，白云区政府及主管部门以及园区管理者不是简单、盲目复制其他地区的样板产业，而是充分认清本地区创意供给能力，旨在提高自身的宏观战略决策水平，引导园区选准适宜的目标市场，培育具有市场潜力的创意产品，从而使园区产业发展成为增强区域竞争力的职能部门。在选择特色的发展路径方面，充分利用亚洲青年动漫大赛这一国际合作交流平台，不断扩大园区企业对外交流与合作，助推贵阳市数字动漫产业向产业化方向迈进，使园区在资源、市场、人才等方面快速融入全球动漫产业市场。

启示三：创新体制，科学管理。首先，贵阳数字内容产业园根据自身实际，按照精简、统一、高效的原则，创新管理体制，建立健全有利于园区发展的运行机制，建立政府引导、市场化运作、公司化经营、“政、产、学、研”相结合的园区发展模式和运营模式。园区建立初期，贵阳市委、市政府就把发展动漫产业纳入到全市“十一五”经济社会发展战略之中，成立了贵阳市动漫产业发展领导小组，聘请25位国内知名专家成立了贵阳市动漫产业发展专家委员会，并加大招商力度，引入省内外部分企业入驻数字内容产业园，力求将数字内容产业园打造成为全省数字内容产业基地。在2008年中国游戏行业年会上，贵阳市政府被授予“支持中国动漫游戏产业发展模范政府”称号，成为全国两个获此殊荣的城市之一。其次，完善园区科学管理，不断提升服务内容和服务质量，指导园区企业开展工作。充分发挥园区管委会的作用，进一步明确园区管委会的组织协调职能，从人、财、物上保证园区管委会的正常运作，实行园区承接项目分包制，以产业园区项目为支撑带动人才聚集和企业发展，以高端技术人才提升企业研发实力，逐步形成了“产、学、研、用”相结合的良性循环体系，提高了园区的管理水平。此外，在完善园区软、硬件设施建设的基础上，从一般的房屋租赁到提供较为完备的物业服务，逐步发展到帮助园区内的企业孵化，开展各类咨询服务，提供园区信息服务及项目、技术、市场、中介、产权、会展等服务平台，尤其是建设了一批供信息咨询、合作交流、推介融资、研发设计、生产制作等文化园区高端的增值服务平台，增强了园区增值盈利能力，促进园区形成了完善的配套服务体系，促进了园区文化资源的合理配置，使贵阳数字内容产业园成为贵州省文化产业的孵化器和引领、带动和辐射区域文化产业发展的主平台。

启示四：市场运作，品牌建设。首先，园区采取多样化的经营体制和市场化的运作方式，以创意产业研发、制作及生产、加工为基础，以创意产业营销、交易及物流、配送为辅助，同时，发展周边的衍生休闲、娱乐及消费等产业环节，形成了较完备的产业链条。其次，强化园区的品牌建设，充分发挥本地人才的优势，引入高素质创意人才及高新技术元素，大力开发具有本土特色的优势产品，增加文化创意产业的科技含量，打造产业园区的品牌特色，充分挖掘地方民族文化资源和特色旅游资源，研发原创动漫游戏产品，发展特色数字内容产业并充分利用亚洲青年动漫大赛这一平台，加强与国内外的交流与合作，打造了一批具有民族特色的动漫品牌，从而提升了园区的知名度和美誉度。

启示五：拓展延伸，人才培养。首先，在完善产业链、加快推动园区聚集发展方面，通过引入艺术加工制作及复制、售货、物流、经营等环节产业主体，打造设计创意中心及艺术培训基地等，形成了相对稳定的产业结构。其次，在建立、完善产业园区人才培养机制、构建人才培养服务平台、引进人才培训机构、加强人才队伍建设、完善人才培养、引进和奖励制度、执行人才优惠政策方面，园区建立了培养本土文化企业人才机制，实施了人才培养专项工程，为人才培养搭建了一个良好的平台。

六、发展展望

迅速崛起的数字内容产业现已发展成为当今的朝阳产业，其以创意为核心，以数字化为主要表现形式，涉及动漫、网络游戏及衍生产品、软件制作、移动通信、互联网服务、游戏、影音、数字出版和数字化教育培训等诸多领域，是信息技术与文化内容的交融，是以高端技术开发传统产业实现数字化更新换代，并可以创造出较高的经济社会价值的产业。目前，许多国家已将数字内容产业作为调整经济结构的重要杠杆。据了解，截至2012年底，贵阳数字内容产业企业已达137家，实现产值15.37亿元，连续三年增速超50%，其中，贵阳数字内容产业园产值为4.26亿元，就目前的产业规模看，贵阳市数字内容产业在全国主要城市排名位列中下游，落后于重庆、成都等西部城市，与东部城市相比差距更大。

在今后的发展中，白云区继续坚持“政府引导、企业主体、市场运作、多方参与、共享成果”的原则，坚持“鼓励原创和发展外包结合、招大引强和产业培育并举”的方针，尽快形成产业聚集，拉大产业链，使自主知识产权产品研发和生产、服务外包、衍生产品加工、人才培训等同步展开，构筑教育培训、研究创作、项目孵化、产品展示和交易、信息交流和动漫游戏体验等六大中心，为产业发展提供完备的配套服务，力争到2020年把贵阳数字内容产业园建成“国际先进、国内领先、西部第一”的数字动漫内容原创基地、外包业务基地、核心技术平台和运营服务枢纽。

一是始终瞄准科技发展前沿，加大园区企业的生产能力、生产水平和研发力度，加强动漫产业与传统产业的结合，建立动漫外包合作机制和符合国际标准的动画制作生产流程，促进本地动漫市场的推广，着力推进数字游戏动漫产业追赶型、跨越式发展，着力培育贵州省文化产业新的增长点。

二是整合高新区和白云区资源，积极推进数字内容产业园二期建设项目，弥补现有园区不能满足更多、更好企业入驻的需要。加强合作与交流，积极与招商等部门合作，吸引国内有实力企业兴建产业园，把贵阳数字内容产业园做大做强。

三是积极引导进驻园区的企业克服“等、靠、要”的依赖思想，充分挖掘自身潜力，不断提高企业自身的技术创新能力和提升专业推广、品牌管理能力和市场营销能力，使企业生产出来的产品及时转化为商品。继续加大对外宣传力度，整合园区企业资源，完成园区公共技术服务平台建设，为园区的企业提供较为便捷、高效和低成本的技术支撑服务平台，并通过亚洲青年动漫大赛这一重要平台，吸引更多更好的国内外动漫企业入驻园区，提升园区的整体实力和市场竞争力。

四是充分挖掘贵州丰富多彩的民族文化资源，在园区打造一批与民族文化紧密结合、具有浓郁民族特色的优秀原创动漫作品，尽显“民族动漫”特色。同时，邀请国外专家对贵州的动漫作品进行艺术指导，将贵州的优秀动漫作品源源不断地推介到国外。

五是加快人才培养步伐，解决影响贵阳数字内容产业发展的瓶颈问题。支持校企结合的人才综合培训和实习基地建设，引导本省高校根据产业的发展需要，通过联合办学和成立专业学院等方式，加强相关学科建设，提高办学质量，培养高素质的本土人才。重点推进与国内外相关机构特别是动漫机构合作办学进程，采取短期和长期培训相结合的方式，培养更多实用型数字内容产业人才。同时，制定相关的优惠政策，吸引优秀人才来园区发展，避免“难请进，请进后留不住”现象的发生。此外，在培育人才的同时，加大对现有人才的保护力度，避免人才的流失。

六是争取国家和省、市各部门的政策和资金支持，积极落实国家关于外资及非公有资本进入文化产业的相关规定，通过合资、独资或合作等多种途径，吸引社会资本及外资进入园区，不断拓宽园区企业的融资渠道。进一步落实和完善扶持园区税收等各项优惠政策，加大园区金融扶持力度，特别是加大园区后续资金的支持力度，积极引导社会资源对园区的投入。

主要参考文献

[1] 华晟，魏佳丽，徐雪雅，李伟. 我国大城市创意产业园发展思辨［J］. 现代城市研究，2009（11）.

[2] 王春平，王娜. 南昌文化产业园区发展对策研究. 中国论文网：http：//www. xzbu. com.

[3] 王缉慈. 中国产业园区现象的观察与思考［J］. 规划师，2011（9）.

[4] 张书. 我国文化创意产业园区的发展现状及存在问题［J］. 河海大学学报（哲学社会科学版）2011（2）.

文化跨越发展的理论依据与案例分析

黄　晓　卢祥运*

摘　要

文化能否实现跨越发展，能否对不发达地区经济发展起助推作用？本文从哲学和发展学的角度，分析了能够实现文化跨越发展的五点理论依据；同时，选取文化资源富矿地区、经济不发达地区和缺乏文化资源依托地区的三个典型案例，说明实现文化跨越发展的可能性。

关键词

文化　发展　跨越

2012 年 2 月国务院出台了《关于进一步促进贵州经济社会又好又快发展的若干意见》，提出要传承优秀传统文化，弘扬社会主义先进文化，探索特色民族文化与旅游融合发展新路子，努力把贵州建设成为世界知名、国内一流的旅游目的地、休闲度假胜地和文化交流的重要平台。这一重要的发展战略定位，将使贵州文化产业的发展驶入快车道，进入跨越发展时期。为此，要回答文化能否实现跨越发展这一问题，需要有理论依据作支撑，需要从一些既有的发展案例中获得启迪。

一、贵州文化跨越发展的理论依据

（一）文化跨越发展的内涵

何谓文化？古往今来，文化的含义因时而异、因地而异、因人而异，从来

---

* 黄晓，贵州省社会科学院文化研究所所长，研究员，研究方向为民族文化、文化产业；卢祥运，贵州省社会科学院文化研究所副研究员，研究方向为象数易学、传统儒学及贵州地域文化。

没有固定的标准或统一的界定模式。从中国历史上的文化认知、近现代西方学者对文化的界定、马克思主义者对文化的界定和有关国际组织对文化的界定等，都体现出文化内涵的丰富性和对其理解上存在的多种歧义。美国文化人类学家克罗伯和科拉克洪在1952年发表的《文化：一个概念定义的考评》中，分析考察了100多种文化定义。有人认为，现代意义上的文化概念有200多种，甚至更多。各种界定的侧重点有所差异，基本上都从一个侧面反映了文化的性质。其中，泰勒的文化定义人所共知，偏重于精神方面。他说："据人种志学的观点来看，文化或文明是一个复杂的整体，它包括知识、信仰、艺术、伦理道德、法律、风俗和作为一个社会成员的人通过学习而获得的任何其他能力和习惯。"❶ 马林诺夫斯基的定义包括了物质文化和精神文化。英国人类学家A. R. 拉德克利夫—布朗认为，文化是一定的社会群体或社会阶级与他人的接触交往中习得的思想、感觉和活动的方式。法国人类学家C. 列维—斯特劳斯认为，文化是一组行为模式。英国人类学家R. 弗思认为，文化就是社会。社会是什么，文化就是什么。克罗伯和科拉克洪在研究了多种文化定义后对文化下了一个综合定义："文化存在于各种内隐的和外显的模式之中，借助符号的运用得以学习与传播，并构成人类群体的特殊成就，这些成就包括他们制造物品的各种具体式样，文化的基本要素是传统（通过历史衍生和由选择得到的）思想观念和价值，其中尤以价值观最为重要。"二人的文化定义已为现代西方许多学者所接受。

在中国历史上，"文化"一词，历来有"以人文化成天下"之意。近代，随着西方人文社会科学的传入，许多著名学者都对文化及其现象和本质进行了探讨。著名学者梁启超认为："文化者，人类心能所开释出来之有价值的共业也。"❷ 此"共业"几乎包揽了人类历史的一切内容。陈独秀则反对这种过于宽泛的定义，他认为，文化"是文学、美术、音乐、哲学、科学这一类的事"❸。其他如蔡元培认为文化是人生发展的状况；梁漱溟认为文化是生活的样法；贺麟从"心物合一"出发，认为文化就是经过人类精神陶铸过的自然；胡适则认为文化是一种文明所形成的生活的方式，等等。

总之，文化从古到今都没有统一的定义。社会学、历史学、考古学、民族学和人类学等，都有各自不同的文化定义。就是同一学科，对文化内涵的理解

---

❶ 爱德华·泰勒：《原始文化》，广西师范大学出版社2005年版，第5页。

❷ 梁启超：《什么是文化》，《时事新报》副刊《学灯》，1922年2月7日。

❸ 陈独秀：《文化运动与社会运动》，《独秀文存》第2卷，安徽人民出版社1987年版，第97页。

也各不相同。各种定义中，《辞海》的定义较有代表性：文化“从广义来说，指人类社会历史实践过程中所创造的物质财富和精神财富的总和。从狭义来说，指社会的意识形态，以及与之相适应的制度和组织机构。”广义的文化概念相当于“文明”，狭义的文化概念近似于“意识形态”。我们对文化的界定偏于广狭之间，接近于上述克罗伯和科拉克洪的定义。我们把文化界定为“人类社会在生产活动中形成的群体精神及其所依附并主导的各种载体”。所谓“依附并主导”，是说现有的许多事物，多是精神内涵与物质或制度载体结合在一起，而一事物要成为文化或文化产品，精神性的因素（观念、内涵、意义等）必在其中居于主导地位，成为其价值构成的主要方面。“各种载体”，则是指文化赖以存在或呈现所依附的各种物质器具。

发展是人类社会的永恒主题。何谓发展？发展原是一个生物学概念，其本义是指生物个体从小到大、从不成熟到成熟的成长过程。哲学层面的发展理念，是指事物由低级到高级、由简单到复杂的前进上升运动，是新事物不断产生、旧事物不断灭亡的过程。发展意味着事物在变化过程中不断进步，不断超越，意味着事物演进到一个更高的阶段和环节，走向一个更好的状态。辩证法是对事物运动变化规律的理论总结，在某种程度上也可视其为对事物普遍“发展”进程的理论总结。现代社会欠发达国家追求现代化的进程，以及发达国家解决自身发展滞缓问题，成为西方发展理论研究的主要社会背景。现代以来，特别是第二次世界大战结束以后，出现了发达国家与欠发达国家两个世界的格局，于是，西方学者开始重视发达与不发达关系的研究，共同面临的发展问题逐渐成为理论研究的一个热点。半个多世纪以来，发展理论研究在国外已成为一门显学，除涉及发展经济学外，还有发展政治学、发展社会学、发展哲学等诸多领域，同时也形成了多种发展观，如发展经济学的发展观、现代化理论的发展观、增长极限论的发展观、综合发展观、可持续发展观、人类发展观等等。

对“文化跨越发展”这一词组的理解，涉及“文化”、“跨越”和“发展”三个不同的概念。其中，“发展”一词的内涵十分丰富，可以涵盖各种文化构成中的有形和无形的方面，可量化和不可量化的方面，可以笼统地表达文化进升到一个更高的层次，演变到一个更好的状态。“跨越”这一概念则不然，它首先意味着事物的进展必然要能够划分出一些明显的阶段和环节，进而还要求对其中需要经历的一个或几个常规阶段和环节直接迈过。有些文化形态的变化，无论是细微的还是显著的，我们都不适宜用“跨越”这个概念来指称和说明。如思想观念的转变、传统文化的变迁、风尚习俗的沿革、宗教信仰的延续等，其变化并不明显地呈现出一定的阶段和环节，因而我们很难用“跨越”一词来指称和说明其变化进程。从词义上分析，“文化跨越发展”存在着两种不同的理解。一是把“跨越”和“发展”当成两个并列词汇，该词组即“文化的跨越和发展”之意。将有形的、便于衡量测度的文化形态称为“跨越”，将无形的、不便于衡量测度的文化形态称为“发展”；另一种则是把“跨越”当成一种文化发展的方式，当成一个修饰词，该词组即“文化的跨越式发展”之意。所谓“文化的跨越式发展”，是指欠发达地区在追赶先行者的过程中，通过一系列创新，寻找和充分利用自身的比较优势，实现文化超常规大幅度的跃进，用相对较短的时间与先行者或发达地区缩小差距，进而实现赶超。目前，在宣传思想文化领域中，“文化跨越发展”、“文化跨越式发展”两种表述同时并存，更多的则是“文化产业的跨越式发展”的表述。基于当前国家和我省文化改革发展的目标和任务，我们对“文化跨越发展”的内涵更倾向于后一种理解。我们认为，“文化跨越发展”，主要不是从总体上就各种文化形态的发展而言的，而主要是针对文化与经济相结合的形态即“文化生产”而言的。这是因为，一方面，文化产业作为“文化生产”的产业形态，在当前我们的经济、社会和文化发展中的重要性日益凸显。“文化产业以创意为源头，以内容为核心，以技术为手段，是经济和文化高度融合的统一体，既有意识形态属性，又有经济产业属性；既能创造社会效益，又能创造经济效益；既是经济社会发展的新引擎，又是加快转变经济发展方式的重要战略支点，能够引领支持经济发展由过度依赖资源的硬驱动向主要依靠技术和管理创新的软驱动转化，由产业链延伸向价值链提升转化，由适应市场需求向创造引导供给需求转化，由要素的一次性简单利用向多次性综合利用转化，由单一效益目标向多重效益目标转化。”[1] 因此，抓文化产业，促文化生产，实现文化的跨越式发展，既是当前文化改革发展的重点任务，也是当前转变经济发展方式的需要。在此背景下，“文化跨越发展”主要是针对“文化生产”而言，这种理解应当是合理的。当前，我国的文化建设集中体现了“文化生产”这个主题。无论是体制层面的改革，还是产业层面的提升，无论是解放和发展文化生产力，还是对文化产品创作生产的引导，无论是加快构建公共文化服务体

---

[1] 聂辰席：《优化文化产业结构　推动文化跨越发展——学习胡锦涛总书记“七一”重要讲话体会》，《人民日报》，2011 年 8 月 3 日。

系，还是加快发展文化产业，都围绕着“文化生产”这个主题。而且，上述各方面在其内部都可建立一整套的量化评价指标体系，以衡量文化发展是否真正实现了跨越。“文化生产”的各个方面，大都可用一些量化指标予以衡量以确定其是否实现跨越，是我们对“文化跨越发展”的内涵作上述理解的一个理由。因此，“文化跨越发展”的主要内涵即是“文化生产”的跨越式发展。

（二）文化跨越发展的理论依据

1. 社会历史进步发展观

人类社会不断进步的历史发展规律，是“文化跨越发展”这一文化命题的立论基础。19 世纪哲学思想家黑格尔、孔德、马克思和达尔文就提出了社会历史进步发展的观点。黑格尔从政治角度认为整个自然的、人类历史和精神世界都是绝对主体一贯向前自我发展、自我认识以及自我实现的辩证过程；孔德认为思维方式才是社会历史发展的关键要素；而马克思则认为经济生产方式起决定作用；达尔文则提出“物竞天择，适者生存”进化论观念，斯宾塞又在这一观念基础上创造了一种进化论意识形态。19 世纪产生的进化发展理论，都假定了事物从低级向高级发展这一事实和规律。

中国传统哲学与西方传统文化在认识论上不一样，中国传统文化没有关于历史、文化或人类起源与演进方面的困惑。中国传统文化从一开始就能够自然地理解人类文化自身演化性本质，能够正确理解文化在人类社会退步与进步方面的动力性意义。古代学术文献，对历史进化内容的表述都是朴素的，如《周易》、《淮南子》、《韩非子》、《说苑》。哲学经典《周易》确立的宇宙万物生生不已的变化之道观，全面而深刻地影响了之后的中国文化以及中国人的思维方式。“穷则变，变则通，通则久”的观念，已然成为中国人的基本信念。

纵观东西方哲学思想对人类社会历史发展的思辨，可以看出文化进步发展是整个社会历史进步发展观的一部分，“文化跨越发展”命题可以从中找到理论依据。

2. 马克思社会跨越式发展理论

对社会跨越式发展的解释，普遍认为是后发国家或地区通过吸收发达国家或地区的发展成果，在较短时间内跨越社会发展的某些阶段，或跨越一个或几个社会形态从而迈向更高级的社会形态的发展方式。马克思对自己提出的五个阶段的社会发展形态，认为在局部发展过程中有可能“跨越卡夫丁峡谷”，实现跨越式发展。这一发展思想的“跨越”内涵，主要包括制度跨越和生产力跨越两方面：制度“跨越”，即文化经济发展落后国家可以不经过资本主义阶段，在西方资本主义国家无产阶级革命的引发和推动下通过革命手段直接进入社会主义阶段；生产力“跨越”，即文化经济发展落后的国家在完成制度跨越后，大力发展生产力，为实现真正的跨越奠定物质基础。借鉴马克思社会跨越式发展理论，设想出文化跨越发展的理念，即可以伴随着社会形态和社会生产力的跨越实现文化形态和文化生产力的跨越发展。

3. 意识形态相对独立性原理

恩格斯在晚年提出的意识形态相对独立性历史唯物主义概念，主要是说意识形态本身具有自己运动的特殊规律，以及对经济基础起作用的能力。文化这一意识形态，是社会的产物，其发展需服从于社会发展的一般规律，符合社会活动之间、各种社会现象之间的因果关系。同时文化作为一种相对独立的社会构成，与其他社会构成的发展水平会不相一致。如在某些特殊时期，先进的文化思想可能会成为整个社会变革的先导，对社会其他方面的进步起着引领作用。将意识形态相对独立性原理运用在经济与文化发展的关系上时，不能简单地把文化看成只能随着经济的发展而发展的社会构成，而要充分认识到文化的相对独立性和可超前性，将文化整合社会、引领经济发展的功能给以充分利用和发挥。可以看出，意识形态相对独立性原理，为后发国家和地区追求文化跨越发展提供了重要的理论依据。

4. 区域经济学中的后发优势理论

美国经济史学家格申克龙于 1962 年创建了后发优势理论，之后列维、阿伯拉莫维茨、伯利兹、克鲁格曼等经济学家又对其理论进行了丰富和发展。后发优势理论的实质是对超常规、非平衡经济增长的形象概括，是指后发国家以实现经济的跨越式发展为目标，充分利用劳动力、资金、资源和技术等要素，通过认识、比较和利用自身的发展优势来选择适合自身的最佳发展模式和发展道路，从而实现跨越式发展。后发优势理论为文化跨越发展理念提供的可资参考的视角和思路有三：第一，根据该理论，在整个现代化进程的某些阶段是能够实现跨越发展的，也就自然包含了文化上的跨越发展；第二，该理论对充分利用后发优势的强调，也应该包括文化资源上的比较优势；第三，该理论强调后发国家要善于学习和借鉴先进国家的成功经验，追踪发达国家的发展趋势和方向，以确立自身的现代化追赶战略，这一思路为文化跨越发展理念的确立也提供了理论依据。

5. 文化生产力、文化力、文化超越性

从文化生产力出发，到提出文化力概念，再到文化超越性的探索，对文化因素在当代社会进步和经济发展过程中其重要价值及重要作用的认识在不断深入，这为理解和确立文化跨越发展的理念提供了理论依据。

文化生产力理论的理论基础源于马克思主义经典作家关于生产力理论中有关“精神方面的生产力”的论述。20 世纪前后，我国理论界对文化生产力内涵、构成、性质、特征及其意义等方面进行了深入探讨。党的十六届四中全会首次在党的文件中提出“文化生产力”概念，指出要“深化文化体制改革，解放和发展文化生产力”，文化的生产力属性获得正式及普遍认同；同时也表明，文化生产力同其他形态的社会生产力一样，是引导和推动社会经济发展最重要的甚至是决定性的力量。

有学者在文化生产力之后提出了“文化力”的概念。高占祥先生在《文化力》一书中，创造性提出了“文化力是软实力的核心”论断，文化力在国家崛起、民族复兴、经济腾飞、企业发展中有着重要地位和作用。有的学者还分析了文化力的构成，认为生产活动、交往实践、解释系统构成了文化的三维结构，三大系统要素的乘积即是文化力。文化力这一新兴概念的提出，说明在当代社会，文化的力量已大大超出经济活动之外，对整个社会的政治、经济、军事、科技，乃至人的生活方式都产生了巨大的影响。利用文化的力量带动社会各方面的发展，应是后发国家和地区实现文化跨越发展的正确选择。

与此同时，还有学者对文化的“超越性”进行了专门研究，认为文化是一种超越性的存在。文化“超越性”探索，是从生活方式的角度来理解文化，把文化视为成人的一种生存模式，而非简单的意识观念和思想方法，所代表的生存方式在特定民族、特定时代和特定地域占据了主导地位，从“总体性文明”和“人的各种生存活动”的方面来诠释，突破了将物质要素与精神文化截然分割的二元模式，这对认识文化发展重要性更有高度和更为全面。

从“文化力”概念的提出到“超越性”的文化本性的探索，不仅深化了对文化本身的理解，而且对后发国家和地区寻求文化跨越发展的思路，提供了更为坚实的理论基础。

二、文化跨越发展案例分析

文化的跨越式发展是指欠发达地区在追赶先行者的过程中，通过一系列创新，寻找和充分利用自身的比较优势，实现文化超常规大幅度的跃进，用较短的时间与先行者或发达地区缩小差距，进而实现赶超。“文化跨越发展”不是从总体上就各种文化形态的发展而言，而是针对文化与经济相结合的形态即“文化生产”而言的。同时也要看到，将文化作为一种软实力用以提升区域竞争力，不仅仅创造了物质财富，使人们过上丰裕的物质生活，使区域经济得以发展，也使该区域的人民过上有尊严、有道德的生活，成为全面解放和全面发展的人，在精神层面同样也获得大发展。基于这种理解，在对文化跨越发展的典型案例进行梳理时，下文选取了在经济发展相对滞后的地区实现了文化产业快速发展的三个案例加以说明。

案例1：

云南模式：文化产业拉动全省GDP增长[1]

云南省与贵州省一样，同属于西部多民族的贫困省份，国民生产总值在全国排名一直都靠后，但云南在20世纪90年代初期，就狠抓文化产业，尤其是旅游业的发展。到2010年，云南省生产总值突破7000亿元大关，达到7220.14亿元，同比增长12.3%。人均GDP达到15749元，比上年增长11.6%。其中全省实现旅游业总收入1006.83亿元，增长24.2%。2011年第一季度全省生产总值（GDP）1739.08亿元，同比增长12.5%，高于全国平均增速2.8%。GDP增长速度在全国的排位从去年的第23位上升到第16位，在西部排列第7位。云南省大力发展文化产业，积极推进文化强省战略，1996年，云南省率先提出建设“民族文化大省”的口号，2001年又提出“将建设民族文化大省与建设绿色经济强省和中国连接东南亚、南亚的国际大通道并列为了经济社会发展三位一体的战略目标”。经过十多年的打造，“文学云南”、“舞蹈云南”、“影视云南”、“音乐云南”成为云南省的文化品牌，在欠发达地区走出了一条文化产业发展创新道路，在全国被称为文化产业发展的“云南模式”。“云南模式”的成功之道，主要在几方面：一是体制改革，为云南文化产业的欣欣向荣提供了可能和机遇；二是依托丰富多彩的民族文化资源，在文化领军人物如杨丽萍、宣科等艺术家的带动下，实现民族文化资源的产业转化；三是拓展文化市场，将文化产品走出云南、走向世界，其目标是1/3的份额在本省、1/3面向全国、1/3面向海外。“云南模式”建立了一个由政府为主导、民族文化为主打产品、旅游助推、龙头带动、文化事业产业互动的文化产业发展机制；将文化资源比较优势转化为文化产业竞争优势，将文化资源转

---

[1] 资料来源：《云南日报》；《云南网》；《云南文化产业蓝皮书》等。

化为文化资本，从而推动区域经济的发展和产业结构的升级。

《云南省近中期文化产业发展规划（2009—2015）》提出文化产业增加值占全省GDP比重力争2010年达6%、2015年达8%、2020年达10%的“三步走”目标，文化产业实现体制机制、表现形式和运作方式“三创新”，以及文化与旅游、企业、科技的“三结合”，提升云南文化的效应和竞争力。据统计，云南省文化及相关产业增加值2009年达到360亿元，占全省GDP的5.9%；2010年文化产业增加值占全省GDP的比重已经达到6%。云南是继北京、上海、广东、湖南、湖北之后，文化产业增加值占GDP比重超过5%的第六个省市，增长速度大大高于全国，同时也远远高于云南省GDP增长速度，对本省GDP增长作出了巨大贡献，文化产业正在成长为云南的战略性支柱产业。

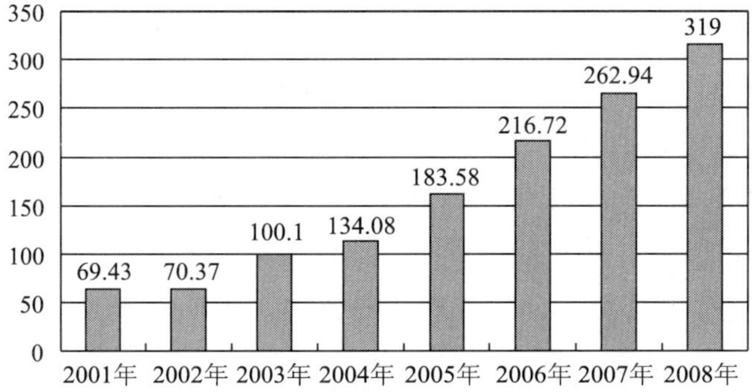

图1 云南文化产业增加值发展情况

总结与启示：

（1）依托丰富多彩的民族文化资源、找准市场定位（原生态）、打造文化的独特性和地域性特征。云南从打造文化大省之初，就亮出了“民族”的品牌，一个接一个的原生态文化产品的推出，让全国乃至世界记住了七彩云南。

（2）依靠领军人物打造文化名牌。云南省的文化名人积极投身云南的原生态艺术创作，带着对乡土的拳拳之情，将文化产品做大做强。

（3）政府出台优惠政策和措施，扶持和打造优良文化，营造良好文化生态环境，吸引八方宾客。

（4）将文化产业培育成支柱产业，拉动地方经济跃上新台阶。尽管云南省的经济发展在全国还处于落后位置，但文化产业、旅游业的发展却遥遥领先，其发展速度和发展水平超出了其他行业的发展，对本省GDP的贡献巨大，经济的滞后未必阻碍文化的发展，找准目标，文化的跨越发展反而能拉动经济的增长。

案例2：

民俗文化：庆阳香包实现文化产业的跨越[1]

甘肃省位于我国西部，与中东部地区相比较经济不发达、生活水平较低。据《中国省域经济综合竞争力发展报告（2007—2008）》蓝皮书分析，2007年甘肃省域经济综合竞争力排名在全国处于第30位，比贵州省第29位的排名还低一位。庆阳市位于甘肃省东部，全市共辖8个县（区），总面积27119平方公里，人口264万。在《中国（甘肃）城市竞争力报告（2009）》中，将庆阳市的综合竞争力排在第4位，综合增长竞争力排在第12位。近十年来，庆阳依托当地文化资源，大力扶持民俗文化产业，成功举办了八届“中国庆阳香包民俗文化节”，让普通的民间香包走出去，创造了显著的文化产值。中国民俗学会将庆阳命名为中国“香包刺绣之乡”。2008年，庆阳市被国际亚细亚民俗学会命名为“亚洲传统手工技艺文化名城”，被文化部命名为“国家文化产业示范基地”。

1. 庆阳香包生产的文化基础

庆阳香包历史悠久，民间一直沿袭着巧女娴妇制作香包比手巧、端午节赠送佩戴香包呈吉祥的传统习惯。一些民间艺人每逢端阳节将自制的香包陈列在街头销售，有的还运往外地出售。华池县曾出土金代的千岁香包。具有丰厚文化底蕴的香包民俗资源为发展香包产业提供了上游产品。

2. 庆阳香包发展成效

从2002年起，庆阳市委、市政府就激发民众创造力，策划举办特色文化节，结果具有悠久历史文化底蕴的庆阳香包就被推举出来，中国庆阳香包民俗文化节应运而生。2002年以来，庆阳市已经成功举办了八届中国庆阳香包民俗文化节和一届文博会，以节会文化为载体极大激发了群众开发文化产业的积极性，庆阳市以香包民俗文化产业为龙头的文化创意产业生产队伍不断壮大，产业效益日趋明显。以香包作为民俗文化产品进行开发生产，在庆阳市已经形成了多种适应不同市场需求的生产模式，如“能人带动模式”、“公司加农户模式”、“团体会展模式”、“零售营销模式”等，做到产有基地、销有市场。

---

[1] 资料来源：http：//www.chinadaily.com.cn/hqgj/；http：//www.zgqingyang.gov.cn/html/；http：//www.gs.xinhuanet.com/；《经济日报》，2011－09－08。

庆阳市目前已经形成了100多家企业、35个基地、86个营销公司、3万多户以及15万多人的香包、陇绣生产大军，产品达20多个大类5000多个品种，年生产900多万件，在全国56个大中城市有销售网，还远销美国、欧盟、日本、东南亚、港澳台等20多个国家和地区，年销售收入达3亿多元。

3. 香包产业运作方法

（1）政府推动，加大民俗文化产业扶持力度。庆阳市把做大做强民俗文化产业作为打造庆阳“新名片”和建设特色文化大市的突破口，把民俗文化产业开发纳入全市经济和社会发展的总体规划。从2002年起政府共举办了八届庆阳香包节。2007年，庆阳市政府还积极走出去，组织参加省外文产活动，如“中国庆阳—法国巴黎经济文化交流周”、“西部文博会”、“深圳国际文博会”等活动，大力推介和宣传香包产品。2008年，还成功举办了“东方空中文化体验之旅—甘肃庆阳宣传月”、“庆祝中国文化遗产日—甘肃省庆阳市香包民俗文化首都博物馆推广周”活动。2009年，“庆阳香包绣制”作为庆阳市国家级非物质文化遗产项目参加了在北京举办的“中国非物质文化遗产传统技艺大展”系列活动；代表甘肃省参加第五届中国（深圳）国际文化产业博览交易会，销售产品4万多件，实现100多万元销售额，还签订了200多万元的订货合同。

（2）市场引导，推进民间民俗文化产业发展。将民俗文化产业的发展与老百姓的增收紧密结合，使群众能够在政府积极引导以及经济利益双重作用下主动从事民俗文化生产。2009年，庆阳市与北京中周伟业科技有限公司合作，建立“我的手艺网”网络交易平台，利用互联网，向世界推介、宣传和营销庆阳香包民俗文化产品；同时还利用中国庆阳端午香包民俗文化节这一交流平台，吸引多方客商进来考察，提高了香包民俗文化产品的知名度，使“庆阳香包”成为代表庆阳形象的知名品牌。在新产品开发中，庆阳市与东华大学联合研发的香包、香道系列新产品受到了国家、省领导和各方来宾的一致肯定；2009年，庆阳市专门设计开发符合西方人欣赏习惯和价值观念的香包民俗文化产品；与中国美术学院建立合作关系，进行香包民俗文化新产品的设计研发。“庆阳香包—中国香道”、“中国香道—中国千年养生之道”已经成为重要品牌。

（3）龙头带动，增强民俗文化产业发展效益。庆阳民俗文化产业集团公司基本实现了市场化运作、社会化分工、集约化经营、产供销一条龙服务。香包产品产销量连续三年实现双翻番，产值达到1000万元。目前，全市从事民俗文化产品开发的企业已达286户，营销企业558个，并在兰州、北京、广州、上海、西安等城市设立营销分公司98个。与此同时，一批民间艺术大师发挥所能，带动邻里乡亲共同走上文化富裕之路。

（4）创建香包基地，扩大民俗文化产品生产规模。在香包产业不断发展壮大的情形之下，建立香包生产基地就成为重要的发展策略。庆阳市有9个重点文化产业项目已投入使用，实现投资1.1亿元。庆阳农耕民俗文化村还先后引入民营资本1200多万元，完成了民俗博物馆、古农耕景区、岐伯纪念馆、窑洞山庄等9处景点建设。合水县引入民营资金870万元，建成了拥有2000多件文物的全省首家古石刻专业艺术博物馆。中国香道馆、庆阳香包文化产业城等重点项目也在规划实施。目前，庆阳市有香包、刺绣、道情皮影、剪纸、雕塑等专业村276个，年销售收入在100万元以上的产业基地39个，形成了龙头带动、乡镇联动、村组联营、户户相帮、连片开发的文化产业发展新格局。

（5）搞好传承，夯实产业发展文化根基。庆阳市组织人员对全市香包文化产品进行全面普查整理，征集、收藏了20类、335件古代香包精品，基本摸清了全市民俗民间艺术遗产的家底。从民俗文化资源保护入手，先后整理出版了《庆阳香包民俗艺术品规范标本》、《古民俗图纹释译》等一批民俗文化专著，对香包精品分门别类进行了图式绘制、标本规范、理论解读、文字注释、艺术说明。

2008年，庆阳市在面向社会公开征集、认真筛选的基础上，确定了庆阳香包、庆阳皮影、庆阳剪纸商标图案；制定了《庆阳香包产品生产标准》、《庆阳皮影产品生产标准》和《庆阳剪纸产品生产标准》，三类民俗产品的注册商标已提交省商标管理部门进行审批。2009年，又组织人力编辑出版了《中国庆阳民间艺术家名录》、《中国庆阳香包民俗文化产品图典》。这些抢救性措施，使庆阳市以香包为代表的民俗民间文化得到有效的保护、开发和传承，延续和拓展了香包民俗文化的精神内涵，为小香包带动大发展奠定了深厚的文化根基。

总结与启示：

（1）在经济不发达但文化资源丰富的地区，可以依托文化资源优势，做足文化特色，取得其他传统产业难于达到的经济增长预期。同时，一个看似不起眼小产品，只要市场定位准确，对其他相关产业的辐射和带动作用是显著的。

(2) 找准开发产品、进行市场预期，需要科学、理性的判断，切忌盲目生产。香包在民俗文化中既是物质产品也是精神文化，它所具备的历史性、群众性、象征性和民族性特征提供了走向全国、放眼海外的市场前景。首先是庆阳香包历史悠久、传承至今，民间流传着许多香包传说和故事，这为打造文化创意产品提供了物质基础；其次是香包的群众性基础，在全国各族人民的民间习俗文化中都广泛存在，雅俗共赏，因此，消费者对此产品的认同度较高，接纳起来容易，市场前景可期；第三是香包的象征性，在香包寓意方面，不同的人群会赋予不同的文化内涵，文化解释多样，不存在只局限于一个群体消费的情况；第四是香包的民族性特征，在外国人眼中，香包已经成为中国人的一个独特符号和名片，东方色彩浓郁，这就为该产品走向国际市场打下了基础。

(3) 香包制作在庆阳的广泛性和普遍性存在，为发展香包产业、让文化产业的成果为广大人民群众所共享提供了可能。作为文化产品开发，需要考虑生产与消费两极，文化产品的特殊属性能体现文化权利的主张，在香包知识产权为群体属性的情况下，其成果能惠及大众（成为产品生产者），无疑是双赢的；另外，在获享经济收益的同时，文化的认同和文化的自觉得到了提升，不仅实现了经济的增长，也实现了文化的跨越。

(4) 香包产品能满足不同消费群体的需求，雅俗共赏、价格可高可低，所有的人都能消费，为产品销路创造可能。

案例3：

公共文化：西班牙毕尔巴鄂古根海姆博物馆振兴一座城市

西班牙的毕尔巴鄂市始建于1300年，因其良好的港口而一度兴盛，早在西班牙称雄海上的年代就成为重要的海港城市，到17世纪开始日渐衰落。19世纪，毕尔巴鄂市因出产铁矿又重新振兴，但在20世纪中叶以后遭到再次式微。1983年发生的一场洪水更是将旧城区摧毁，整个城市雪上加霜，一直苦无良策难于崛起。20世纪90年代初，毕尔巴鄂市已经沦为欧洲籍籍无名的一座小城。为了实现城市复兴，毕尔巴鄂市政府通过论证决定发展旅游业，但该市因历史并非久远、名气不大、风情民俗不显奇特，景色也不是最佳，同时还缺乏名人古迹，总之旅游资源可谓缺乏。怎样吸引外埠人士前来游览观光成为发展的最大难题。在不断讨论、多方问计之下，该市决定兴建一座现代艺术博物馆，寄希望于欧洲众多艺术爱好者的“文化苦旅”。正好纽约古根海姆博物馆之基金会有向欧洲发展的意向，双方一拍即合，决意将新的博物馆建造成为当代艺术奇迹。于是，1991 年古根海姆基金会与毕尔巴鄂市政府共同作出了一项对城市未来发展影响极为深远的决定，邀请美国建筑大师弗兰克·盖里担任古根海姆博物馆设计师，并斥资一亿美金动工兴建毕尔巴鄂古根海姆博物馆，1997 年正式落成启用。该博物馆占地 24000 平方米，陈列空间就占 11000 平方米，全馆分成 19 个展示厅，其中一间是全世界最大的艺廊之一。博物馆在建材方面使用玻璃、钢和石灰岩，部分表面还包覆钛金属，与该市传统造船业遥相呼应。古根海姆博物馆最终以奇美的造型、特异的结构和崭新的材料立刻博得举世瞩目。

毕尔巴鄂古根海姆博物馆落成之后，很快跃升为欧洲极负盛名的建筑圣地和艺术殿堂，游客如织，欧洲文化界人士必躬逢之盛，极大地提升了毕尔巴鄂市的文化品格。尽管该工程花费巨大，建设费用是 1.25 亿美元，租赁古根海姆的品牌，政府须支出 2000 万美元，每年还要给博物馆 700 万美元的补助，另外收藏经费是 1 年 1000 万美金。总计下来，当地政府在 11 年间已经为美术馆投入了 3.45 亿美元，可是古根海姆博物馆的收藏估价在 2009 年就达到了 4 亿美元。古根海姆博物馆对这座城市的回报也是丰厚的，毕尔巴鄂所在的省人口只有 250 万，十多年来，这个博物馆却已吸引了 1600 万人次的观众，解决了 5000 个就业岗位，直接的门票收入占全市岁入的 4%，而带动的相关收入则占到 20% 以上，直接给这个区域带来的税收有 40 亿美金，为巴斯克区域 GDP 增加 27 亿美金。

古根海姆基金会最初对毕尔巴鄂这座没落的工业城市并没有兴趣，古根海姆基金会执行长托马斯说："这里并不安定，有恐怖主义存在，常发生凶杀、暴力等犯罪事件。人们想不到这里适合建一个美术馆，更想不到它后来的成功。"他把毕尔巴鄂最终成功的元素概括为三点，首先是规模宏大，人们会被毕尔巴鄂古根海姆博物馆的宏大气魄所震慑；其次是建筑独特，用 11000 块铁板构成的博物馆建筑的灵感来自于航海城；第三点是专业团队，从建设到展览规划，古根海姆拥有包括艺术家、本地专家组成的队伍，在建设设计之初，就有艺术家的介入；第四是交通便利，能吸引人流，才可能将美术馆变成游乐园。有建筑特色、艺术收藏，还可以购物、饮食，人们在这样的环境里可以便利地享受到一系列的体验。古根海姆所要倡导的是一种新形式的美术馆。

总结与启示：

（1）在缺乏文化资源的情况下，同样可以寻找到文化发展的可能。文化资源是文化产业发展的上游产品，但在缺乏文化资源作为产品依托的情况下，古根海姆博物馆将人们崇尚艺术、提升文化品位的消费心理作为间接的文化资源来进行开发，用艺术博物馆的形式对这种消费需求给予释放。艺术博物馆租借的艺术品，只是对这种消费需求的对接和满足，并以此消费心理为依托，打造出新的文化资源。所以，文化消费是多样性的，在缺乏物质具象文化资源的情况下，也存在发展的可能性。

(2) 对公共文化服务的投资和建设，同样能促进地方经济的发展，实现文化和经济的双赢。公共文化的投入向来是政府公益性事业，需要财政补贴才能完成。毕尔巴鄂古根海姆博物馆就改变了这一思维定势，尽管投入大、收回成本周期长，但毕竟处于盈利状态。同时，创造的无形价值是难以用经济来衡量的，它提升了城市的品格，使之成为艺术爱好者的向往之地，该城市因为它的存在被世人记住。

(3) 正确评估发展优势，找准文化消费市场，确立文化产品定位，坚持走可持续发展之路。毕尔巴鄂市古根海姆博物馆其存在的依托是外部环境，便利的交通和欧洲众多的艺术爱好者，成为它存活的基础；在此基础上，确立了高起点的目标，世界著名设计师设计、优秀的建造团队、艺术家的全程参与、顶级艺术品的租借，这样的豪华阵容吸引了世界艺术爱好者的目光；另外所构建的新形式美术馆，集购物、消费于一体，兼顾了大众消费的需求，也做到了对当地人文环境的改善。

从瑞士看贵州旅游发展

朱 薇 吴 杰*

摘 要

贵州与瑞士都属于内陆山地，历来高度重视文化和旅游业发展，但贵州经济发展、旅游业发展与瑞士相比还有很大差距，但贵州旅游发展也具有一定的比较优势。根据瑞士旅游业发展经验，提出了贵州旅游发展的几点启示。

关键词

贵州 瑞士 旅游业

一、贵州与瑞士经济发展基本情况比较

（一）经济发展现状

2011 年，瑞士 GDP 为 5069. 8 亿瑞郎，增长率 1. 9%，人均 GDP 83326 美元；第一产业产值为 60. 83 亿瑞郎，第二产业产值为 1064. 65 亿瑞郎，第三产业产值为 3944. 31 亿瑞郎，一、二、三产业的比重分别为 1. 2%、21% 和 77. 8%；固定资产形成总额为 1197. 26 亿瑞郎，财政收入 642 亿瑞郎，CPI 0. 2%，进出口总额 5377. 19 亿瑞郎，人均收入 76884 美元。而 2011 年，贵州 GDP 为 5701. 84 亿元人民币，折合美元不到瑞士的 1/6，增长率 15%，人均 GDP 16413 元，折合美元仅为瑞士的 1/27；第一产业增加值为 726. 22 亿元，折合美元约比瑞士多 47 亿美元；第二产业产值为 2194. 33 亿元，折合美元约

---

* 朱薇，贵州省社会科学院区域经济研究所副研究员，主要研究方向为区域经济、产业经济；吴杰，贵州省社会科学院区域经济研究所副研究员，研究方向为产业经济。

为瑞士的1/4；第三产业产值为2781.29亿元，折合美元约为瑞士的9%，一、二、三产业的比重分别为12.7%、40.9%和46.4%。固定资产形成总额为3147.5亿元，折合美元不到瑞士的1/2；财政收入1330.08亿元，折合美元不到瑞士的1/3；CPI5.1%，进出口总额48.84亿美元，仅为瑞士的0.8%，城镇居民人均可支配收入16495.01元，仅为瑞士人均收入的3%左右；农民人均纯收入4145.35元，仅为瑞士人均收入的0.8%左右。

表1　瑞士和贵州2011年经济发展情况比较

指　　标	瑞　　士	贵　　州
GDP	5069.8亿瑞郎（约折合5633亿美元）	5701.84亿元（约折合905亿美元）
GDP增长率	1.9%	15%
人均GDP	64114瑞郎（约折合71237美元）	16413元（约折合2600美元）
第一产业	60.83亿瑞郎（约折合68亿美元）	726.22亿元（约折合115亿美元）
第二产业	1064.65亿瑞郎（约折合1183亿美元）	2194.33亿元（约折合348亿美元）
第三产业	3944.31亿瑞郎（约折合4383亿美元）	2781.29亿元（约折合441亿美元）
三产结构	1.2∶21∶77.8	12.7∶40.9∶46.4
固定资本形成总额	1197.26亿瑞郎（约折合1330亿美元）	3147.5亿元（约折合500亿美元）
财政收入	642亿瑞郎（约折合713亿美元）	1330.08亿元（约折合211亿美元）
CPI	0.2%	5.1%
进出口总额	5377.19亿瑞郎（约折合5974亿美元）	48.84亿美元
人均收入	76884美元	城镇居民人均可支配收入16495.01元（约折合2618美元） 农民人均纯收入4145.35元（约折合658美元）

数据来源：瑞士联邦统计网；2011年贵州统计公报。

（二）经济发展条件

1. 综合区位条件

从地理位置来看，瑞士位于欧洲中南部，是一个多山内陆国。东邻奥地利、列支敦士登，南邻意大利，西邻法国，北邻德国。位于东经5°57′～10°29′，北纬45°49′～47°48′之间，地处北温带，各地气候差异很大。阿尔卑斯山由东向西伸展，形成了瑞士气候的分界线。阿尔卑斯山以北受温和潮湿的西欧海洋性气候和冬寒夏热的东欧大陆性气候的交替影响，变化较大；阿尔卑斯山以南则属地中海气候，全年气候宜人。年降雨量为1500毫米，但各地分布不均。年平均气温为8.6摄氏度。在城市中，夏季气温可达摄氏30度，空气湿度适宜；冬季气温经常低于摄氏0度，时有下雪结冰的现象。

贵州省位于中国西南部，处于东经103°36′～109°35′、北纬24°37′～29°13′之间，东邻湖南，南邻广西，西邻云南，北邻四川和重庆。全省高原山地居多，素有“八山一水一分田”之称。属于亚热带季风气候，气候垂直变化明显，年均气温在14℃～18℃，从全省看，通常最冷月（1月）平均气温多在3℃～6℃，最热月（7月）平均气温一般是22℃～25℃，大部分地区降雨量在1100～1300毫米之间，受季风影响降水多集中于夏季。境内各地阴天日数一般超过150天，常年相对湿度在70%以上。受大气环流及地形等影响，贵州气候呈多样性。

2. 体制、国土、人口状况

瑞士联邦政体正式成立于1848年，首都伯尔尼，国土总面积为41285平方公里，2011年人口795.5万人。全国分为23个州，20个是完整的州，另外3个州又各分为2个半州，有独立的半州政府。可划分四个民族：德意志瑞士人占全国人口62.8%，法兰西瑞士人占全国人口的16.9%，意大利瑞士人占全国人口3.4%，雷托罗曼人不到全国人口1%。

贵州自1949年中华人民共和国成立后为其中一个建制省，省会贵阳市，国土面积17.6万平方公里，据第六次人口普查，全省常住人口3475万人。全省辖6个地级市、3个自治州，共有88个县（市、区、特区）。全省共有民族56个，其中世居民族有汉族、苗族、布依族、侗族、土家族、彝族、仡佬族、水族、回族、白族、瑶族、壮族、畲族、毛南族、满族、蒙古族、仫佬族、羌族等18个民族。少数民族人口占全省总人口的36.1%，是一个少数民族聚集的省份。

3. 交通与自然资源

瑞士公路、铁路密集，水、陆、空运输发达。国内苏黎世、日内瓦、巴塞尔和伯尔尼四个城市开通国际航班。2011年，共有铁路5124千米，公路71464千米。莱茵河是瑞士唯一通往北海的航道。莱茵河有航运船355艘，其中客轮18艘，货运量52万吨，巴塞尔是瑞士最大的内河港口。贵州省目前龙洞堡国际机场已开通国际国内航线，另有7个支线民用机场已投入使用。2012年铁路营业里程2070千米，公路通车里程157820千米。此外全省内河航道里程33604千米。

自然资源方面，瑞士除水力资源和岩盐丰富，其他资源匮乏。瑞士是欧洲大陆莱茵河、阿尔河、罗纳河三大河流发源地，有“欧洲水塔”之称。莱茵河是瑞士最大的河流，在瑞士境内 375 公里；阿尔河是瑞士最长的内陆河，在瑞士境内 295 公里；罗纳河是瑞士第二大内陆河，在瑞士境内 264 公里。瑞士全国共有湖泊 1484 个，河湖面积达 1726 平方公里，占瑞士全国面积的 4.2%。

贵州自然资源丰富，是著名的矿产、能源、生物等资源大省。汞、重晶石、砂岩、磷、铝土矿、稀土、镁、锰、镓等多种矿产储量都排在全国前列，煤、锑、金、硫铁矿等矿产在国内储量和产量都具有重要地位。全省河流数量较多，10 千米以上的河流有近千条，水力资源丰富。贵州素以“西南煤海”著称，煤炭资源储量大，品种齐全、品质优良，为发展火电、煤化工等工程提供了资源条件。贵州生物种类繁多。全省野生动物资源丰富，有黔金丝猴等 14 种国家一级保护动物，有野生植物资源 3800 余种，其中药用植物资源有 3700 余种，有 70 种珍稀植物列入国家珍稀濒危保护植物名录，4 种属国家一级保护植物，二级保护植物仅 30 种。农作物植物资源品种丰富，栽培的粮食作物、油料作物、纤维植物和其他经济作物近 600 个品种，主要畜品种有 30 多种，优良牧草资源 2500 多种。

4. 人力资源与科技投入

从劳动力占比情况来看，瑞士和贵州相差不大，2011 年，瑞士 15~64 岁人群占总人口 62.2%，贵州 15~64 岁人群占总人口 66.2%。但在教育和科技投入上，瑞士和贵州差距很大，在体制上，瑞士从学前教育水平的教育系统（幼儿园）到第三级（高等教育机构和高等职业教育）均属于义务教育，作为一种社会公平福利，由组成瑞士联邦的州负责，就算是非义务教育其费用也由联邦和各州共同来承担。2010 年，瑞士公共部门和私人分别投资 305.39 亿美元和 28.5 亿美元于公共教育，而 2012 年贵州省教育经费投入仅为 79 亿美元，还不到瑞士公共部门投入的 1/4。高投入导致瑞士人口教育程度较高，2011 年 25~64 岁人群受高等教育者占 35.3%，而贵州 2010 年受高等教育的人口仅为 183.88 万人，占人口比例较小。同时，2008 年瑞士在国内 R&D 上共花费了 163 亿瑞郎（折合 165.93 亿美元），占 GDP 2.99%；而贵州 2011 年的 R&D 经费支出 36.3 亿元，折合美元仅为瑞士的 3.4%，仅占 GDP 的 0.6%。

（三）经济发展条件启示

尽管贵州经济和瑞士有很大的差距，但在地形地貌、生态环境、气候等方面具有很大的相似性，都具有悠久的历史和丰富的地域文化，并且贵州在矿产、生物资源、文化旅游等方面比瑞士具有更大的优势，为贵州经济发展提供了良好的先天条件。

表2 瑞士贵州发展条件比较

指　　标	瑞　　士	贵　　州
地理区位	欧洲中南部内陆	中国西南内陆
地形地貌	多山	喀斯特山地、丘陵为主
气候	地理位置与多变的地形又造成当地气候的多样性，年平均气温为8.6℃，年降水量在1000～2000毫米之间	属于亚热带季风气候，气候垂直变化明显，年均气温在14℃～18℃，大部分地区降雨量在1100～1300毫米之间
体制	联邦制国家	中华人民共和国建制省
国土面积	41285平方公里	17.6万平方公里
人口	795.5万人（2011年）	3474.65万人（第六次人口普查）
行政区划	分为23个州，20个是完整的州，另外3个州又各分为2个半州，有独立的半州政府	全省设6个地级市、3个自治州
民族	四个民族：德意志瑞士人、法兰西瑞士人、意大利瑞士人、雷托罗曼人	全省共有民族56个，世居民族有汉族、苗族、布依族、侗族、土家族、彝族、仡佬族、水族、回族、白族、瑶族、壮族、畲族、毛南族、满族、蒙古族、仫佬族、羌族等18个民族
交通	苏黎世、日内瓦、巴塞尔和伯尔尼四个城市开通国际航班 铁路：5124千米 公路：71464千米 航运：莱茵河是瑞士唯一通往北海的航道。巴塞尔是瑞士最大的内河港口	龙洞堡国际机场已开通国际国内航线，另有7个支线民用机场已投入使用 铁路营业里程：2070千米 公路通车里程：157820千米 内河航道里程33604千米
自然资源	水力资源和岩盐丰富，其他资源匮乏	矿产资源丰富。能源资源以水能和煤炭为主。野生植物3800多种，野生动物1000多种
劳动力	15～64岁人群占总人口62.2%（2011年）	15～64岁人群占总人口66.2%（2011年）
教育投入	2010年，公共部门投资教育近300亿瑞郎	公共财政教育预算支出495.94亿元人民币（2012年）
受教育程度	25～64岁人群受高等教育者占35.3%（2011年）	大专以上教育程度183.88万人（2010年）
科技投入	研发支出占GDP2.99%（2008年）	R&D经费支出36.3亿元（约5.76亿美元）（2011年）
历史文化	历史悠久，文化丰富	历史悠久，文化丰富

二、瑞士生态文化旅游发展基本特点

瑞士旅游的发展是从 1402 年开始的，16～17 世纪瑞士逐渐成为欧洲青年旅行的目的地国家之一，18 世纪的登山活动、假日旅游大大促进了瑞士山地旅游的发展。19 世纪末期，随着瑞士交通和住宿业的发展，面向大众的旅游业逐渐发展起来。20 世纪以来，瑞士旅游业迅速发展，旅游收入逐年上升。根据瑞士联邦统计机构发布的数字，至 20 世纪末期，瑞士旅游总收入已占瑞士 GDP 的 5% 以上，成为次于机械制造业与化学工业的第三大创汇产业（表 3）。

表 3　瑞士旅游收入情况　　单位：亿瑞郎

时　间	1992 年	2002 年	2003 年	2004 年
国内旅游收入	85	97	96	97
入境旅游收入	115	123	124	129
合计	200	220	220	226
旅游收入对 GDP 贡献（%）	5.8	5.1	5.1	5.1

资料来源：瑞士联邦统计网 http：//www.bfs.admin.ch/bfs/portal/en/index/news.html。

20 世纪以来，瑞士旅游业发展呈现出以下基本特征。

1. 旅游门类日趋齐全，旅游业定位更加准确

在其发展初期，旅游业主要以山地旅游为主。一方面，瑞士具有环境优美、多山多湖的天然优势和阿尔卑斯山这一欧洲最高山峰；另一方面，工业革命及以前，在欧洲各国中，瑞士经济发展相对缓慢，与英国、法国等国家相比，其城市化、工业化对环境的破坏相对较小，优美的环境得以保存。随着世界经济社会和旅游业的发展，20 世纪以来，单纯的山地旅游已经不能很好地适应日趋多元的游客需求。因此，瑞士逐渐形成了生态旅游和文化旅游两个大门类；其中，生态旅游主要包括山地旅游、滨湖旅游两类，文化旅游主要包括传统文化旅游和都市旅游两个门类（表 4）。

在旅游业定位方面，在注重政府科学规划的基础上，强调旅游地当地居民参与。仅依靠外来投资，割断了与当地居民联系的旅游业无法实现长期的可持续发展。尊重当地居民，让当地社区参与是旅游可持续发展中以人为本的重要体现。如果没有以人为本的理念，旅游资源的开发常常面临着不可持续的尴尬境地。在整个阿尔卑斯山脉沿线的旅游开发中，有许多尊重社区、以人

为本的例子。

表4　过夜游客对宾馆床位需求的对比分析

年份（年）	山地旅游		滨湖度假		都市旅游		其他旅游	
	需求量	所占比重（%）	需求量	所占比重（%）	需求量	所占比重（%）	需求量	所占比重（%）
1992	79400	36	46400	21	31100	14	65800	29
2001	76900	35	45200	21	31900	14	66200	30
2002	75100	34	45400	21	31700	15	66200	30
2003	76500	35	45200	20	32300	15	66900	30

资料来源：瑞士联邦统计网 http：//www. bfs. admin. ch/bfs/portal/en/index/news. html。

2．交通建设等基础设施逐步完备

公共交通的发展是旅游业发展的重要前提。瑞士是山的王国，阿尔卑斯山有1/5在瑞士境内，占瑞士国土面积的60%。近百年来，瑞士逢山开路，遇水架桥，着力解决穿越阿尔卑斯山的交通通道，打破群山林立的闭塞，形成了以公路和铁路运输为主的四通八达的交通运输网络。据统计，瑞士现有公路7.1万公里，其中高速公路1600公里，包括160多个高速公路隧道，隧道总长度130多公里。瑞士是世界上铁路网最密集的国家，有铁路5000公里，全部实现电气化。仅瑞士国铁开凿的铁路便跨越了250个隧道、3600座桥梁，另外还有由120多家私人铁路公司开凿的大量铁路支线和登山火车路线。瑞士发达的交通，有力地促进了旅游业发展。瑞士繁密的铁路网络，使得火车成为瑞士旅游最便捷的交通工具。瑞士有包括齿轨铁路、索道铁路和阿尔卑斯山地下铁路在内的500多条高山铁路，通过齿轨火车或索道缆车，可以快捷、轻松、舒适地把游客送上海拔3000～4000米的阿尔卑斯山各大高峰。

3．环境保护及旅游制度体系逐步形成

20世纪以来，瑞士旅游形成了一揽子法律制度，尤其强调对生态环境的保护。如1971年《宪法》第24条规定，采取环境保护措施是国家义务；1998年12月新修订的《宪法》在第三部分专门设第4章“环境保护与领土整治”，表达了联邦政府和民众保护环境的决心和任务。该章涵盖了持续发展、森林保护、自然与文化遗产保护、渔业与狩猎、动物保护等内容。根据《宪法》规定，瑞士又先后制定了一系列补充法律，其中有6个关于环境保护的专门立法，为：《保护自然和文化遗产法》（1966年）、《环境保护法》（1983年）、《狩猎法》（1986年）、《水保护法》（1991年）、《捕鱼法》（1991年）和《森林法》(1991 年)。

4. 科学的规划和统计为瑞士旅游的长期发展提供了支持

科学规划是瑞士旅游业长期发展的保证，而基于瑞士旅游业发展的科学统计又为规划提供了重要支撑。早在 1852 年，瑞士就有关于旅游业发展官方统计数据计划，但直至 1934 年，这一计划才得以实施。直至 2003 年，相关统计由瑞士联邦统计局负责，每年一次的数据展示了旅游业的发展情形。2004 年开始，统计数据改由“瑞士旅游”官方机构负责，每年出版一期“瑞士旅游数据”。相关数据为瑞士旅游业的长期发展和科学规划提供了必要的支持。

三、从瑞士旅游看贵州旅游产业发展

贵州历来高度重视文化和旅游业发展，尤其是旅游业，旅游业已经成为贵州新的支柱产业。2012 年旅游总人数 21401.18 万人次，比上年增长 25.8%，其中国内旅游人数 21330.68 万人次，增长 25.8%。旅游总收入 1860.16 亿元，比上年增长 30.1%，其中国内旅游收入 1849.49 亿元，增长 30.2%。

通过对瑞士旅游产业发展概述可以看出，瑞士旅游业发展较贵州早一个世纪，那是由历史和地理区位所决定的。贵州与瑞士同样经历了旅游业发展的起步、发展、稳定阶段，只是时空上相隔一个世纪。21 世纪的贵州旅游业发展，正相当于瑞士 20 世纪的旅游业高速发展期。从这一时期贵州旅游产业的发展趋势来看，旅游产业作为贵州省产业发展趋势而迅速成长起来的新兴服务业，发展潜力巨大，前景广阔。

在旅游业发展同一阶段，贵州比瑞士发展旅游业有更多优势。

1. 区位优势

首先，从地理位置上看，贵州处于四川九寨沟、云南石林、广西桂林、湖南张家界、重庆三峡等旅游热点景区的区位中心，有利于横向联合，加强并建立高端旅游网络体系。二是在宏观上看，贵州位于大西南东部，属近海内陆省份，周边省市区人口稠密、客源充足，人均 GDP 增速快，旅游消费能力强。既适于接待东南沿海和港澳台地区游客观光旅游和休闲度假，又便于内地游客赴沿海开发地区旅游开通绿色通道，有利于发展过境旅游。值得一提的是贵州省高速公路“六横七纵八联”交通规划和贵广高速铁路和公路的建设，将使贵州的地理区位优势大大提升。

2. 资源优势

贵州旅游资源具有数量多、类型齐的特点，有瀑布、山地、洞穴、高原、野生动物、泉水等10多种自然旅游资源，数量多，形态各异。从贵州旅游资源的构成、分布、开发程度、社会状况、景观质量及特征等来看，贵州旅游资源具有资源的丰富性、环境的多样性、气候的宜人性、景观的独特性、民族风情的多彩性、地域分布的广泛性、自然与人文的融合性、同纬度上的原生态性、开发潜力的巨大性等特征。全省侧重开发的文物古迹、森林旅游、溶洞、气候、名山、民族风情、红色旅游等旅游资源存量还很大，有很大的后续发展潜力。

3. 产品优势

贵州全省旅游资源产品具有高质量的特点，主要表现是：

（1）世界级旅游品牌已初步形成。目前拥有闻名于世的黄果树瀑布、龙宫、织金洞、荔波大、小七孔等世界自然景观，这些自然景观一流品牌的地位已不可动摇。

（2）拥有一定数量的国家级景点、景区，这些景点景区涵盖了人文景观和自然景观两大类型，且具有叠加作用，在国内外游客的心目中占有重要位置，游客呈现长旺不衰的态势。

（3）功能齐备、种类齐全的旅游产品体系已初步建立。目前建成的景区已经整体上构成了布局合理、品种多样和容客能力较强的贵州旅游景点格局。

4. 产业优势

（1）从产业基础来看，贵州旅游业经过这些年发展，吃、住、行、游、购、娱等产业链已基本形成，其规模经济效益已初露端倪。

（2）从旅游业的产业特质来看，旅游业是一个关联作用强大的产业，它既能带动、促进其他相关部门、地区或市场的发展，也能间接影响整体经济增长水平的提高。旅游业既要完成吃、住、行、游、购、娱等一系列活动，又直接需要住宿、交通、饮食、娱乐、商业、咨询等部门的支持，而这些部门本身的前后产业关联则构成了旅游业间接的产业关联。据世界旅游组织公布的资料显示：旅游业每增加直接收入1元，相关行业的间接收入就增加4.3元。旅游业自身的强大关联能力增强了它的产业优势。

（3）从发展趋势来看，贵州旅游业正面临前所未有的发展机遇。到2012年底，贵州人均GDP已超过3000美元。国际经验表明，当一个国家经济发展水平处于这个阶段，相应的文化休闲旅游将作为新的消费热点。目前正值国内旅游急速扩张时期，这为贵州旅游业发展提供了强大的市场需求，而市场需求旺盛，将会推动旅游产品价格的提升，从而进一步增强旅游业的产业发展优势。

大力发展文化、旅游产业，将贵州文化和旅游产业向支柱产业发展，重点要做好如下几个方面工作。

一是产业链条拓展问题，旅游需要一、二、三产联动发展，文化与旅游产业（游、购、娱、吃、住、行；信息、学、传媒、影视、动漫等联动发展）。发展旅游业要有“以人为本”的文化内涵和让消费者体验特点，这样才能有效实现旅游的全面发展，体现“绿色产业”的鲜明特征。

二是产业集群问题，依托自身优势资源，建设一批文化产业基地和区域特色文化产业群，散、小、弱、组合度、密集度差的旅游业永远也做不大。

三要进一步挖掘民间民族文化资源，将工艺美术、民族歌舞、戏剧、节庆会展、动漫、影视等文化品牌做大做强，培育一些有民族特色、有实力、有竞争力的民营文化企业，积极引进文化产业领域投资者。

四要提升服务水平加强旅游基础设施建设，着力打造一批文化旅游精品线路。尤其是加快建设改造一批公路、铁路和机场，对外构筑出省大通道，对内加强旅游景区之间、景区与城镇之间，以及大中城市之间的通道建设和改造。

五是借鉴瑞士经验，大力发展职业教育。大力支持省内高等院校、职业院校、科研院所与有条件的服务企业建立实训基地，在各市州县大量建立面向适用技术开发、工业生产、中小企业发展技工院校，支持各类教育培训机构开展旅游业、文化服务业技能型人才再培训、再教育，在文化旅游业形成员工培训、业余深造、技术考核的长效机制。

六是推进贵州与瑞士人才培养合作。加快瑞士帮助贵州在生态文化旅游等领域人才培养，积极推进贵州有条件的大专院校与瑞士大专院校结为友好院校，在瑞士建立贵州文化旅游人才培养基地。

主要参考文献

[1] 墨刻编辑部. 瑞士一本就GO! [M]. 北京：人民邮电出版社，2012.

[2] Lonely Planet Switzerland, Nicola Williams, FCS, 2012.

[3] 卢铭君. 瑞士简史教程 [M]. 上海：上海译文出版社，2012.

[4] 中国社科院. 列国志：瑞士 [M]. 北京：社会科学文献出版社，2012.

[5] 风同学. 左右瑞士 [M]. 北京：北京出版社，2012.

［6］FODOR'S 黄金旅游指南：瑞士［M］. 李兰兰等译. 北京：电子工业出版社，2013.
［7］姚宝. 当代瑞士社会与文化［M］. 上海：上海外研教育出版社，2007.
［8］端木美. 瑞士文化与现代化［M］. 沈阳：辽海出版社，2000.
［9］瑞士联邦统计网：http：//www. bfs. admin. ch/bfs/portal/en/index/news. html.

小城镇文化产业与旅游融合发展思考

陈绍宥　蒋莉莉*

摘　要

旅游是文化消费的重要形式、文化传承的重要渠道、文化形象的重要载体和文化繁荣的重要支撑。文化提升旅游内涵，旅游实现文化价值。本文以贵州省重点扶持的100个示范小城镇中的旅游景观型小城镇为例，分析了综合发展条件较好的示范小城镇的文化产业与旅游融合发展思路。同时，为便于分析，又以综合发展条件较为滞后的黔西南州普安县龙吟镇为例，探讨了欠发达乡镇民族文化与旅游融合发展的基本思路。

关键词

文化与旅游融合　文化旅游业　龙吟镇

一、文化与旅游融合发展的关系与基本思路

（一）文化与旅游融合发展的辩证关系

文化与旅游密切相关，二者有着天然的不可分割的联系。文化是旅游的灵魂，旅游是文化的载体。旅游从本质上讲是一种文化活动，没有文化内涵的旅游会黯然失色。旅游者出行最大的动机，是为了获得审美的情趣和精神的愉悦。随着经济社会的发展，人们的需求层次提升，旅游已从传统的观光旅游逐步过渡到了休闲体验旅游，旅游的文化属性更加彰显。只有将文化内涵贯穿到吃、住、行、游、购、娱各环节，用独特的文化品格和文化魅力诠释旅游，才

---

* 陈绍宥，贵州省社会科学院区域经济研究所助理研究员，研究方向为区域经济、产业经济；蒋莉莉，贵州省社会科学院工业经济研究所副研究员，研究方向为产业经济、投资经济。

能使旅游更具吸引力。旅游是文化消费的重要形式、文化传承的重要渠道、文化形象的重要载体和文化繁荣的重要支撑。一次难忘的旅游，必定是文化之旅、精神之旅，它天然地融合和体现于旅游全过程。文化提升旅游内涵，旅游实现文化价值。在旅游业发展中突出文化主题、丰富和拓展文化内涵，能够提升旅游产业素质、提高旅游产业价值。以文化与旅游融合的独特方式，通过游客的旅游体验和旅游商品消费，中华优秀文化得以更好地传播。文化与旅游的融合发展可以实现两者经济效益和社会效益的辩证统一，可以实现两者经济效益和社会效益的最大化。

（二）推进文化与旅游融合发展的基本原则

促进文化与旅游融合发展，要坚持如下几方面的基本原则。一是坚持旅游文化化原则。要把挖掘旅游产品的文化内涵作为普遍追求，通过注入文化内涵提升旅游产品的形象，提高旅游产品的层次，形成独特鲜明的个性，增加旅游产品的价值。要把文化是旅游的核心价值的原则贯穿于旅游发展规划、旅游项目开发、旅游商品生产、旅游宣传促销和节庆活动策划等旅游工作的全过程。通过文化与旅游的融合发展大幅提高龙吟镇旅游业的整体影响力和核心竞争力。二是坚持保护与开发相统一的原则。防止拆旧建“旧”、竭泽而渔、杀鸡取卵等急功近利、好大喜功的行为，要牢固树立全面协调可持续发展的理念，合理开发、优化配置和高效利用生态、文化、旅游资源，做到在保护中科学开发，在开发中加强保护，实现发展旅游和保护资源共赢。三是坚持“政府引导市场运作、企业主体社会参与相结合、企业盈利群众受益相结合”的原则。文化与旅游融合发展需要政府部门的“有形之手”和市场的“无形之手”合力推进，这项工作既要充分发挥企业主体作用，又要社会各界积极参与，形成全社会重视文化旅游融合发展的格局。盈利是企业的本质，也是企业可持续发展的需要，文化旅游企业只有能够实现盈利，才能持续地推动文化与旅游的融合发展。群众作为各种文化习俗的传承者，旅游资源的实际拥有者、保护者，也必须参与推进文化旅游融合发展，在文化旅游融合发展中受益。通过群众的参与，也才能实现文化旅游资源的开发保护，实现文化的传承发展，实现文化自信和自觉。

（三）推进文化与旅游融合发展的构想

文化是旅游的灵魂，旅游是文化的载体，项目是文化旅游融合发展的重要依托。要充分发挥小城镇民族民俗文化丰富多彩、自然风光秀丽、生态条件良好等优势，合理科学地规划一批项目，加快推进文化与旅游融合发展，使文化旅游业成为城镇的“第一民生产业”，成为贵州文化旅游的一张名片。根据小城镇发展现状和资源条件，打造以文化旅游、贸易、绿色经济为核心的文化旅游型小城镇。

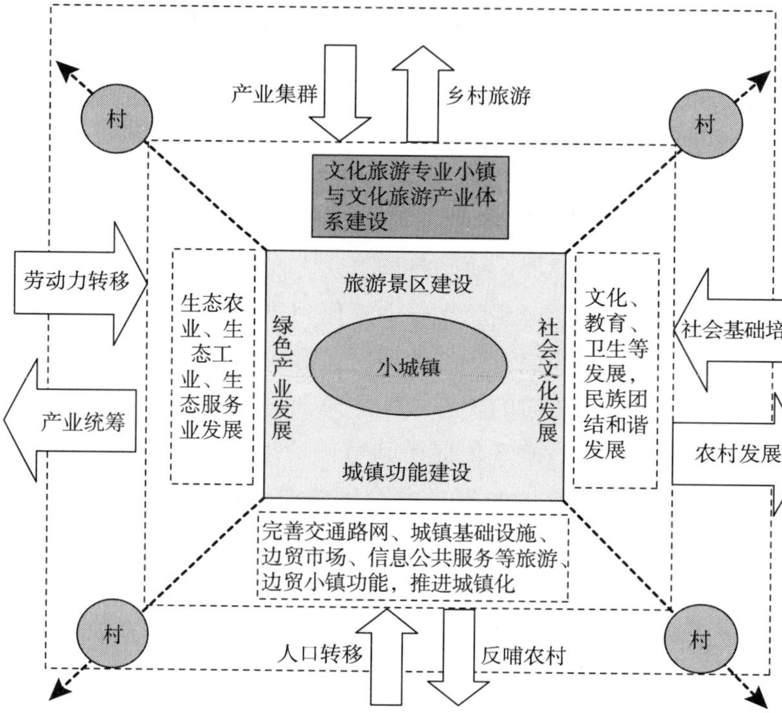

图 1　文化旅游型小城镇的发展路径

二、示范小城镇文化与旅游融合发展分析

2012 年 9 月，贵州省委、省政府下发《关于加快推进小城镇建设的意见》（黔党发［2012］25 号），要求把小城镇培育成为县域经济发展的新载体，重点扶持 100 个示范小城镇，以点带面加快推进全省小城镇建设，到 2015 年，建成 100 个交通枢纽型、旅游景观型、绿色产业型、工矿园区型、商贸集散型、移民安置型等各具特色的示范小城镇。其中，对于旅游景观型的示范小城镇，要充分发挥示范小城镇及其周边区域旅游资源优势，大力实施旅游精品战略，加快以红色文化、绿色生态、历史文化、民族文化为主体的旅游产业主题

式发展，不断完善旅游产业要素和旅游基础设施，优化产品线路，提升旅游文化品质，推进旅游集群发展，把旅游业培育成为示范小城镇重要的支柱产业，着力将旅游景观型小城镇打造成贵州创建文化旅游创新示范区的一批旅游明珠（见表1）。

表1　旅游景观型示范小城镇产业发展方向

县	乡镇	文化旅游产业发展定位	文化旅游产业发展重点措施
六枝特区	郎岱镇	历史文化古镇	以省级历史文化名镇为载体，发展文化旅游、观光农业园区
西秀区	旧州镇	历史文化名镇	促进历史文化旅游发展，建设生态文化旅游融合发展示范区、城郊高效产业观光园
印江县	木黄镇	黔东北旅游重镇	利用靠近梵净山景区的优势，建设以温泉、山水、禅修、红色旅游为主题的度假区，配套建设农业观光园、特色轻工产业园
雷山县	丹江镇	黔东文化旅游接待中心	发展银饰、茶叶等旅游产品加工，以及旅游业、商贸服务业，重点打造“茶、菜、畜、果、旅”五项产业
台江县	施洞镇	黔东苗族原生态文化旅游重镇	以银饰、刺绣为主体，打造施洞银饰刺绣文化产业园，推动特色加工、乡村旅游、绿色生态农业同步发展，打造施洞民族文化生态旅游古镇
黎平县	肇兴镇	贵州侗族原生态文化旅游名镇	以侗族文化为品牌，打造集苗侗原生态文化体验、文化演出、苗侗生活体验、乡村休闲度假、建筑观光等为一体的民族文化休闲度假区，建设优质核桃产业化种植基地
平塘县	卡蒲乡	贵州毛南族原生态文化旅游镇	以毛南族风情街建设为载体，打造生态型、公园型旅游小城镇
贞丰县	者相镇	黔西南生态文化旅游重镇	以旅游业为引领，大力发展特色养殖、精品水果、中药材种植、蔬菜等特色产业，打造“万鹅基地”、“葛根基地”、“三岔河农业生态园”等一些品牌产业
花溪区	青岩镇	历史文化古镇	以古镇文化旅游综合体为核心，大力发展以旅游、休闲、餐饮娱乐为主导的第三产业，打造国家级历史文化名镇
开阳县	南江乡	黔中生态旅游重镇	以南江大峡谷、清龙河“十里画廊”、坪寨、凤凰寨为依托，全力打造城郊峡谷风光旅游品牌
修文县	六广镇	贵阳市生态旅游重镇	依托峡谷风光，建设山水名镇，依托河谷地带，发展猕猴桃等特色种植

续表

县	乡镇	文化旅游产业发展定位	文化旅游产业发展重点措施
凤冈县	永安镇	黔北茶旅一体化重镇	推进乡村旅游与茶产业融合，以茶带旅，以茶促旅，茶旅一体，打造湄潭—凤冈休闲农业与乡村旅游示范区，培育和壮大一批茶产品加工企业
习水县	土城镇	历史文化名镇	进一步挖掘军事兵法文化、历史民俗文化、工商文化、山水生态文化的关键要素，塑造文化旅游品牌，打造成国内外知名的魅力小镇、名酒小镇
平坝县	天龙镇	黔中历史文化旅游名镇	依托屯堡村寨的自然、人文景观，完善民俗旅游的形式和内容，建设具有观光、休闲、度假功能的屯堡度假庄园，打造中国历史文化名镇，发展蔬菜、西瓜、辣椒等特色种植
紫云县	水塘镇	安顺南部旅游重镇	依托国家级风景名胜区格凸河风景区和羊场红军烈士纪念碑，发展生态文化旅游，发展优质大米、绿壳鸡蛋、无公害蔬菜等产业
七星关区	清水铺镇	毕节生态旅游镇	利用赤水河风光，发展旅游业，大力发展果蔬立体产业
黔西县	素朴镇	毕节文化旅游古镇	以峡谷风光、乌江古镇、民族风情为特色，打造乌蒙第一镇，以旅游业为龙头，带动商贸业、特色种植业发展
织金县	官寨乡	贵州旅游名镇	借助织金洞的核心吸引力，打造集溶洞探奇探险、科考观光、摄影、避暑避寒等为一体的大织金度假区，统筹推进劳务产业、生态产业、旅游产业、特色农业发展
江口县	太平乡	贵州土家族文化旅游名镇	依托梵净山国家级自然保护区，积极发展休闲度假、体育运动等，打造全省一流的旅游度假区，利用河谷地带，建成优质果蔬基地
松桃县	寨英镇	黔东北苗族文化旅游古镇	借助梵净山佛教文化旅游度假区建设，着力打造滚龙艺术交流和民俗体验的休闲小镇
黄平县	旧州镇	历史文化古镇	建设且兰古国旅游综合体、5A 级景区，建设综合农业示范基地、蔬菜、茶叶、种草养牛等基地
三穗县	台烈镇	黔东南苗族原生态风情旅游小镇	将“满天星水库”、“寨头苗族风情”、“三穗鸭”，构建精品旅游区，建设粮食、蔬菜、蓝莓种植基地
瓮安县	猴场镇	历史文化名镇	以中国民间文化艺术之乡（草塘龙狮）、全国爱国主义教育基地（猴场会议）两大主题，建成著名的文化小镇

续表

县	乡镇	文化旅游产业发展定位	文化旅游产业发展重点措施
惠水县	好花红乡	黔南布依族文化旅游名镇	发展布依族风情旅游，金钱桔、扶手瓜、金银花等特色产业
兴义市	泥凼镇	黔西南特色旅游城镇	围绕“何应钦故居”和“泥凼石林”等景区景点，打造旅游名镇，发展茶叶、水果、甘蔗、早熟蔬菜、水产养殖等特色产业
望谟县	蔗香乡	珠江上游旅游小镇	大力发展以双江口风光、布依风情为主的旅游业；利用港口优势，建设临港产业园，发展绿色加工业，打造珠江上游水陆运输枢纽重镇

（一）建设一批历史文化旅游名镇

充分发挥茅台品牌优势，把茅台镇打造成集古镇旅游、工业旅游、商务旅游、名酒文化体验等为一体的度假区、世界旅游名镇。进一步挖掘四渡赤水、枸酱习部、川盐古道、山环水绕等体现军事、历史、山水生态文化要素，把土城镇打造成国际知名的魅力小镇。青岩镇要以古镇文化为核心，融合外围田园风光，形成特有的田园古镇。天龙镇要以“天台山斯拉河风景名胜区”及“天龙屯堡文化”为品牌资源，依托屯堡村寨的自然、人文景观，完善民俗旅游的形式和内容，建设具有观光、休闲、度假功能的屯堡度假庄园。猴场镇要着力打造中国民间文化艺术之乡（草塘龙狮）、全国爱国主义教育基地（猴场会议）两大主题，建成著名的文化小镇。

（二）建设一批生态文化旅游小镇

木黄镇、太平乡、寨英镇要依托梵净山国家级自然保护区；官寨乡依托织金洞的核心吸引力，打造集溶洞探奇探险、科考观光、摄影、避暑避寒等为一体的大织金度假区；湄潭县永兴镇、凤冈县永安镇大力推进乡村旅游与茶产业融合，茶旅一体，打造湄潭—凤冈休闲农业与乡村旅游示范区，积极创建国家5A级景区；剑河县岑松镇借打造国家5A级温泉旅游景区的契机，重点发展温泉休闲旅游度假产业。

（三）打造一批原生态民族风情旅游小镇

黎平肇兴侗寨要以侗族文化为品牌，打造集苗侗原生态文化体验、文化演出、苗侗生活体验、乡村休闲度假、建筑观光等为一体的民族文化休闲度假区。从江县下江镇依托关帝庙、高仟鼓楼及独特的摆亥水族风情、巨洞江上侗歌等优势，大力发展生态民族风情旅游业。

三、欠发达乡镇文化与旅游融合发展分析

本文以黔西南州普安县龙吟镇为例，探讨欠发达乡镇民族文化与旅游融合发展的基本思路。

普安县龙吟镇地处两州（市）五县（区）八乡（镇）的边缘结合部，位于普安县最北端，素有“普安北大门”之称，是苗族聚居人口比例及土地面积最大的乡镇，全镇苗族人口比例达95.3%，国土面积178.5平方公里，是跨方言区的苗族支系和谐相处的典范之地，三大苗族支系一直和睦相处，相互认同和支持，各支系的文化均得到了丰富和传承，是喇叭苗支系最早融入皇家体系，为皇家开疆拓土，充分展现古代苗族战争的智慧之地。龙吟镇因其多个独具“第一”因素，于2012年8月10日被贵州省苗学会命名为“中国苗族第一镇”。同时，龙吟镇又是一个经济社会发展比较落后的乡镇，属国家重点扶贫二类乡镇。龙吟镇具有文化旅游资源丰富，而经济社会发展相对落后的特点。

在贵州省开展的“部门帮县、处长联乡、干部驻村”活动中，龙吟镇是贵州省社会科学院的帮扶联系点。近年来，贵州省社科院认真贯彻落实帮扶任务，多次组织专家对龙吟镇进行调研，对龙吟镇经济社会发展状况、资源禀赋等进行了较为深入的了解，对加快龙吟镇经济社会发展进行了较多的思考。结合贯彻落实党的“十八大”提出的促进文化与旅游融合的精神以及国发[2012] 2号文件对贵州作为全国文化旅游创新示范区的战略定位，社科院专家提出了遵循产业发展规律，充分发挥龙吟镇文化旅游资源丰富的优势，推动文化与旅游融合发展，实施文化兴镇和旅游活镇的战略，这对于加快推进龙吟镇经济社会发展具有重要意义，对于大力发展民族文化产业，促进少数民族贫困地区特色文化的繁荣发展，具有借鉴意义。龙吟镇“中国苗族第一镇”的发展重点是：苗族文化旅游创新示范第一镇、北盘江流域边贸第一镇、苗族绿色经济第一镇、民族团结进步繁荣发展示范镇，通过旅游专业小镇、边贸专业小镇、绿色经济专业小镇、民族团结进步繁荣发展示范镇的发展，带动“中国苗族第一镇”走向全面小康、群众富裕的名副其实的“第一镇”。

龙吟镇民族文化资源丰富，旅游资源富集。一是苗族人口占该镇总人口的96.5%以上，文化习俗较少受到其他民族的同化，还保持原汁原味，是名副其实的“中国苗族第一镇”。二是喇叭、歪梳、大花三大苗族支系长期以来同舟

共济、和睦相处，共同传承和创造了颇具地方特色、具有丰富底蕴的苗族文化。该镇的苗族精于蜡染、刺绣等传统手工艺，擅长喇叭苗山歌、大花苗合唱技艺。花背苗合唱多次在县、州举办的活动中获奖，并登上了黔西南州2008年春节联欢晚会的大舞台；山歌对唱"生要连来死要连"获2009年"多彩贵州"相声小品大赛银瀑奖；2010年中央电视台《民歌中国》栏目专门来龙吟镇录制山歌对唱和花背苗合唱节目。三是历史久远。喇叭苗支系是最早融入国家体制、创造了竹筏装甲战法、为国家开疆拓土的智慧之族；大花苗定居龙吟，是结束中国苗族五千年迁徙史的象征。四是优美的自然风光。该镇拥有千姿百态的城子洞溶洞景观、古朴灵秀的石古恒河猴自然保护区、景色怡人的河阳水上风光、"大自然的情侣——双巴岩"和"龙吟最高峰——天马山"等旅游资源。龙吟镇的文化旅游资源禀赋决定了该镇具有发展文化旅游业的良好条件。

同时，龙吟镇推进文化旅游融合发展将获得较多的政策利好。党的十七届六中全会通过的《关于深化文化体制改革推动社会主义文化大发展大繁荣若干重大问题的决定》明确提出"推动文化产业与旅游、体育、信息、物流、建筑等产业融合发展，增加相关产业文化含量，延伸文化产业链，提高附加值"，强调"要积极发展文化旅游，支持旅游对文化消费的促进作用"。国发［2012］2号文件指出，"文化旅游开发潜力大"是贵州发展的重要优势，并明确了贵州建设"文化旅游发展创新区"的战略定位，提出"黔东南州、黔南州、黔西南州及其他民族自治地方重点发展文化旅游、磷煤化工、新型建材、民族医药和农林产品加工业，打造具有国际影响的原生态民族文化旅游区"。此外，"中国苗族第一镇"这张难得的民族文化名片，将为龙吟镇获得省、州、县层面的诸多政策优惠提供便利。总之，龙吟镇具有叠加累积的政策优势，有利于龙吟镇在推进文化与旅游融合发展中获得更多的支持。

虽然龙吟镇推进文化旅游融合发展具备良好的条件，但也存在一些因素阻碍其推进的效率。（1）干部对文化旅游融合发展的认识不够，推动文化旅游融合发展的力度不大。目前，龙吟镇文化旅游融合发展程度低，现有的融合多是自然的融合。该镇干部重视旅游业的发展，也知道丰富的民族文化资源是珍贵的宝藏，但是对两者融合发展所带来的巨大经济和社会效益缺乏足够的认识，或者即使认识到了，也由于推进二者融合发展工作难度大，存在畏难情绪、逃避心理，缺乏主动性，以至于推动文化旅游融合发展的力度不大。（2）合作机制不顺畅。文化与旅游融合发展是大势所趋，但是由于部门设置、利益权益等方面的问题，文化与旅游常被割裂开来，文化工作和旅游工作分别由不同的部门进行管理，推进文化旅游融合发展主体相对缺位，没有建立起顺畅的合作机制，缺乏有效推进文化旅游融合发展的工作机制。（3）缺乏支持文化旅游融合发展的有效对策措施。文化与旅游具有天然的耦合性，两者融合发展是大趋势，但是对推动文化旅游融合发展却是一个新课题和难题，州、县层面缺乏支持龙吟镇文化旅游融合发展具体、有效的举措，同时，囿于龙吟镇财力较弱，不能投入大量资金推动两者融合发展。

对于龙吟镇文化旅游产业发展来说，重点是发展以下几个方面。

（一）北盘江生态休闲观光及康体旅游集聚区

重点建设双巴岩景区和河洋景区。双巴岩景区依托双巴岩和蛮子洞，规划建设好石梯路、凉亭、山歌对唱场所、特色民俗旅馆等民族风情食、住、游一体化旅游设施，打造以探险、观光、婚纱摄影等为主要内容的休闲观光旅游目的地；让游客探蛮子洞、观阴河乳石，仰望星空，感自然奇观；游双巴岩看自然情侣偎依相守，让游客作出爱的承诺，构建和谐家庭。河洋景区依托光照电站库区湖泊及上下游峡谷，集山水湖光一色，规划建设好环湖步行观光路、水上游乐园、湖滨旅游度假酒店等基础设施，打造以钓鱼划船、湖面荡歌、水上茶吧、水上龙舟赛等休闲观光、水上娱乐康体为主要内容的休闲观光康体旅游目的地，让游客欣赏山水风光、体验民族风情。

（二）龙吟东北部生态农业体验及观光旅游集聚区

主要范围为高阳、文笔、石古三个村。以石古河沿岸为轴，天马山和石古恒河猴自然保护区为点，采取点轴开发模式。规划建设天马山旅游公路、登山石梯、凉亭、输电线路、输水管道，配置牛车、马车等乡土交通工具，打造天马山休闲观光旅游景点，让游客登天马山，览北盘江风光，观数十里青冈林；规划建设石古恒河猴自然保护区旅游公路、登山便道、凉亭，建设民族风情食、住、游一体化旅游设施，建设以猴为主题的动物园，形成以观猴、喂猴及以猴为主打的动物特技表演，打造休闲观光、感受人与自然和谐相处的旅游目的地。依托石古河沿岸的特色农作物种植，以游客农作物认种、田块租赁等形式，由农民代管与游客体验相结合，开展游客对水稻的育秧、栽种、管理、收割及脱壳等体验活动及对四季蔬菜的栽种、管理、采摘等的体验活动。在石古、文笔村便道沿线建设新型农居、精品农庄，可以租赁给游客使用或者开设乡村旅馆，让游客在较长时间的居住中体验水井挑水、吃农家大锅饭等传统农村生活。

（三）龙吟民族文化展示及体验旅游集聚区

重点打造中国苗族第一镇苗族风情园。龙吟镇有丰富的民族文化资源，特色蜡染刺绣服饰、多声部无伴奏合唱、喇叭苗山歌、芦笙舞、打鼓舞等交相辉映，其中“苗族芦笙棒舞”于2009年被贵州省人民政府列为省级非物质文化遗产名录。要围绕这些富有特色的优势资源，以硝洞村土坎子为中心，打造集苗族文化展示和体验的苗族风情园，规划建设苗族跳坡广场、民族文化展示大厅、苗族手工艺坊及产品交易中心、苗族服饰加工厂、苗族射弩展示中心、喇叭苗山歌对歌台、特色饮食服务中心等。同时，进行特色民居改造和完善道路、水、电等基础设施，形成具有苗族特色的、集“吃、住、行、游、购、娱”为一体的民族文化体验旅游目的地，让游客通过观看演出和绝技表演，参与互动式体验，感受中国苗族第一镇的丰富文化。

（四）深度开发文化旅游商品

要用好用足“中国苗族第一镇”的称号，苗族第一镇应该是苗族文化展示第一镇，要通过旅游商品这一载体，充分展示丰富的苗族文化。苗族传统的刺绣、银饰、饮食、苗药等都要深度开发成文化旅游商品，比如开发反映苗族人民婚嫁、节庆等习俗的刺绣系列商品，开发具有苗族特色的银饰、服装等，开发治疗风湿、跌打等为主的苗药产品。运用现代的工艺技术，制作携带方便的苗族芦笙、箭弩等旅游纪念品。在文化旅游商品的开发中，突出文化性、创新性、纪念性、实用性、工艺性、市场性，实现旅游商品的经济价值和宣传功能，形成具有地域特色的文化旅游商品体系。

（五）打造高品质旅游演艺产品

演艺产品是文化与旅游结合的有效表现载体。龙吟镇苗族的歌舞具有鲜明的特色，他们的歌是让人内心感到震撼的天籁之音，要充分发掘利用苗族能歌善舞的天赋。要着眼于长远，站在高起点上，以高标准打造北盘江苗族风情歌舞表演节目，要聘请国际一流、熟悉苗族文化的大师级的音乐人和编导负责演员的选拔、歌舞的编排等，量身打造具有民族特色、地域特色的，形式多样、雅俗共赏、游客喜闻乐见的演艺节目和实景演出。同时，鼓励运用现代高新技术，创新演出形式，提升节目创意，增强节目的表现力。注重对北盘江苗族风情歌舞节目的市场化运作，鼓励对现有演艺资源进行整合利用，鼓励社会资金以投资、参股、控股、并购等方式进入旅游演出市场。

四、对策建议

（一）深化对文化旅游融合发展重要性的认识

文化旅游融合发展是顺应经济发展规律的必然要求。当前，贵州省小城镇文化旅游融合程度低是多方面的原因导致的，当地干部对文化旅游融合发展重要性的认识不足是一个重要因素。认识是行动的先导，认识不足导致没有想到或者不愿意推动二者融合发展。对认识到文化旅游融合发展具有重大意义，但是不愿意推动这项工作的，要从战略高度深刻认识这个问题，克服畏首畏尾的心理，把推动文化旅游融合发展当成发展工业经济来抓；对没有认识到文化旅游融合发展重要意义的，要从经济转型升级、带动就业、致富群众等方面来认识这个问题，提高认识，增强能力，积极主动地推动文化与旅游融合发展。

（二）加强组织领导，完善合作协调机制

要进一步加强对文化旅游工作的组织领导，完善部门合作协调机制，避免出现管理服务缺位和错位，全力推进文化与旅游融合发展。县、乡（镇）两级要成立文化旅游融合发展工作领导小组，县领导小组由分管经济的副县长担任组长，县宣传部长任副组长，发改局、文化体育旅游和广播电影电视局等相关部门负责人为成员；镇领导小组由分管镇长担任组长，各站、股负责人为成员。县文化旅游融合发展工作领导小组要把推进小城镇文化旅游融合放在重要的位置，作为工作的重中之重，支持乡镇工作领导小组搞好文化旅游规划的编制及相关协调工作。同时，建立文化旅游融合发展工作联席会议制度，由县文化旅游融合发展工作领导小组负责每季度召集一次由相关部门和单位组成的联席会议，研究、分析小城镇文化旅游融合发展过程中的问题，找出解决办法，确保小城镇文化旅游深度融合发展。

（三）强化政策支持

要在用足用好国家和省、市（州）支持文化、旅游产业发展的优惠政策的基础上，针对文化旅游业的发展特点和规律，在财税金融、建设用地等方面，加大对小城镇文化旅游融合发展的支持力度。加大各类专项资金支持力度，由市州设立专项资金，支持小城镇文化与旅游业融合发展；加大对小城镇文化旅游业的税收扶持力度，凡是税法规定由省、州（市）征收的各种税种

的税率存在调整幅度的，允许在小城镇从事文化旅游业的企业均享受最大限度的优惠；加大对小城镇文化旅游业的金融支持力度，从审批和授信额度等方面优先考虑小城镇文化旅游项目的需求。同时，大力支持小城镇拓宽文化旅游产业融资渠道，鼓励县辖区的金融机构对该镇文化旅游业开展质押贷款业务。在符合土地利用总体规划的前提下，优先安排小城镇文化旅游项目用地，对利用存量土地建设的文化旅游项目，优先办理建设用地供地手续；对占用新增建设用地的文化旅游项目，积极安排用地指标。

（四）加大招商引资力度

结合小城镇文化旅游资源优势，充分考虑文化旅游规律，制定个性化的招商策略。对苗族文化风情园、特色民族商业街打造等项目，可以采取 BOT、BT 等现代引资方式，重点面向东中部地区招商。在确定合作者的时候，既要看其经济和技术实力，又要看其从事类似项目的相关经验，还要看其能否准确地把握小城镇地域文化主题，彰显特色；对民族生态休闲观光、体验和康体旅游项目，要站在高起点、高标准、高创意的基础上，把项目的策划、设计和招商整合在一起，面向国内外，特别是旅游业发展好的国家和地区，围绕游、购、娱、吃、住、行等方面进行产业链招商引资，确保项目系统、整体推进，及时、有效地发挥带民就业、促民增收的作用。同时，应面向国内外加大对文化旅游小城镇的宣传和推介，尤其是加大向有民族居住的沿海发达地区及国内外的宣传力度。外界对小城镇关注度的提高，意味着招商引资机会的增多和成功概率的增大。

（五）延伸文化旅游产业链

以“吃、住、行、游、购、娱”等旅游要素为核心，拓展延伸产业链条。加快发展特色旅游商品，大力发展银器、蜡染蜡画、刺绣、民族服装服饰、民族乐器、雕刻、编织、特色仿制品等旅游工艺品。以包装为突破，加快发展特色旅游食品业。促进动漫与旅游商品融合发展，创作一批反映时代精神、中国风格和贵州特色的动漫旅游商品。建立示范小城镇旅游商品重点项目库，加快旅游商品中小企业培育步伐，加强品牌建设。支持发展专业旅游商品市场或特色旅游商品街区，鼓励发展旅游商品专业小城镇。加强旅游综合服务体系建设，优先示范小城镇的旅游景区建设一批高星级接待设施。加大对示范小城镇文化遗迹的保护力度，强化城镇整体景观风貌，提升示范小城镇文化内涵。

主要参考文献

[1] 刘云山. 文化是旅游的灵魂——在2010博鳌国际旅游论坛上的主旨演讲 [R]. 2010-3-21.

[2] 景俊海. 推动文化产业与旅游产业融合发展. 西部大开发 [J], 2012 (10).

大 事 记

2012年贵州文化产业大事记

王　曼　整理

2011年是贵州公共文化体系建设初具规模、取得实质性进展的一年。截至2011年底，贵州已成为在全国率先完成国有文艺院团改制任务的8个省份之一。

2012年1月10日，由省文化厅、贵州文化演艺集团有限责任公司、省文物局主办的“欢乐送基层·文化促跨越”系列大型春节文化活动启动仪式在贵阳举行。

1月18日，经省民政厅批准，贵州省南飞夜郎文化研究院授牌仪式在贵阳举行。

1月20日，截至本日，“多彩贵州”作为我国首个省级文化品牌已使用在网站、金融、房产、白酒、茶叶、饮料等10余个行业，拉动投资40亿元以上，初步形成产业集群。“多彩贵州”成为国内第一个实施市场规范化运作的文化品牌。

1月20日至2月6日，“2012贵阳观山湖公园春节灯会庙市”举办，累计入园游客人数达153.6万人。其中，持票入园参观的市民达123.7万人，免票入园的儿童和外地游客达30.9万人。

2月，贵州省民营文化企业——贵阳朗玛信息技术股份有限公司在深交所创业板成功上市，实现贵州省企业在深交所创业板零的突破，也是贵州文化产业领域第一家上市企业。

2月4～8日，贵州省杂技团有限公司改制后新创具有浓郁贵州民族风情的杂技节目在加拿大成功上演，这是该企业继在日本演出后又一次在国外拓展演艺事业。

2月6日，雷山县委、县政府决定将西江“千户苗寨”2011年门票收入的15.3%作为民族文化保护评级奖励专项资金，对西江村人民群众民族文化保护工作进行评级奖励。2011 年兑现给西江村村民的民族文化保护评级奖励资金高达 550 万元，平均每户享受民族文化保护奖励资金 4000 余元。

2 月 10 日，中国观赏石协会先后授予兴义市、天柱县“中国观赏石之乡”称号。

2 月 17 日，截至本日，贵州数字图书馆累计访问量已突破 2000 万人次，各种数字资源的使用率在全国公共图书馆中名列第一。

2 月 18 日，在全国文化体制改革工作会上，中宣部、文化部、国家广电总局、新闻出版总署通报表彰的全国文化体制改革工作先进地区中，贵州省及所属 9 市、州皆光荣上榜，毕节市领导在会上作交流发言，贵州省成为少数获此殊荣的省份。安顺市荣获“全国文化体制改革工作先进地区”称号。

2 月 21 日，由中国民间文艺家协会主办、中国文学艺术基金会协办的“中国英雄史诗的重大发现——苗族英雄史诗《亚鲁王》出版成果发布会”在北京人民大会堂隆重举行。中共中央政治局委员、中央书记处书记、中宣部部长刘云山发来贺信。新近出版的《亚鲁王》是该史诗的第一部，共两册，2011 年 11 月由中华书局出版。

2 月 23 日，2012 年全省文物工作会议在贵阳召开。黎平堂安侗族生态博物馆被公布为国家首批 5 家生态（社区）博物馆示范点之一。贵州省受国家文物局委托负责编写的《乡村生态博物馆建设指南》将作为全国生态博物馆建设的指导性文件。

2 月 24 日，由省博物馆副馆长陈维他创意设计、“非遗”传承人杨光宾综合贵州苗族最有特点的服饰，采用最具代表性的元素，精心打造的高达 3.5 米、总重近 20 公斤的超高苗族银饰亮相。

3 月 12 日，荔波县 5 部布依文古籍入选第四批《国家珍贵古籍名录》，分别为《盘古前皇》、《祭解全卷大小通用》、《祈请婆王》、《钜鹿氏》、《做桥》，这 5 本布依文珍贵古籍全部为清代手抄本，年代最为久远的《盘古前皇》出自清代嘉庆十六年（1806 年），距今已有两百多年，非常有研究价值。

3 月 14 日，《贵州省生态文化旅游发展总体规划》及系列专项规划编制工作正式启动。

3 月 17 日，由文化部艺术服务中心、中华社会文化发展基金会、中国关心下一代工作委员会公益文化中心等部门主办的第九届全国青少年风采展示活动贵州赛区颁奖典礼在贵阳举行，200 余名贵州选手于 4 月赴北京参加全国总决赛。

3月19日，雷山县10个民族文化旅游项目集中开工仪式在西江营上产业园区举行，这些项目主要包括西江文化旅游产业园区综合服务区、苗族银饰刺绣产品研发中心项目、年产苗族服饰10万套（件）的民族服装加工厂、报德大湾休闲旅游度假开发项目等，涉及总投资16.5亿元。

3月27日，2012年全国对港澳台文化工作年会在贵阳召开，文化部党组副书记、副部长赵少华，副省长谢庆生出席会议。

3月28日，省委副书记、省长赵克志在贵阳会见国家档案局局长、中央档案馆馆长杨冬权。双方共同签署《贵州省人民政府国家档案局共建服务贵州经济社会跨越发展档案事业战略合作协议》。副省长谢庆生参加会见并主持签字仪式。

3月31日，中国·贵州务川仡佬文化旅游节暨招商引资项目推介会在重庆举行。

4月5日，贵州省与浙江大学深化文化合作座谈会在贵阳召开。

4月6日，"贵州苗族服饰"申请人类非物质文化遗产进入最后文本制作程序，中国的少数民族服饰有望首次进入《人类非物质文化遗产代表作名录》。

4月11日，中国·大方首届（国际）彝族文化节暨大方县第四届奢香文化艺术节在大方"贵州宣慰府"开幕。

5月1日，《贵州省非物质文化遗产保护条例》正式执行。

5月11日，省文史研究馆为贵州省著名版画家、省文史馆馆员吴家华举办"吴家华先生从艺60年座谈会"。

5月16日，贵州省民族博物馆挂牌成立，并在贵州民族文化宫举行"贵州农民画展"开展仪式。

5月18日，在第八届深圳文博会上，贵州省51个文化产业项目融资190亿元，成为贵州代表团参加历届深圳文博会中签约金额最多的一次，占到本届文博会全国计划签约项目1400亿元的13.6%。

同日，在深圳会展中心举行的第八届中国（深圳）国际文化产业博览交易会暨贵州省文化产业项目招商引资推介及签约仪式上，贵州省推荐的投资总额最大的签约项目——云岩区东线（渔安安井）片区南明河畔"7公里滨河景观文化旅游商业街"项目正式签约，该项目由中天城投集团股份有限公司投资，预计2012年投资总额为45亿元。另外，由百老汇戏院有限公司投资7500万元建设的百老汇影城项目也正式签约，这将是贵州省第一个IMAX国际影城。

6 月 2 日，“世界遗产与可持续发展国际论坛”在荔波召开，并发表《荔波宣言》。

6 月 4 日，在省博物馆举行省旅游局、联合国教科文民间艺术国际组织 IOV 贵州非物质文化遗产保护与旅游发展战略合作暨“崔自默跨国艺术家工作室”贵州“默纸”行的启动仪式。

6 月 9 日，在第七个“中国文化遗产日”，由省文化厅、省文物局主办，友成基金会、中国农业银行贵州省分行协办，省博物馆、省非物质文化遗产中心、省考古研究所承办的“2012 中国文化遗产日贵州主会场系列活动”启动仪式在省博物馆举行。

6 月 19 日，由解放军总政治部捐资 200 万元援建的“红军总政治部旧址”维修工程竣工暨复原陈列开馆仪式在遵义会议纪念馆举行。

6 月 20 日，拟投资 1200 万元建设的云岩区“贵州省首个平价影院”——新华古艺三桥平价影城项目正式签约并开工。

6 月 21 日，由省政府和国家旅游局主办，贵阳市南明区委区政府执办的 2012 中国 · 贵阳避暑季之南明“黔茶飘香 · 品茗健康”茶文化系列活动在筑城广场举行。

6 月 22 日，2012 首届中华（世界遗产地——荔波瑶麓）冲喜节开幕。在开幕式上进行了《中华世界遗产珍藏卡（一）中国丹霞地貌》的首发仪式，还举行了中华万喜文化艺术园奠基仪式。中华万喜文化艺术园是中华文化遗产抢救保护研究院实施建设的中华五福（即：福、禄、寿、喜、财）五个文化艺术园之一。

6 月 26 日，全国文化厅局长座谈会在贵阳召开，文化部党组书记、部长蔡武讲话，省委副书记、省长赵克志致辞。

同日，万山汞矿遗址申遗工作正式启动。该遗址是国内现存开采时间最早、历史最长、规模最大的汞矿遗址。

7 月 5 日，“贵州红色文化发展研究中心”揭牌仪式在贵阳举行。

7 月 8 日，省政府开展“中国著名作家走进黔西南活动”。

7 月 9 日，香港著名主持人吴小莉正式担任铜仁梵净山文化形象大使。

7 月 11 日，由中国非物质文化遗产保护中心主办的中华非物质文化遗产传承人薪传奖在北京颁奖。全国 60 位传承人获此奖项，侗族大歌传承人吴品仙是这次唯一获此奖项的贵州人。

7月20日，省委宣传部联合16家省直部门正式印发《贵州省文化产业示范基地申报评选管理试行办法》。

7月23日，腾讯·铜关侗族大歌生态博物馆研究中心奠基仪式在黎平县岩洞镇铜关村举行。

7月29日，由贵阳市云岩区举办的首届云岩（城市）文化旅游年活动全面启动，活动主题为“黔灵毓秀美，幸福云岩行”。

8月17日，新闻出版总署为深入贯彻落实党的十七届六中全会和《国务院关于进一步促进贵州经济社会又好又快发展的若干意见》（国发［2012］2号）精神，出台了《新闻出版总署关于促进贵州新闻出版业发展的若干意见》。

同日，贵阳国家高新区数字内容产业园（贵阳国家现代服务业数字内容产业化基地）揭牌暨项目集中签约仪式举行，签约项目30个，主要涉及数字出版、数字媒体、数字音乐、数字影像、动漫游戏、创意设计、信息软件等领域。这个以数字内容、软件研发为主题的“国家数字内容产业园”被认定为国家现代服务业数字内容产业化基地。

8月29日，多彩贵州品牌研发基地举行开工典礼，项目正式开工建设。

8月30日，省广播电影电视局、省旅游局共同签署《加快文化旅游发展创新区旅游文化项目建设合作备忘录》，探索建立产业融合的新模式。

9月7~10日，贵州省参加由文化部、国家广播电影电视总局、新闻出版总署、陕西省政府共同主办，贵州、四川等11个西部省、市、自治区协办，西安市政府承办的第六届中国西部文化产业博览会。

9月9~13日，第二届中国（贵州）国际酒博会在贵阳举办。

9月16日，全国唯一以红军医院为主题的专题纪念馆——红军医院纪念馆，在习水县土城镇青杠坡隆重开馆。

9月18日，贵州省政府、国家旅游局在北京召开《贵州省生态文化旅游产业发展规划》终期成果专家评审会。经过国家发改委、国家旅游局、国务院发展研究中心、中国社科院等15位省内外专家认真审议，一致通过《规划》评审。

9月28日，由省委宣传部主导，贵州日报报业集团·黔森影视文化工作室组织创作生产的电视剧《奢香夫人》荣获中宣部第12届“五个一工程”优秀电视剧奖。

11月10日，首部以彝族文化为题材的28集大型电视连续剧《奢香夫人》

在中央电视台综合频道黄金时间首播。

12 月 16 日，包括“贵州文化出版产业园——数字出版产业园”在内的贵阳市白云区、高新区 38 个项目在贵阳市都拉营贵阳综合保税区建设工地举行集中开工典礼。

12 月 26 日，省文化产业示范基地授牌仪式在贵阳举行，贵州日报社（集团）黔森影视基地、贵州大明边城旅游开发股份有限公司等 24 家企业、单位获得第一批省文化产业示范基地命名。